海外电力资产财务估值模型应用研究与实务

国网国际发展有限公司　编

中国电力出版社
CHINA ELECTRIC POWER PRESS

图书在版编目（CIP）数据

海外电力资产财务估值模型应用研究与实务 / 国网国际发展有限公司编 . —北京：中国电力出版社，2022.12

ISBN 978-7-5198-7417-9

Ⅰ . ①海… Ⅱ . ①国… Ⅲ . ①电力工业－工业企业管理－财产估价－价格模型－研究－世界 Ⅳ . ① F416.61

中国版本图书馆 CIP 数据核字（2022）第 254813 号

出版发行：中国电力出版社
地　　址：北京市东城区北京站西街 19 号（邮政编码 100005）
网　　址：http://www.cepp.sgcc.com.cn
责任编辑：石　雪　胡堂亮
责任校对：黄　蓓　郝军燕
装帧设计：北京永诚天地艺术设计有限公司
责任印制：钱兴根

印　　刷：北京九天鸿程印刷有限责任公司
版　　次：2022 年 12 月第一版
印　　次：2022 年 12 月北京第一次印刷
开　　本：710 毫米 ×1000 毫米　16 开本
印　　张：15.75
字　　数：229 千字
定　　价：95.00 元

编写组

主　　编　王可迪　邹庆忠　薛慕涵

副 主 编　陈明明　梁　赫　郭　银

成　　员　（按姓氏拼音排序）

陈苏宁　方一丞　冯亦倪　韩雪阳　黄姿铱

蒋昊霖　金雪莲　刘　琪　刘　潇　彭　澄

曲悦锋　王淑琴　王雅婧

前 言

2013年金秋，中国先后提出共建“丝绸之路经济带”和“21世纪海上丝绸之路”（以下简称“一带一路”）重大倡议。多年来，“一带一路”实现从理念化为行动、从愿景变成现实，已逐渐成为当今世界范围最广、规模最大的国际合作平台。随着“一带一路”建设的走深走实，国务院国资委进一步要求国有企业立足新形势，落实做好“五个统筹”，持之以恒推动共建“一带一路”高质量发展。近年来，国有企业对外投资逐渐实现规模化和精益化协同发展，国际投资能力和影响力稳步提高。

通过对历史投资实践进行总结梳理，国网国际发展有限公司逐步形成了贯通投资运营“事前—事中—事后”的财务估值模型闭环管理体系，以及以财务估值模型为核心的投资决策工具和思路方法。随着公司国际业务进入新局面，财务估值模型的重要性日渐凸显。一方面，全球疫情持续反复，世界各国纷纷提出碳达峰碳中和的政策目标，进一步明确了加快经济“绿色复苏”、能源清洁低碳转型的决心。另一方面，美国、欧洲、澳大利亚等国家和地区对能源基础设施领域的外国投资者管控进一步趋严，市场拓展阻力不断加大，对公司海外投资和运营发展带来了重大挑战。因此，如何运用财务估值模型更好地反映尽职调查所发现的各类风险，指导优化投标报价策略，促进海外公司低碳新模式创新发展、推进海外资产精益管理、谋划海外投资并购可持续路径，对保障公司权益、降低交易风险和实现公司国际业务高质量发展具有重要意义。此外，随着海外资产规模的不断扩大和项目运营管理的持续深化，拓展财务估值模型投后管理应用场景，可为下属企业科学决策、满足外部监管要求等提供量化工具，也可为上市、重组、资产出售等资本运作提供决策参考。

通过系统研究海外电力资产财务估值模型应用，对电力资产海外投资经验进行整理提炼，构建普适性的财务估值模型，将在更大范围、更广领域、更高层次上打造公司国际化发展的核心竞争力，助力公司实现价值创造，守正创新、精益求精，持续当好服务“一带一路”建设的排头兵，在国际业务的广阔海洋中扬帆远航。

编者

2022 年 12 月

目　录

第一篇

理论篇

第一章

财务估值模型理论基础

财务估值模型是以财务原理为基础，广泛应用于企业财务和运营决策分析的重要技术工具，是助力实现企业“事前—事中—事后”有效运营管理的最佳手段。一般来讲，财务估值是以历史财务数据为基础，通过分析公司未来经营和财务状况，向企业本身和投资者更准确评估公司价值的最佳预测，但仍存在着一定的客观局限性。通过不同估值方法交叉验证，充分利用投前工作可最大程度地突破局限、还原企业经营实际，逐个识别展开潜在风险，让决策者在信息充分的基础上作出判断和有效投资决策。

本章充分阐述了财务估值模型的研究与实务背景，系统梳理财务估值模型在逻辑体系、最优流程、核心参数及监测评价等方面的研究方法，形成了符合行业特点的价值评估实施体系及应用规则。同时重点研究了财务估值模型的经典理论与方法，回顾了埃尔文 · 费雪的资本预算评估理论、莫迪格利安尼和米勒的无套利价值理论（MM 理论）和经济增加值模型（EVA）三种经典估值理论，并介绍了绝对估值、相对估值和概率估值三种传统财务估值方法。

第一节　研究背景及意义

一、研究背景

（一）中国企业海外投资进入新阶段

党的十九大以来，随着我国坚持“走出去”战略的不断深化，国际化经营水平不断提高，中国企业在海外投资并购方面发展迅速，对国民经济和社会发展作出重大贡献。近些年，中国企业对外投资呈现跨越式发展，2020 年中国首次成为世界第一大对外直接投资输出国，其中在对外投资方面，国有企业成为海外投资并购的主力军。目前，中国企业海外投资并购覆盖国民经济所有行业分类，其中电力、热力、燃气及水的生产和供应业存量约 330.6 亿美元，约占存量的 1.5%。从海外投资并购的结构上看，电力、热力、燃气及水的生产和供应业在中国企业海外投资并购总额中的占比逐年上升，其中主要为电力生产和供应业的投资。如图 1.1 所示，虽然中国企业跨国并购交易额从 2016 年起呈现大幅下跌态势，但电力、热力、燃气及水行业的占比自 2015 年以来却实现不断上升。其中，电力企业积极推进国家“走出去”战略，充分利用国内与国外的市场和资源，积极参与国际分工与合作。以国家电网有限公司为例，海外投资发展实现不断突破，企业所有项目均处于盈利水平，先后完成了菲律宾、巴西、葡萄牙、澳大利亚、意大利、希腊、阿曼、智利和中国香港 9 个国家和地区的 12 个骨干能源网公司的投资并购和运营，均是投资所在国家和地区的重要基础设施，关系着当地经济社会的发展，同时也是“一带一路”建设的重点。

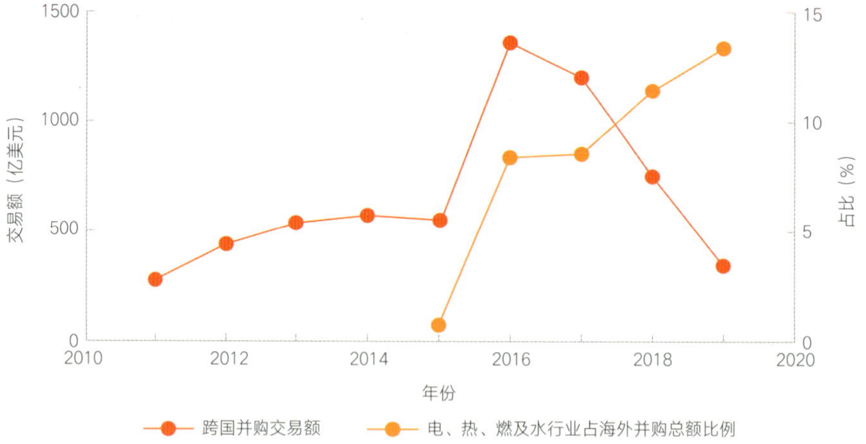

图 1.1　中国企业跨国并购交易额和电力、热力、燃气及水行业占比

（二）海外投资呈现出量多质低的特征

近些年，虽然我国企业海外投资规模不断扩大，但海外投资并购行为本身是一项复杂的高风险商业活动，德勤、波士顿咨询等机构普遍认为我国企业跨国并购的成功率较低，远低于发达国家平均水平。

首先，企业估值普遍具有准确性差、风险管控不足等特点。随着我国经济实力的不断增强，我国企业参与的海外投资并购活动日益频繁，从以往的被收购方，到如今逐渐成为海外资产的收购方。但有研究发现，其中的国有企业在海外并购时普遍支付了更高的溢价，在企业开展并购较为敏感的行业时，国有企业更容易被设置并购门槛，东道国一般会加大审查力度，进而影响企业的并购难度，并最终形成价格溢价。其中，我国部分企业海外投资风险评估能力不足，缺乏完善的企业风险管控体系，即在项目的“事前—事中—事后”投资流程中不仅缺乏对风险的分析评估能力，更缺乏及时有效的监控调整能力。

其次，企业间存在协同性不足、投资效率低等特点。我国企业通过海外并购来获取资源，进而实现快速增长，这一过程会涉及资源要素的跨国配置及企业边界的重新界定。与国内并购相比，跨国并购存在着巨大的文化差异和制度不同，同时面临组织结构和业务整合等多种不确定性。在业务开展的过程中，企业一般希望通过高效整合被收购方的企业资源，从而产生品牌与市场的协同效应。然而，被收购方的企业资源往往根植于当地复杂的业务关系网络之中，且具有很强的本地惯性，同时会受到当地制度的制约，导致相关工作的开展存在困难。此外，中国企业对于并购所在国而言较为陌生，在制度和文化上的差异可能会导致海外消费者和供应商产生疑虑，严重情况下甚至会造成供应链中断和客户的大量损失，导致海外并购后续业务展开的困难。未来，一旦资源整合面临失败，企业管理者则可能将责任推给并购所在国的客观环境，这在一定程度上将造成投资者的非效率投资。

同时，我国企业在并购中倾向于获得先进的技术和创新成果，但这可能引发并购所在国政府的担忧和阻拦，从而降低投资效率和并购完成度。

（三）海外投资环境的变化

近年来，国际政治经济形式复杂多变，国际和地区安全形势复杂，传统安全威胁与非传统安全威胁相互交织、发展与变化，地区热点问题此起彼伏，“新冠”全球大流行，经济全球化遭遇逆流，保护主义、单边主义上升，世界经济低迷，国际贸易和投资大幅萎缩，国际经济、科技、文化、安全、政治等格局都在发生深刻调整。受此影响，中国海外能源投融资面临着严峻挑战。如图 1.2 所示，全球能源需求自 2000 年以来呈现整体下降的趋势，2008 年至 2010 年虽然实现短暂上升，但在 2010 年到 2018 年间，全球能源需求呈现缓慢下降的情形；自 2018 年至今，整体呈现剧烈下降表现。根据分析，2008 年的金融危机对全球经济造成了剧烈冲击，从而抑制了随后全球能源的发展需求。其次是新冠疫情的出现与反复增加了海外投资并购估值中的不确定性，收购方应根据目标公司所在国家和所处行业的特点，选择适当的评估方法，并在具体财务估值工作中对疫情因素予以充分考虑。根据宏观的投资发展周期理论，随着人均收入水平的提高，企业可以积累竞争优势，这也是企业进行海外投资的重要条件。与其他同等收入水平的国家相比，我国海外并购的数量显然更高。研究显示，国内资产价格的上升为我国企业提供了融资上的便利性，促进我国企业开展海外收购业务，呈现出

图 1.2 全球能源需求情况

投资并购的“逆周期”特征。因此，并购所在国资产价格的下跌和本国资产价格的上升均有助于海外投资并购业务的增长。

与此同时，我国近年来进一步加强了对于中央企业海外投资的监管，国务院国资委相继出台了《中央企业投资监督管理办法》(国务院国有资产监督管理委员会令第 34 号)、《中央企业境外投资监督管理办法》(国务院国有资产监督管理委员会令第 35 号)、《关于中央企业加强参股管理有关事项的通知》《关于进一步加强中央企业境外国有产权管理有关事项的通知》等规定，对央企海外投资做出更为明确和具体的要求，相关政策和办法是国有企业开展海外投资业务的基本考量。

（四）财务估值模型的现实需求

电力能源是重要的基础设施，关系着国家的经济和发展命脉，许多国家都将电力纳入进政府监管体系之中。从世界范围来看，经常采用的监管方式包括许可证监管和规则监管等，不断趋严的监管也造成电力行业的准入门槛不断提高。一般来讲，电力行业的投资规模较大，且回收期普遍较长。为满足社会经济发展的需要，电力投资一般受到政府特许经营权的保护。不仅如此，电力行业的收入和成本费用也会受到监管机构的监督和管控，其原因是为了限制自然垄断的产生，进而保护消费者的利益。目前，世界上的大多数国家都会基于成本或绩效对电力行业进行监管，规定电力行业的最高准许收入和价格，限制企业获得不正当的超额利润。

根据数据统计，在跨国并购中，并非所有企业都是高效的，海外投资与运营需要利用财务估值模型来为并购决策提供科学精细的建议。

首先，我国企业积极落实“走出去”战略，但股东价值最大化是投资的重要指引，相比于传统的财务数据只体现公司某一个静态时点的经营状况，并未将企业未来的不确定性和成长性纳入考虑，财务估值模型的出现，不仅考虑了未来成长大小的可能性，同时也测算投资和回报水平，有利于做出更准确的判断。新经济形势下，海外资产运营的过程中面临着贸易政策不确定性和新冠疫情等复杂的外部环境变化等情况，天然气替换化、低利率环境、监管回报率下降等行业特征表现明显，监管资产的压力也在进一步变大，企业要在毫厘之间获得利润，迫切需要依托海外电力资产财务估值模型，为企业的投资运营做出更精细决定，在深层次、广范围中理解海外并购估值中核心方法及影响因素，指引企业投资决策；借助财务估值模型探索寻找海外资产价值驱动，实现科学化、体系化的项目精益管理，最大限度激发经营活力，打造企业提质增效落地升级，助推企业国际业务行稳致远。

另外，随着我国企业海外资产规模的不断扩大和运营管理持续深化，财务估值模型在投后管理中的重要性也日益突显，风险管控的现实需求也更加突出。在充分强调价值创造和风险把控的前提下，开展财务估值模型的创新与应用研究，可以为稳健开展运营管控、指导下属企业科学决策、满足外部监管要求等提供量化工具；同时指导海外企业科学决策，提前识别、预警海外资产可能存在的价值波动风险，创新打造可量化、可综合化分析的决策数据中台，进一步实现公司海外资产动态跟踪分析和资产价值量化评估的目标，也可为上市、重组、资产出售等资本运作提供决策参考。

二、研究意义

财务估值模型贯穿海外投资并购全流程，以价值创造和风险管控为主要目的，分为投资前（事前）、运营间（事中）和退出（事后）三个阶段。在投资前，通过严谨充分的前期尽职调查，对项目潜在风险准确把握，同时可深入挖掘投资标的的亮点，并通过财务估值模型对企业价值做出公平的报价，为后面的投标提供参考和依据。在运营过程中，通过财务估值模型全面记录企业发展经营的历程，形成宝贵的数据中台，为将来的查漏补缺、回顾复盘奠定基础。同时，详细标记项目状态并对实时回报进行监控，以保证项目处于正轨。在退出时，通过财务估值模型给出的各方面数据，判断项目退出的时机，准确计算项目投资的收益，总结从此项目中学到的经验与教训，为未来投资提供借鉴。

面向未来，财务估值模型可以在价值创造和风险把控方面发挥更大价值。

（一）财务估值模型与价值创造

在财务估值的价值创造方面，要深入理解估值中性的概念。从财务估值模型的可用性来讲，在电力资产监管政策稳定且透明的国家和地区，应用现金流折现模型对于电力企业估值具有天然的优势。其中，核心是考虑项目的未来现金流能否被合理预测，按照恰当的回报率要求折算为当前的时间价值。更重要的是，财务估值模型最大的贡献不是结果，而是决策过程的判断，是一个发现价值的方法论。尤其对于海外电力资产投资并购的长期战略投资者来说，充分分析理解价值的驱动因素并利用它来反哺实践，对于投资决策而言十分重要。投资者可以利用动态的财务估值模型监管企业发展趋势，此时，财务估值模型的搭建和关键参数是导致估值结果呈现不同的最大影响因素，是企业监督和管控的重点，从历史数据中总结经验，方能更好地指导未来。因此，以安全和风险控制为重点，加强对经营过程中重大问题的研究与应对，可以提高海外资产的营运水平，挖掘增值、创造潜力，利用好现有的海外资产营运平台、风险控制有力的投资监督管理体系，实现滚动式发展。

需要注意的是，中性估值是控制风险的建议原则。由于现实世界的复杂性，无法实现完全准确地预测估值参数和价值呈现，只能通过估值设计来消除相关不确定性。而估值受到技术和计算的局限，难以将全部的变量纳入假设，估值的执行者需要在假设全面性和准确性间进行取舍。最佳的做法是设定发生可能性最高的中性假设，意味着根据每个假设最可能的情况来进行取证，输出中性的估值结果。估值是一个动态过程，无论是投资并购还是投后管理，都需要根据决策需要，定期、不定期对海外电力公司类资产进行估值。

（二）财务估值模型与风险防控

跨国企业在业务决策和实施过程中，应当严格注重风险控制。企业可以通过树立底线思维，针对不同业务类型和风险等级，划分和制订不同的回报率要求和标准。关注不同资产的估值结果，通过参考市场可比交易、可比资产情况进行横向和纵向对标，对比当地国债收益率、资本市场融资成本等，要求海外投资首先要高于融资成本。同时，制订国际业务风险管控办法，严格规范地进行财务、法律、技术等尽职调查，调查要覆盖当地法律、营商、税务、政治、治安以及和中国的经贸关系，全面梳理评估和应对潜在风险，保障对外投资安全。面对新冠疫情的影响，海外投资业务应在合规运营基础上，持续高质量且安全稳健地发展。

财务估值模型是消纳风险的最佳容器。风险的管理控制需贯穿于企业并购的全过程，同时也体现在估值模型中。在企业进行海外并购时，针对目标企业建立模型、进行估值是重中之重，通过尽职调查，可以识别到目标企业的或有负债、未决诉讼等事项，这些事项在将来可能会使并购方遭受损失。因此尽职调查识别到的这些风险可能需要体现至后续的交易文件中，通过索赔机制进行解决，从而保护并购方的利益。绝对估值法可一定程度解决待量化的风险，估计公司的报价水平；相对估值法可根据可比倍数估计公司的市场价值，并对估值模型结果进行校验和修正。在投资完成后的运营管理过程中，对所投资产进行估值复盘，也就是从宏观政策、电力监管及相关政策谈判、尽职调查等多个角度对财务估值模型各个输入参数进行重新梳理和调整，这其实是对海外投资三类风险的最全面再评估。

同时，通过财务估值模型有效识别和管理相关风险，有助于公司秉持可持续的发展理念，坚持市场化、长期化、本土化经营，按照市场化和国际规则规范运作。同时可更好在东道国积极履行社会责任，与当地建立良好的友谊，赢得了社会各界的一致赞扬，树立了良好的企业和国家形象，为中国企业拓展国际业务及运营资产创造了良好的环境。

（三）财务估值模型与价值管理

国网国际发展有限公司以创建世界一流示范企业的战略目标为引领，系统梳理当前央企海外投资财务估值模型的提升优化空间，发掘财务估值模型更多应用场景，构建贯穿投资并购和资产运营“事前—事中—事后”的全周期价值管理体系，在更大范围、更广领域、更高层次上打造国际化发展的核心竞争力，实现价值创造，当好服务“一带一路”建设的排头兵。

国网国际发展有限公司以财务估值模型为最佳工具，深挖估值模型内涵逻辑，对“事前—事中—事后”各环节逐步形成具有动态价值评估、科学估值指导和健康决策指引的管理体系，可以有效实现公司海外电力资产投前合理价值预测和投后运营精益管理，以新的思路和方法指导公司海外资产良性滚动发展。事前价值管理方面，严谨的宏观经济分析框架和科学的分析方法可以将部分不确定性纳入估值模型并形成估值结果。科学全面的宏观分析是估值评价的先决条件，通过择时、择地与择机，对关键变量根据过去的素材研究，对未来做出估计和预测。从项目筛选、尽职调查、协议谈判、估值报价，到签约、交割等关键环节环环相扣，形成海外业务投资管控流程完整框架，可以帮助并购方从财务、税务和法律等多个方面深入了解目标企业，发现潜在的问题，揭示和降低并购风险。在投后运营阶段，价值驱动分析依然是运用估值模型指导运营中最核心的部分，是实现已投资资产价值创造的核心理论工具。

事中价值管理方面，明确合理回报原则要求央企应遵循价值创造的理念，加强投资项目论证，严格投资过程管理，提高投资收益水平，实现国有资产保值增值。依托财务估值模型对风险因素进行动态分析评估，初步形成对全资、控股、参股公司实施差异化管理的运营管控模式，确保股东利益，提高运营管理效率。事后价值管理方面，通过财务估值模型积极落实国资委及总部要求的项目投资后评价工作任务，逐步形成投资全价值链闭关管理体系，有助于实现企业运营管理水平不断提高。

值得注意的是，财务估值模型的最大作用并不是得出一个结果，而是在财务估值和价值管理过程中发现和找到价值的驱动因素。以公司下属项目公司的融资及资本结构为例，依托财务估值模型为容器量化项目公司开展多元融资的各种可能性，评估各项融资决策的成本，以及对于公司价值、分红等一系列影响，进而实现选择当下最优的融资策略。

（四）财务估值模型与运营管理

就国有资产管理层面而言，国有资产的保值增值是央企的重要责任，同时也是业绩考核的重要指标。其中“保值”和“增值”包含了风险的管理和控制、利润的长期稳健增长和股东最大化等多个维度因素。保值主要涉及资产的安全性，包括风险管理和控制、收入和产出的稳健性等；增值最终体现为资产价值（股东价值）最大化追求，理想情况就是企业受益的稳定增长。因此对比来看，电力资产投后运营与传统股权投资投后管理的关注点基本一致，主要包括风险管理和控制、价值增长，以及基业长青三个方面。

作为央企海外电力资产投资管理公司，国网国际发展有限公司无论从投后运营角度，还是国有资产保值增值角度，都有责任对资产价值进行定期复盘，发挥估值模型的价值发现功能，从复盘中发现和规避经营等风险，并寻找出项目价值的核心驱动因素，助力项目公司实现基业长青。估值模型定期复盘估值，不仅是分辨和规避风险、判断企业价值增减的更优解决方案，而且能够量化多种经营举措的效果，也更易于观察改革后整体效果。此外，相比会计三张报表和财务指标分析，估值模型考量的周期更长，是从总体角度且考虑更长远期限的谋划，每次输入参数的调整，都是对一段长周期潜在风险的量化重估，可以在估值中最大程度上量化管理决策及其影响，帮助企业做出最佳选择。同时，也可以为稳健开展运营管控、指导下属企业科学决策、满足外部监管要求等提供量化工具，也可为上市、重组、资产出售等资本运作提供决策参考。

因此，企业应该定期进行财务估值复盘，观察被投项目公司的价值变化和重要参数变化，分辨和规避各种可量化风险的同时，及时发现被投公司的增资、退出等机会，对被投项目公司价值做到心中有数。

第二节 经典估值理论回顾

一、埃尔文·费雪资本预算评估理论

（一）理论概述

19 世纪末，美国的第一次并购浪潮唤起了投资者对企业评估的关注。最初，资产价值的评估建立在可持续性经营、贡献原则和变现原则的假设前提下，以市场价值、账面价值、原始价值等为资产价值的参照依据。20 世纪初，埃尔文·费雪在《资本与收入的性质》中阐述了资本价值的源泉，归纳了人们的投资决策过程。他认为，任何财产或财富的价值都是未来收入的资本化，收入和资本的关系是通过利率进行转换的，即企业价值表现为企业未来现金流的折现值。影响企业价值的核心因素包括两点：一是企业未来产生的预期现金流或预期收入，预期收入与企业价值正相关，企业未来预期收入越高企业今天的估值越高；二是折现率，即考虑资本机会成本的利率，利率与企业价值负相关，利率越大，货币的折现值越小，企业价值越小。

1907 年，埃尔文·费雪完成了专著《利息率：本质、决定及其与经济现象的关系》，更加深刻地讨论资本收入与资本价值的关系，资本价值评估框架的雏形也由此产生。随后，埃尔文·费雪在《利息理论》一书中提出在确定性情况下，任何投资项目的价值取决于未来预期现金流量按照特定风险利率折现后的现值。在投资决策中，如果某项目预期现金流量的折现值大于初始投资额，即净现值大于 0，则选择进行投资，反之拒绝投资。埃尔文·费雪的净现值法被普遍认为是资本运算的最优方法。在公司兼并收购中，站在收购方角度，收购方收购目标公司也是一种投资行为，被收购企业的价值就是该企业所能带来的未来收入流量的现值。关于净现值的公式表达如下：

$$NPV=\sum_{t=1}^{n}\frac{CF_t}{(1+i)^t}-CF_0$$

式中，CF_t 是第 t 年的预期收入或者现金流；CF_0 是初始投资额；i 是折现率；n 是资项目的寿命周期。

埃尔文·费雪的资本价值评估模型思想建立在两个强假设前提下：一是企业未来产生的收益流量是已知并且确定的，二是由于未来收益流量不具有不确定性，因此企业资本的机会成本即为市场决定的无风险利率，企业的价值是由无风险利率贴现的未来收益的现值。在这种假设前提下，公司利润最大化准则和公司价值最大化是一致的，促使股东投资的驱动因素即通过投资实现其持有财富的增加。只要投资的收益大于资金的成本，股东的利润和价值财富就会增加，因此对于投资的资本来自于公司债务还是股东的权益股东并不关注。最优投资量是由投资的内部收益率与资本市场利率共同决定的，当投资于企业的内含报酬率等于市场利率时为最优投资点。在确定性情况下，企业的债务和权益在报酬上几乎是无差别的，因此企业的价值最大化与企业的资本结构不存在关联性。

在金融市场和投资活动中强假设是不存在的，由于市场环境、经济发展、技术革新、政治环境、宏观政策、自然灾害等各类因素的影响，企业的预期收益充满着不确定性。此外，在不确定性的情况下，债务的存在会放大企业的风险，使权益收益承受更大的波动风险。因此在实际情况下，企业的杠杆程度直接影响企业资本的机会成本。然而埃尔文·费雪并未明确指出企业资本结构与资本成本的关系，无法确定企业资本的机会成本也就无法确定企业价值的资本化利率。虽然埃尔文·费雪的资本价值评估理论体系存在较严格的假设，尚不能充分地指导公司的经营实践，但它为现代企业价值评估奠定理论基础，对后期价值评估理论的发展产生深远影响。

（二）电力行业的价值驱动因素分析

埃尔文·费雪的资本价值评估理论认为评估企业的价值首先要挖掘企业的价值驱动因素。电力工业是国民经济发展中最重要的基础能源产业之一，同时也是社会公用事业的重要组成部分之一，是经济发展战略中优先发展的重点领域。目前电力行业主要应用于生活办公、高耗能行业等传统领域以及目前兴起的电动汽车充电领域，按行业分为工业用电、商业用电、住宅（居民）用电、排灌用电、非工业用电和农业生产用电，不同的用电类别执行不同的电价。销售电价由两部分组成：一是上网电价，二是输配电价。如图 1.3 所示，具体以我国为例，简要描述电力行业产业链及价格链构成。

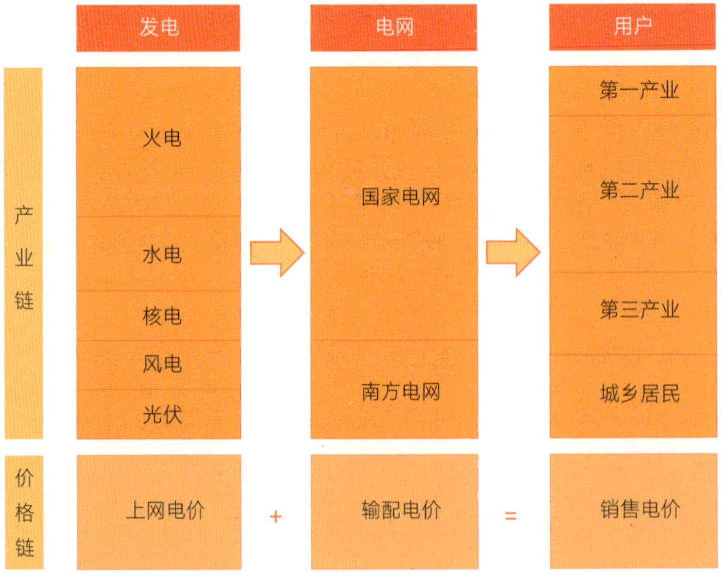

图 1.3　电力行业产业链及价格链过程

此外在并购中，收购方应重点关注企业核心的财务指标（见表 1.1），进一步挖掘其对企业价值的内在影响。

表 1.1　影响电力行业收入的参考指标

价值驱动因素	变量	指标名称	解释
盈利能力	X1	市盈率	盈利能力指标衡量企业赚取利润的能力，可持续的盈利能维持企业长期发展，为企业带来持续性收入
	X2	总资产报酬率	
	X3	净资产收益率（ROE）	
	X4	投入资本回报率（ROIC）	
偿债能力	X5	流动比率（短期）	高债务指标会扩大企业风险，降低企业价值
	X6	产权比率（长期）	
营运能力	X7	流动资产周转率	营运能力反映了企业对经济资源管理、运用的高低，电力行业资产利用率越高说明企业价值越大
	X8	总资产周转率	
现金流量	X9	现金再投资比率	现金流高低是保障电力企业避免财务风险的关键
	X10	全部资产的现金回收率	

二、莫迪格利安尼和米勒的无套利价值理论

（一）历史意义

埃尔文·费雪的资本价值评估模型假设企业未来收益是确定的且企业的价值与企业资本结构无关。针对相关理论的缺陷，莫迪格利安尼（Modigliani）和米勒（Miller）于 1961 年第一次系统地把不确定性纳入企业价值评估的理论体系之中，并第一次对企业价值和企业资本结构的关系做了精辟的分析，称为 MM 理论。MM 理论成功地说明了不确定情况下，企业价值与债务具有关联性，纠正了埃尔文·费雪的资本价值评估理论中股东权益和债权权益不分的错误，通过将债务因素纳入价值考量，改变了费雪理论中把企业作为一项投资的缺陷，同时加入税收对企业价值的影响，较为“客观”地反映了企业的真实营运情况。

（二）发展阶段

1. 最初的 MM 理论

最初的 MM 理论认为，在不考虑公司所得税，且企业经营风险相同而只有资本结构不同时，公司的资本结构与公司的市场价值无关。或者说，当公司的债务比率由零增加到 100%时，企业的资本总成本及总价值不会发生任何变动，即

企业价值与企业是否负债无关，不存在最佳资本结构问题。

2. 修正的 MM 理论

修正的 MM 理论（含税条件下的资本结构理论）认为，在考虑公司所得税的情况下，由于负债的利息是免税支出，可以降低综合资本成本，增加企业的价值。因此，公司通过财务杠杆利益的不断增加，可以不断降低其资本成本，负债越多，杠杆作用越明显，公司价值越大。当债务资本在资本结构中趋近 100% 时，是最佳的资本结构，此时企业价值达到最大。

（三）MM 理论的相关衍生

米勒模型理论，这是米勒于 1976 年在美国金融学会所作报告中阐述的基本思想。该模型用个人所得税对修正的 MM 理论进行了校正，考虑公司税的 MM 模型包括了公司赋税因素，但却没有考虑个人所得税的影响，认为修正的 MM 理论高估了负债的好处，实际上个人所得税在某种程度上抵消了个人从投资中所得的利息收入，他们所交个人所得税的损失与公司追求负债，减少公司所得税的优惠大体相等。于是，米勒模型又回到最初的 MM 理论中去了。

权衡模型理论，产生于 20 世纪 70 年代，是 MM 理论的后续发展。该理论认为 MM 理论虽然考虑了负债带来的纳税利益，却忽略了现代社会中的两个因素：财务拮据成本和代理成本。而事实上，只要运用负债经营，就可能会发生财务拮据成本和代理成本。在考虑以上两项影响因素后，运用负债企业的价值应按以下公式确定：

运用负债企业价值 = 无负债企业价值 + 运用负债减税收益 – 财务拮据预期成本现值 – 代理成本预期现值

上式表明，负债可以给企业带来减税效应，使企业价值增大，但是，随着负债减税收益的增加，两种成本的现值也会增加。只有在负债减税利益和负债产生的财务拮据成本及代理成本之间保持平衡时，才能够确定公司的最佳资本结构，即最佳的资本结构应为减税收益等于两种成本现值之和时的负债比例。

补充阅读　基于实物期权的电力企业碳资产评估研究

实物期权是一种与金融期权相对应的非金融性选择权的期权[1]，其标的资产是既非股票又非期货的实物商品，即把具有期权特性的实物资产看作看涨期权，期权的价值取决于投资项目的价值和是否对此投资的决策。在公司面临不确定性的市场环境下，对具有期权特性的资产进行评估时不应只考虑资产的现值，还应考虑资产包含的期权价值，并对其进行管理和运作，公司管理层决策灵活性越高，实物期权价值越大。通过给出动态管理的定量价值，实物期权将运营决策中的不确定性转变成企业的优势。

实物期权估值在传统的海外并购中并不常用，随着全球对环境保护意识的提升，世界各国开始协同合作共同致力于通过各项机制和措施应对气候变化问题。1997 年全球 100 多个国家签署了《京都议定书》，碳排放权成为一种商品。碳排放权交易制度是通过市场化的手段使得碳排放的外部成本内部化，降低社会碳减排总成本的有效机制，碳排放权交易已经成为世界主要碳排放国家和区域控制碳排放的基础性机制。在电力企业碳资产评估的过程中，可以应用 SWOT 分析方法对电力企业碳资产进行分析，构建基于实物期权方法的电力企业碳资产评估模型，对电力企业碳资产进行有效研究。

三、经济增加值模型

（一）经济增加值的概念与发展

20 世纪 80 年代初，美国斯特恩 · 斯图尔特咨询公司首次提出经济增加值（Economic Value Added，EVA）的概念，是经济学中“机会成本”概念的一种财务体现，并将其作为企业度量业绩的评价指标。根据斯特恩 · 斯图尔特咨询

---

[1] 期权是一种未来的选择权，期权持有者即购买方通过向卖方支付期权费，获得一项在到期日（欧式期权）或到期日前的任意一天（美式期权）按协定的价格购买（看涨期权）或出售（看跌期权）一定数量的某种标的资产的权利。

公司的解释，EVA是指税后净营业利润扣除包括股权和债务的全部投入资本的机会成本后所得，其本质是经济利润而不是会计利润。EVA关注价值创造的途径，体现了企业价值最大化的目标，而非单纯从传统的利润最大化角度来考虑问题。EVA以经济利润为基础，克服了以传统会计指标为基础建立的考核体系的缺陷，其核心理念是指当扣除企业所有的经营成本和资本成本后，剩余的收益才是企业真正的收益。

EVA不仅可以评价企业价值创造还可以作为评价管理层经营业绩好坏的指标。如今EVA已经逐步形成了具有其自身特点的4M体系，包括业绩评价（Measurement）、管理体系（Management）、激励制度（Motivation）、理念体系（Mindset）。

（二）EVA的计算

EVA=税后净营业利润－总资本 × 加权平均资本成本

从表达式可以看出，企业真正创造价值时EVA应大于零。税后净营业利润的计算通常是通过对利润表中的净利润进行调整最终得出税后净营业利润。在实际调整过程中由于净利润表项目较多，一般选取其中5~10个主要项目进行调整。调整后的税后净营业利润可表达为：

税后净营业利润＝税后净利润＋利息费用＋少数股东损益＋
本年商誉摊销＋递延税款贷方余额的增加＋其他准备金余额的增加＋
资本化研发费用－资本化研发费用在本年的摊销

这里的总资本包括债务资本和权益资本两部分，债务资本主要是指长期借款和短期借款，而权益资本要考虑所有股东的资本。

（三）EVA的优势

第一，在计算EVA时，要求投资者必须考虑股权资本成本，从而规避了传统的会计利润在计算过程中并没有考虑股东提供资金的成本问题，充分体现了公司要实现股东价值最大化的目标。

第二，EVA考虑公司长远目标，避免短视化行为。通过在计算EVA时剔除研发费用、人才培训、品牌市场的开拓对企业短期利润的影响，EVA 考核指标避免管理层为追求短期利润最大化而忽视了企业的长远发展。同时要求企业站在长远发展的角度考虑问题，注重企业的可持续发展能力的特性。

第三，EVA 有利于企业建立完善的绩效考核制度。EVA 评价指标不仅可用于企业整体的评价，还可以考核企业各部门的业绩，同样也可应用到高管的绩效评价中。利用 EVA 评价体系也可以建立健全企业的激励机制，更好地激励员工。

第四，EVA 评价指标较传统的利润指标更能反映企业现状。传统的利润指标，企业可以采用各种手段对利润进行操纵，而经济增加值是以税后净营业利润为起点，税后净营业利润是通过净利润进行一定的调整得来，更容易反映企业的真实经营状况，不易被操纵。

在对企业价值进行评估时，结合评估对象的特征选择一种或者多种资产评估方法衡量出一个接近真实价值的数值，无论是埃尔文·费雪的资本预算评估理论，还是无套利价值理论，抑或是 EVA 模型，它们的底层逻辑都是相通的，每一种理论和模型的提出都是在前者的基础上根据实际情况放宽假设条件，使得理论和模型越来越贴近于实际情况。然而由于政治、经济、社会、技术发展、环境和法律宏观因素以及企业优势劣势的影响，企业未来现金流存在很强的不确定性，无法站在上帝视角对企业的价值得出一个公允的衡量。在并购行为中，应重点关注被估值企业的价值驱动因素，而非过分强调和计算绝对的估值结果，进而实现真实可靠估计企业价值。

第三节 三种传统估值方法

对企业进行价值评估的传统估值方法整体上可分为三种方法，即绝对估值，相对估值和概率估值。各估值方法最底层的理论基础基本相同，但适用场景、条件、对象，以及估值视角各有差异。由于掌握的信息具有局限性，采用不同的方法对同一标的进行估值时，估值结果大体趋同，但并不一定能得到相同的结果。

一、绝对估值

在实务操作中做最常用的绝对估值模型是自由现金流贴现（Discounted Cash Flow，DCF）模型。因此本章以此为例进行重点介绍。具体的模型选择和适用情况可以参见第六章。

1. DCF 模型

DCF 模型的核心思想是通过预测企业未来现金流量以及分析投资风险，利用合适的折现率将企业未来现金流量折现为企业评估基准日的价值。其定义可用以下公式描述：

$$PV=\sum_{t=1}^{\infty}\frac{C_t}{(1+r)^t}$$

式中，PV 表示企业的估计值；C_t 表示企业在 t 期的预期现金流；r 表示折现率。

对于海外电力资产的并购交易，一般考虑通过潜在项目公司中长期商业计划进行现金流预测，运用绝对估值法，即 DCF 模型对海外电力资产开展财务估值模型分析和估值。

常用的 DCF 模型一般分两阶段进行。第一阶段称为预测期，第二阶段称为稳定增长期。由于不同国家资产的属性是不同的，两阶段 DCF 模型在不同国家之间的具体应用也是不同的，主要体现在退出期的设定方面不同，即对从第一阶段向第二阶段转移的时间节点的处理不同。一些国家的资产是不具有永久产权的。例如国网国际公司在巴西的部分项目只具有一定年限的特许经营权，在到期时需要移交给政府，然后政府给予公司相应的补偿；还有在菲律宾的项目，同样是到期移交给政府的方式。因此对巴西和菲律宾的资产利用 DCF 模型进行估值时则不属于永续增长的问题。意味着 DCF 模型中第一阶段向第二阶段转移的处理方法存在差异。

此外，对于第一阶段，需要预测出每一时期的现金流量。对于第二阶段，是将第一阶段末的现金流按照一定增长率（比如按照预计名义 GDP 的增长率）增长的方式得出未来每一时期的现金流量。此时对上式利用等比数列求和可化为

$$PV=\sum_{t=1}^{n}\frac{C_t}{(1+r)^t}+\frac{\frac{C_n}{(r-g)}}{(1+r)^n}$$

式中，C_t 表示企业在 t 期的预期现金流，n 表示第一阶段结束的时期；g 表示第二阶段的稳定增长率。

2. 终值

终值即公司在预测期后的价值，在整个估值过程中对于终值的处理是至关重要的。常用的确定终值的方法有稳定增长法和退出倍数法。

（1）稳定增长法。企业运用稳定增长率的方式计算在预测期后每一期的价值，这种确定终值的方法称为稳定增长法或永续增长法。假设自由现金流在预测期结束后按照一定的增长率稳定增长，稳定增长率一般根据公司预期的长期行业增长率来确定，例如名义 GDP 的增长率。假设预测期的最终年份为 n，则终值的计算公式为：

$$\text{终值}=\sum_{t=1}^{\infty}F_n\times\left(\frac{1+g}{1+r}\right)^t=F_n\times\frac{1+g}{r-g}$$

式中，F_n 表示预测期期末年份的现金流；g 表示稳定增长率；r 表示折现率。

（2）退出倍数法。退出倍数法要求能够得到合理的、适用于行业的退出倍数，一般采用预测期期末的税息折旧及摊销前利润（EBITDA）乘以退出倍数即可得到终值，计算公式为：

$$\text{终值}=\text{EBITDA}_n\times\text{退出倍数}$$

退出倍数是影响终值的一个关键因素，进而是影响估值的关键因素，因此一般需要对退出倍数进行敏感性分析。假设可比公司的退出倍数为 6~7，一般会令退出倍数分别等于 5.5，6.0，6.5，7.0，7.5，然后分别计算出相应的估值。

（3）交叉验证。稳定增长法和退出倍数法常常同时使用，相互验证。将通过稳定增长法计算出的终值，记为终值 a，退出倍数计算公式为：

$$退出倍数=\frac{终值a}{\mathrm{EBITDA}_n}$$

若计算出的退出倍数与可比公司的退出倍数偏差较大，那么就应重新考虑所设定的稳定增长率是否合理。将通过退出倍数法计算出的终值，记为终值 b，稳定增长率计算公式为：

$$稳定增长率=\frac{终值b\times r-F_n}{终值b+F_n}$$

若计算出的稳定增长率过高或过低，那么则应重新考虑设定的退出倍数是否合理。

3. 贴现率

在自由现金流贴现模型中，需要将预测的未来现金流量按照一定的比率折合为现值，称为贴现率。DCF 模型认为不确定性因素越多，风险越大，对企业的价值产生的不利影响越多，因此要求的收益率越高，使用的折现率越高，以此来降低企业的价值。

（1）股权资本成本（Ke）。股权自由现金流（FCFE），是指在扣除了营业费用、税收、净债务以及为了保证现金流可持续增长所需的再投资之后留给股东的现金流量，因此股权自由现金流可以按照股权要求回报率（股权资本成本，Ke）进行折现，而股权要求回报率的计算可采用资本资产定价模型（CAPM）以及多因子模型。

资本资产定价模型认为，资产或投资组合的预期回报率是无风险收益率 r_f 与市场风险溢价（R_m-r_f）乘以衡量系统风险的系数 β 的和。其中 β 衡量该资产相对市场变动的敏感性，通常介于 0 到 3 之间。投资者常用国债或者政府债的收益率作为无风险收益率。对于投资组合，投资组合的 β 是每一项资产 β 系数的加权平均，即 $\beta_p\sum_{i=1}^{n}w_i\beta_i$。投资回报率和 β 系数计算公式具体如下：

$$E(r_i) = r_f + \beta_i \times E(r_m - r_f)$$

$$\beta_i = \frac{Cov(R_m, R_i)}{\sigma_m^2}$$

（2）加权平均资本成本（WACC）。企业自由现金流（FCFF）与股权自由现金流的关键区别在于前者包含债务。企业自由现金流考虑的是在扣除营业费用以及再投资之后所有投资者可以获得的现金流。因此企业自由现金流按照企业加权平均资本成本（WACC）进行折现。企业的加权平均资本成本是指各类资金来源的资本成本的加权平均值。我们在这里考虑的融资方式有债务和股权，因此，WACC 是股权成本与债务成本的加权平均值，其计算公式为：

$$\text{WACC} = \frac{D}{D+E} r_d (1-t) + \frac{E}{D+E} r_e$$

式中，D 和 E 分别表示债务和股权的市场价值；r_d 表示债务成本；r_e 表示股权成本；t 表示企业税率。因此$\frac{D}{D+E}$和$\frac{E}{D+E}$分别表示企业的债务和股权的市场价值所占的比例。

需要特别注意的是，在 WACC 的计算公式中第一项乘以了（$1-t$），原因如下：设债务 D 的利率为 r_d，企业税率 t，则利润减少 $D \cdot r_d$，同时税收减少 $D \cdot r_d \cdot t$。因此相当于债务 D 的成本为 r_d，收益率为 $r_d \cdot t$，从而总成本为 $r_d \cdot (1-t)$。

4. 敏感性分析

尽管 DCF 模型具有比较完美的理论基础，但是由于 DCF 模型设定了大量的假设前提，并且由于无法精准预测未来各种财务指标以及资本成本，使得 DCF 模型具有一定的局限性。在进行电力资产估值时，可采用敏感性分析法提高估值的准确性。

在估值中，企业通常会对一些重要的假设进行敏感性分析。例如常常会对折现率，两阶段估值中的稳定增长率以及收入、支出、融资、税务等假设进行敏感性分析。通过敏感性分析测算各个因素对估值的影响程度，从而选出影响程度较大、敏感性较强的因素，进而结合企业的风险承受能力，考察当敏感性因素对应的最差情况出现时能不能接受。通常进行的敏感性分析一般是单因素敏感性分析。对某一单个因素进行敏感性分析是指当其他因素均在基本情况下保持不变时，该因素的变化对估值的影响程度，识别出项目需要重点控制的风险。假设公司的价值由 n 个因素决定，$U=f(F_1,F_2,\cdots,F_n)$，那么第一个因素的敏感性指标可以用公式表示为：

$$U_{1+a}^{F_1}=f[(1+a)\cdot F_1,F_2,\cdots,F_n]$$

$$\Delta U_{1+a}^{F_1}=U_{1+a}^{F_1}-U=f[(1+a)\cdot F_1,F_2,\cdots,F_n]-U$$

此外，在估值过程中除了找出敏感性因素，还需分析引发不确定性的根源，并采取相应的应对措施。

5. 估值中性

不同国家之间的金融政策、市场模式、文化传统等是极为不同的。因此电力行业在进行海外并购时存在着多种不确定性，基于一种增长可能性进行估值的方法可能无法较为准确地评估资产。由于在估值中设置了众多假设，而在量化过程中，并不能实现每一个指标都精确预测，如果假设与现实差距过大就会导致估值结果失真。考虑到现实中各个参数一般也不会同时出现过度增加或下降的情形，为了使估值结果更具准确性、真实性，各未知参数的假设上都会选取认为最有可能实现的情况，从而保证了各个参数此消彼长的过程中，参数整体产生的估值结果不会过多偏离真实价值，以保证最终的估值结果尽可能中性。

企业价值（EV）表示所有投资人（包括股东和债权人）共同运营企业所产生的价值。一般计算公式为：

EV= 股权价值 + 企业债务 + 优先股价值 + 少数股东权益 – 现金和投资

二、相对估值法

除了绝对估值法，海外电力资产也常用相对估值法进行企业价值评估。相对估值法的最终目的是依据投资者对类似资产和投资所支付的价格为目标资产及投资定价。

相对估值法的基本步骤具体可归纳如下：首先，寻找可比公司。可比公司是指行业、主营产品、资本结构等与目标公司相同或者相似的公司。其次，选定某个或某些相对估值指标，例如企业价值 / 息税折旧摊销前利润（EV/EBITDA）、企业价值 / 息税前利润（EV/EBIT）、企业价值 / 监管资产基数（EV/RAB）、市盈率（P/S）、市净率（P/B）、市现率（P/F）等，并计算各可比公司的指标值并得出基准指标值。最后，利用退出倍数法则计算出目标公司的价值。

（一）相对估值法的优势和局限

1. 优势方面

（1）相对估值法更加节省时间和资源。与相对估值法相比，折现现金流估值需要的信息更多。企业在进行价值评估时，其可用时间和信息都是有限的，所以他们更愿意选择相对估值这种占用时间较少的方案。

（2）反映市场迫切需要。相对估值能够很好地反映市场的当前情绪，因为它的目的不是衡量内在价值，而是相对价值。比如，当资本市场上的所有新能源股都进入上涨行情时，其相对估值可能会高于折现现金流估值。在相对估值法下，股票的相对估值要比折现现金流估值更加接近市场价格。

（3）方便推销。在时间有限的情况下，折现现金流估值法很难让人理解，而相对估值法非常直接，简单易懂，适合于快速推销。

2. 局限方面

（1）相对估值法可能带来与企业真实价值不一致的估计结果，包括忽略不同企业的关键变量如在风险承担水平与现金流潜力方面存在差异等。

（2）当市场对可比公司的估值过高时，使用相对估值法估计企业的价值，就会导致对目标资产的估值过高。同样地，当市场低估可比公司的价值时，目标公司的相对价值也会偏低。

（3）任何估值方法都不可避免地存在估值偏差，但是相对估值的基本假设是缺乏透明度的，很容易受到人为因素的操纵。如果对估计结果存在先入为主的偏见，那么可能根据预先设定的想法来选择对比的公司，从而影响估值结果。

（二）相对估值法的常用方法

1. EV/EBITDA 估值法

EV/EBITDA 是用来衡量价值与盈利能力之间的关系的估值方法，是最受欢迎的倍数方法之一。其计算公式为：

EV/EBITDA = 企业价值 / 税息折旧及摊销前利润

由于 EBITDA 表示的利润包括了收入的税务，这使得具有不同税率的公司之间更具有可比性。折旧摊销易受会计处理的影响，而 EBITDA 使用的是折旧摊销前的利润，因此 EV/EBITDA 估值法不会太受会计处理的影响。此外由于公司价值既包括股权又含有债务，因此 EV/EBITDA 估值法在估值中不受资本结构（负债杠杆比例）的影响。从会计的一般性认识上来讲，EBITDA 比营业利润显示更多的利润，它已经成为资本密集型行业、高财务杠杆公司在计算利润时的一种选择。

由于资本密集型行业的折旧值一般较大，而轻资产行业的流动资产相对于总资产的比重较大，通常报告的折旧值较小，这不仅会影响 EBITDA 的大小，还会影响估值的大小。因此在对电力资产估值时，使用 EV/EBITDA 进行横向对比时要注意相关公司的资本密度需在同一个水平，或许需要对电力资产在投入的成长期和成熟期进行相应的调整。

2. EV/EBIT 估值法

EV/EBIT = 企业价值 / 息税前利润

类似于 EV/EBITDA，EV/EBIT 依然不受资本结构的影响。但相比于 EV/EBITDA，EV/EBIT 考虑的是扣除折旧摊销后的息税前利润，少了对可比性企业资本密度的要求，但是估值中可能会受会计处理的影响。因此在对电力资产进行估值时应结合各种方法的适用环境以及对资产掌握的信息程度选择合适的估值方法。

EV/EBIT 刻画的是一年的价值与收益之间的关系，不能反映企业未来的增长情况，也不能反映不同发展阶段的增长差异，因此在使用 EV/EBIT 方法进行电力资产的估值时，选择的可比公司需要具有相同或者相似的发展阶段。

3. EV/RAB 估值法

$$EV/RAB = 企业价值 / 监管资产基数$$

RAB 即监管资产基数，是刻画监管公用设施行业的一个特性指标。

不同国家 RAB 计算周期和计算方法是存在差异的。这些差异对于输配电公司的运营和收入都会产生影响。关于 RAB 计算周期，有的国家是在一个监管期内只对 RAB 审核一次，例如澳大利亚。而菲律宾在每个监管周期内的每一年都会审核输配电公司的实际投资，并对 RAB 进行相应调整。不同国家 RAB 计算方法也是存在一定差异的，例如智利，采用重置成本法计算 RAB。澳大利亚通过历史成本加通货膨胀减折旧的方式计算 RAB。

在使用 EV/RAB 方法进行电力资产的估值时要着重注意对可比性公司的选择，通常选用一国之内或监管模式接近的区域内的公司做横向对比，对于监管迥异的国家或地区不太适用此估值方法。因为在不同监管环境下，单位 RAB 产生的效益是不同的。

4. P/B 与 EV/IC 估值法

公司的营业状况决定了其资产在市场上的价格，营业状况越好，相应地，其资产的市场价格一般越高，那么公司所有者得到的权益就越多，反之亦然。P/B 就是基于这种思想产生的用于进行资产价值评估的方法。

一般来说，P/B 越高说明投资者对公司的认可度越高，认为其未来发展较好。反之，P/B 越低说明投资者对公司的认可度越低。但是在具体实务操作中还需分析企业的经营情况、市场环境等因素来对企业估值。

EV/IC 其实是企业价值乘数版本的市净率，即企业价值除以投资资本。P/B 是公司市值比上公司权益的账面价值，而公司市值的全面考虑包含了债权人的因素而变成了 EV，公司权益的账面价值如果也考虑债务因素则变成了 IC，于是 P/B 变成了 EV/IC。

但在电力资产估值时，EV/IC 和 P/B 这两种方法还是有明显的区别的。无论是 EV 还是 IC 都不包括现金，衡量的是非现金的经营性资产的价值，而无论是

P还是B都包括了现金。所以EV/IC更能体现出公司核心的非现金经营性资产的估值水平。在对电力资产等大型基础设施类资产估值时，如果部分资产有折旧的压力，则可以用这种方法来进行估值补充。

5. P/F估值法

市现率（P/F）等于资产或股票价格（P）比每股现金流（F）。市现率有助于发现具有发展潜力的股票。比如资产或股票现阶段的盈利可能比较低，但是其现金流量较高，这样虽然计算出的市盈率很高，但是并不能判定好或者不好，因为根据市现率可以预期它未来盈利可能会较高。

6. EV/总资产估值法

EV/总资产等于企业价值比企业的总资产。由于企业的总资产能够较直接地从资产负债表中得到，因此“EV/总资产”相对于其他价值乘数版本的估值方法来说计算量较少，更加简单。由于总资产与企业规模的大小有很大关系，因此使用“EV/总资产”指数进行电力资产的估值时需要注意对可比公司的选择，所选择的可比公司应该与待评估公司的规模大小相同或者相似。

从以上关于多种相对估值方法的介绍可以看出，任何一种估值方法都不是万能的，应结合企业的实际情况以及各种估值方法的适用性，选用合适的估值方法进行估值。通常也会采用多种估值方法同时进行估值，进行相互验证，最终得到关于企业的合理估值评估。

三、概率估值法

概率估值法包括情景分析法和决策树分析法。如果能够通过相关分析，对可能的并购标的进行判断，可以给予投资参考、降低交易风险。虽然在理论上具有优势，但是在企业价值评估特别是电力资产估值过程中，由于无法预测事项发生的所有情形以及每种情形发生的概率，在受到的技术局限性较大的背景下，较少使用概率估值法进行估值。下面从理论层面和应用层面介绍这两种概率分析方法。

（一）情景分析法

传统的预测方法往往假定未来的发展结果只有一种，一般基于前期发展情况得出关于未来发展状况的预测。这种传统的预测方法比较适用于发展环境相对稳定或者不确定性较低的情况，对于处于高度不确定性环境下的企业的价值评估具有一定的局限性。目前来看，各种突发事件带来了社会、经济系统的结构性变革，使得未来更具不确定性。而情景分析法作为一种分析未来的方法，为资产未来的发展形势提供多种可供选择的情景，并分析在各个情景下的结果。利用情景提供的关于未来的信息，深刻理解不确定性并为之做好准备，以便在未来从容应对。

情景分析法的一般步骤如下。第一，根据目标公司情况与背景，识别出对公司估值具有重要影响的内部影响因素和外部驱动因素。第二，根据外部因素的不确定性与重要性，设定出不同情景。第三，计算每种情景的发生概率。第四，分析在不同情景下公司的重要内部影响因素，例如销售收入增长率等重要指标。第五，根据不同情景下公司的内部因素，测算公司在各情景下的估值结果。第六，根据情景概率加权平均确定最终的估值。

在情景分析法各个实施步骤中，如何确定各种情景发生的概率是比较关键的问题。常用的方法有历史信息分析法、概率树分析法和交叉影响分析法。三种计算情景概率的方法各有优势，但仍具有主观性。因此在进行估值时需要对影响公司价值的各种外在驱动因素和内在参数进行仔细考量，得出更具可信度的估值。

（二）决策树分析法

决策树分析法起源于二战时期，最早由美国用于军事方案的决策。二战结束后，决策树分析法主要被应用于金融和经济领域，尤其是各种投资活动。在电力资产的估值中，风险具有一定的时间序列性，那么此时通过分阶段考虑风险进行估值则具有一定的优势。决策树分析法的主要特点是使用了决策树图，将企业未来发展情况分阶段考虑，使得整个决策分析过程更直观、更清晰，便于做出合理决策。

当然，由于电力资产的特殊性，其未来预期在指定国家、指定经济社会发展背景下相对确定，但随着全球贸易和投资壁垒的逐渐抬高，这些资产的发展及价格波动依然有不能单靠传统方法来实现的可能，这就可以通过决策树的方法来进行估值的尝试。

决策树分析法的估值步骤如下：第一，划分目标公司的风险阶段。第二，定义决策节点，决策节点引发出各种方案，需要根据对早期阶段结果的观察以及对未来阶段发生进程的预期，确定最优方案。第三，预测每个状态发生的概率。由于每个方案会有多种潜在的可能状态，因此需要预测不同状态发生的概率，并且概率和为 1。第四，计算终端节点的价值。第五，评估企业在基准日的价值。从终端节点反向分析决策树，如果遇到决策节点，需进行最优化选择；如果遇到事件节点，则按照出现各种状况的概率进行加权平均计算。

决策树分析法将决策过程中的风险划阶段分析，使决策过程变得更直观、更清晰，易于理解。但是要注意决策过程中的风险调整问题，防止风险的漏算以及重复计算。

第四节　估值重点工作流程

估值工作是一项系统的财税金融工程，宏观、行业、监管分析及财务、税务、监管、法律、技术尽职调查等为模型提供输入数据，搭建估值模型计算估值结果、分析回报、确定报价是核心工作，而无法在报价中反映的潜在风险需在交易文件中予以约定。

估值工作流程如下：

1. 行业分析

充分分析和研究项目投资东道国的宏观经济情况，包括 GDP 及人口增长情况、金融市场、基础利率、货币政策、外汇政策等。掌握投资东道国的会计政策、税务政策，知悉常见税种、税务优惠等。研究公司所在的行业，分析行业竞争及饱和程度，行业增长情景和利润水平，确定行业成功的关键因素，详细研究行业监管。

2. 公司分析

对目标公司开展详细的会计、税务、法律和技术尽职调查。通过对公司历史经营业绩开展全面分析，详细了解目标公司各种收入、费用、资产、负债等会计要素的组成状况，以及公司业绩在历史区间的增长情况及增长驱动因素，判断历史利润驱动因素是否可以持续。

3. 搭建财务模型

依据公司特征，选择合适的估值方法，搭建 Excel 估值模型。选择估值时点和预期长度，预测目标公司资产负债、损益和现金流情况，计算待折现现金流，确定合理折现率。

4. 参数确定

基于行业研究和公司研究确定估值假设输入估值模型，并利用估值结果对参数进行验证。

5. 输出结果

确定公司的股权价值和企业价值，计算相关回报率指标。对估值参数进行敏感性分析和压力测试，确定影响估值的关键变量。

6. 现实检验

利用可比交易法和可比公司法，对估值结果进行校验。

第二篇

基础应用篇

第二章

宏观环境与企业并购

宏观经济环境分析包括对GDP、人口、利率、汇率、通胀率等宏观经济因素及增长前景分析，研究结果是选择估值模型参数的重要依据。从理论上讲，经济扩张要以积累为前提，只有一定量的资本积累才能进行与之相适应的扩大再生产，因此企业并购作为资本积累的一种方式也必然受到生产周期及宏观环境变化的制约。同时市场研究也显示，大部分的并购活动与经济周期及宏观环境变化等存在一定程度的相关性，因此探讨宏观经济指标与企业并购的关系对开展海外电力资产并购交易至关重要。

本章在分析中国企业海外投资并购发展现状的基础上，研究了宏观经济与企业并购之间的关系、国际环境与企业并购间的关系，并阐述了汇率、利率和通货膨胀率三者之间的关系和叠加作用。另外，探讨了在碳达峰碳中和的背景下，环境、社会和公司治理（ESG）理念对海外电力资产投资和估值的影响和应用。

第一节　宏观经济与企业并购

一、宏观经济分析在海外投资中的应用

对于电力监管性资产投资，农业、工业和服务业电力需求的影响因素各不相同，从宏观经济角度分部门考察电力市场需求对企业估值具有重要作用。有效评估当地产业结构变化对电力需求的影响，不仅可以预测未来的电力发展前景，还能够分析结构性电力需求的特征。

一般来讲，宏观经济变化是对于海外资产估值影响最大且最具有不可控性的不确定因素。企业海外投资行为主要受政治、经济、环境、文化等多重宏观因素交互渗透，不仅影响企业海外并购时的融资成本与竞争优势，还会通过预期效应加速或延迟企业海外并购的进程，进而影响到并购质量。后疫情时代，随着世界大环境中的不确定性进一步加剧，制度差异、汇率与利率波动、贸易摩擦、财政危机等各种宏观风险总体呈上升趋势，大大加剧了企业海外投资并购的难度。因此，科学全面的宏观分析是准确估值的先决条件，严谨的宏观经济分析框架和科学的分析方法可以将部分不确定性纳入估值模型并形成估值结果，在一定程度上可以减少估值风险。这也就意味着，企业必须结合海外市场的特点、国家战略安排和自身的经营发展战略，应尽可能覆盖海外投资标的各类宏观不确定性，积极关注如何将宏观风险量化在估值模型中，切实提高企业风险识别与投资决策水平。

对于优质的稀缺资产，把握收购的最佳时机至关重要，但很多优质资产往往需等待数年乃至十余年才会出现收购机遇。传统的理论研究认为，跨国并购与经济周期的关联程度很高，对于这种投资现状，需要从国内外两方面来看。一方面，在经济危机期间，东道国资产价格会出现超幅度贬值，从而吸引了海外投资

者的“抄底”购买行为。东道国企业的资产价格驱动了中国企业近年来的跨国并购，在经济衰退期资产价格缩水为中国企业的资本购买创造了条件。另一方面，从我国宏观经济周期来看，2008 年全球金融危机后，中国 GDP 仍保持稳定的增长。虽然近几年来中国海外并购额因经济周期变化而局部回落，但总体上呈现出与中国 GDP 增长同步增长的趋势，中国宏观经济相对于外部宏观经济持续走强在某种意义上也会引发企业跨国并购浪潮。

我国海外投资以资源型为主。其中，电力投资增长迅速，广义电力投资从 2009 年的 103.9 亿美元增至 2016 年的 424.6 亿美元，年均增速达 22%，权益投资也从 15.8 亿美元增至 206.7 亿美元，年均增速 44%，且仍保持强劲增长势头，电力投资成为海外能源投资份额最大的品种[1]。中国海外投资的大型基础设施项目投资金额大、周期长，与东道国的财政状况、政治稳定性高度相关，尤其是高度依赖大宗商品或者特定产业的经济体，对经济周期更加敏感。

二、考察指标——相关宏观经济变量

在对海外投资的标的资产进行初步筛选时，公司一般会根据宏观环境风险和商业模式风险两个维度进行价值判断，其中包括多个考察指标，如国内生产总值（GDP）、人口增长率及人口结构情况、宏观杠杆率等。通过对多个考察指标进行分析和判断，进而识别标的资产及东道国的宏观环境及其商业模式风险，如图 2.1 所示，当东道国宏观环境风险较低且商业模式风险较低（电价监管政策的成熟、稳定）时最具投资潜力，属于是“明星”项目；当东道国宏观风险较高但商业模式风险较低时，则属于是投资的“机遇”，需要重点考察是否能覆盖其对应的相关风险。

（一）国内生产总值（GDP）

对于海外投资而言，一国的国内生产总值（GDP）是重要的宏观变量。一

[1] 李华杰，史丹．金融危机后我国海外能源投资发展分析［J］．亚太经济［12］，2018(04):122-130.

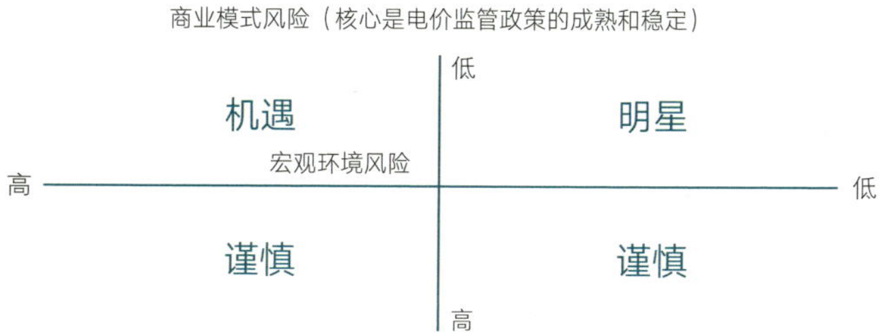

图 2.1 项目筛选分析框架：波士顿矩阵

方面，GDP 是东道国经济发展的核心指标；另一方面，电力需求与 GDP 有着显著的正向联系。增长率则是长期数据预测的基础。当宏观经济处于繁荣上升阶段时，GDP 增长带动需求增加，一方面促进了物价指数上涨，另一方面扩大了社会总需求，从而拉高了企业估值。相反，则可能调低企业估值水平。

GDP 增长率主要分为名义 GDP 增长率和实际 GDP 增长率，两者的区别是实际 GDP 剔除了通货膨胀率的影响，而名义通货膨胀率包括了通货膨胀率。

现有研究一般认为，国家电力消费与经济发展之间最直接的表现是弹性系数。发达国家比落后国家在电力消费与 GDP 之间有着更强的相关性。而且，电力消费与经济发展的相关性要显著高于总能源消费与经济发展之间的关系。

对于中国企业而言，蓬勃发展的市场增长潜力伴随强大的“母国优势”不断推动着中国企业“走出去”的步伐。虽然，国内经济发展进入“新常态”局面，GDP 增速放缓，但在后疫情时代的国内经济增速水平相对于世界经济的同期水平而言，仍具有较大优势。企业可以从母国经济增长动力的相对优势中，获取必要的投资支持和制度保障。

（二）人口增长率与人口结构情况

人口增长率是指一定时期内（通常为 1 年内）由于人口自然变动和迁移变动而引起人口增长的比率。人口增长率也可以称为人口增长速度。人口增长及城市化是能源消费最重要的驱动因素之一。人口基数及其增长预期则会影响社会对基础设施的需求，如人口基数大则会对基础设施产生迫切需求，从而需要加大基础设施的投资，有利于企业估值。同时，人口城镇化水平对人均居民能源消费的正向影响非常显著，且发展中与发达国家都普遍适用。过去几十年，全球城市化水平发生显著变化，城市化水平从 1980 年的 10% ~ 30% 区间提高到目前的 30% ~ 60% 区间。相比于传统农村，城市人口的活动强度和频度明显提高，是高耗能、高排放活动的集中地，根据世界银行数据显示，城市人口的能源消费和碳排放量约占全球的 80%。

此外，居民部门是重要的电力需求部门。在城镇化的发展过程中，将带来巨大的能源需求，且短时间内不易改变。随着电网在全世界范围内普及，电力已经成为现代家庭户日常生活使用最为频繁的二次能源。西方发达国家的居民电力消费占全社会电力消费的比重已经达到 35% 左右，成为本国最大的电力消费部门。发展中国家的居民部门还有较大的能源需求上升空间，随着城市化进程的不断加快，居民生活方式更加现代化，家庭生活用能电气化程度越来越高，其生活方式和消费模式转变、收入水平提高，将导致能源消费总量增长和类型结构变化。

如果不仅考虑人口城镇化的水平，同时考虑人口城镇化的其他特征（如阶段、形态、结构等），则对居民能源消费的影响将呈现出更多的异质性。因此，人口特征及相关数据，例如家庭人口规模、收入、成员结构等都会与其他社会经济因素共同影响一国的电力需求。

（三）宏观杠杆率

宏观杠杆率是指债务总规模与 GDP 的比值，宏观杠杆率的上升意味着负债收入比上升，经济主体的债务负担加重，违约风险也随之上升，因此宏观杠杆率通常被作为判断经济风险的重要指标。受新冠疫情冲击，各国宏观杠杆率均呈现出居高不下的态势。2020 年 1 月中旬以来，十国集团央行的资产总规模增加了约 6 万亿美元，是 2007 年 12 月起两年内扩表规模的两倍以上，资产增幅几乎达到十国集团 GDP 的 15%。截至 2020 年 5 月 20 日，国际货币基金组织统计的全球财政刺激资金总额高达 9 万亿美元，全球债务再创新高。政府举债有其限度，如果疫情持续时间较长的话，就有可能引发通胀和主权债务危机。

政府部门杠杆率持续走高和低利率密切相关。在低利率环境下，减少了政府债务的财政成本，利率水平会大幅下降，欧洲部分国家的国债利率均出现负值。对于电力监管性资产，其公共物品属性决定了无风险利率波动必然引起衡量监管收入的未来回报率，这也是关注的重点宏观指标。

（四）相关疫情数据

后疫情时代，经济增长和政策的不确定性对全球经济造成了重大干扰。世界银行指出，受疫情影响，约 30% 的新兴市场国家和发展中国家的人均收入退回至 10 年前水平；50% 以上的新兴市场国家和发展中国家的人均收入退回至 5 年前水平。疫情长期存在的现状决定其影响将继续持续。部分新兴经济体面临更大压力，其外债激增、外汇储备不足等问题凸显，疫苗的接种能力受限可能使得疫情对新兴市场经济体产生严重持久的冲击。

后疫情时代的许多经济活动与政策将在相当长的时期带有疫情的烙印。疫情过后预计全球经济缓慢复苏，然而受贸易放缓、人口老龄化等因素制约，全球经济增长仍将处于低位，各国用电量普遍下降，电费收入减少，电力公司现金流承压。目前多国政府逐步出台了经济刺激计划，各国监管机构推出能源保障基金或者终端电价补贴，政府拨出专项资金兜底，公司海外资产表现出较强的抗风险能力。同时，为了应对疫情，新兴国家财政赤字不断升高，公司经营面临巨大压力，出售资产纾困的动机增强，带来并购重组新机遇。新冠疫情也是对政府治理能力的一次测试。如果政府能够迅速、有效地控制疫情，那么，其治理的国家或地区就能顺利重启经济，使家庭生活和企业生产逐步进入正轨。相反，如果政府控制不力，国家或地区就会遭受更大冲击，家庭和企业也将承受更大损失，促使贫富差距继续扩大，进一步激化和恶化固有矛盾，导致风险和脆弱性上升。因此，有必要对东道国的疫苗接种率、政府防控措施、感染率等防控数据进行考察。

第二节　国际环境与企业并购

政治、法律等非经济类宏观风险贯穿于海外投资全流程，东道国的任何政策变动都会严重影响电力资产项目的正常生产及后续运营，所以识别东道国相关风险至关重要。

一、海外投资中的主要风险概况

自 2001 年我国实施“走出去”战略后，海外直接投资存量呈现指数级别增长，但权益类资产投资分布并不平衡。由于海外电力投资具有投资周期长、投资成本高等特点，海外能源投资的高风险不可忽视。

企业除了投资与本国距离相近、文化相似和市场规模较大的国家之外，其政治风险、双边投资协定及东道国的自然资源也是影响企业海外投资的重要因素。一方面，由于稳定的东道国制度环境能够为企业提供安全稳定的发展空间，企业的产权能够得到有效保护，而在制度较不稳定的经济体，企业的经营环境比较恶劣，投资的预期收益也难以保障，因此海外直接投资更多地流向了制度相对稳定的国家。另一方面，能源行业具有政治敏感性高的特点。中国国有企业作为投资主体进行海外能源投资，可能受到东道国基于政治因素的考虑进行干扰，进而造成投资失败，发达国家市场开拓的难度不断加大。

因此，企业在利用自然资源的同时也承担了信用风险以及主权违约风险，非经济类宏观风险是关注的重点指标。

二、考察指标——国别风险变量

（一）经济政策不确定性指数（EPU 指数）

经济政策不确定性指影响宏观经济以及企业投资运营的一系列政策方向、政策强度等不确定性的集合。经济政策不确定性指数主要用于反映世界各大经济体经济和政策的不确定性，根据研究表明，EPU 指数与宏观经济变量（如经济增长和就业率）有显著的方向关系，甚至对权益市场的大幅波动也具有一定解释作用。在后疫情时代，针对经济政策不确定性指数的考察更为重要。一般来讲，经济衰退往往加剧经济政策的不确定性，显著影响宏观经济和企业的投资与生产，如图 2.2 所示，近年来经济政策的不确定指数进一步提高并伴随波动。新冠疫情之后，各国政府的各种政策干预加剧了经济体的不确定性，随着不确定性的提高，企业的投资行为也将更加谨慎。

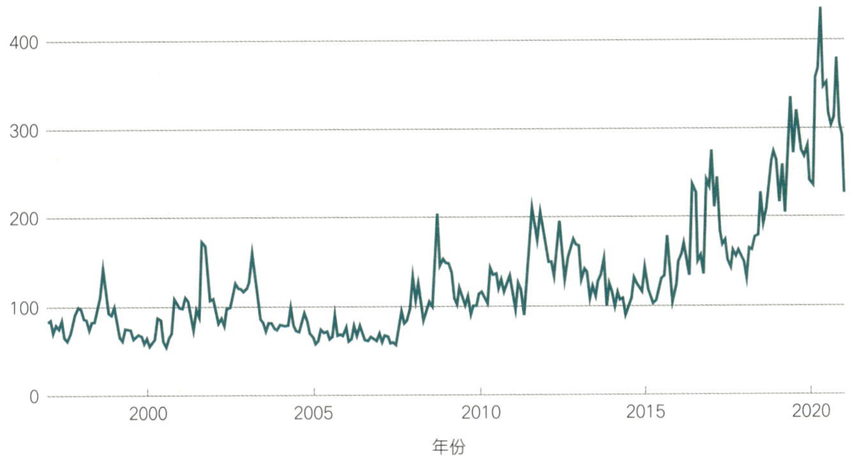

图 2.2　经济政策不确定性指数（EPU）

经济政策的不确定性对于企业投资并购活动具有显著影响。伴随着经济政策不确定性的提高，企业可能会降低投资信心和资本回报率。经济政策不确定性也代表了市场下行环境中的压力，企业在东道国"陌生环境"下，特别是以监管资产作为主要投资标的的能源行业企业，需要应对复杂的市场波动以及频繁的经济政策调整等诸多不可预知因素。企业无法准确预测监管部门何时、如何改变现行政策，提高了企业决策难度。企业会策略性地更改原有投资计划来应对不确定性，将被迫保留更多的现金流来应对不确定性，从而挤占资金。此外，经济政策不确定性还会导致未来增长机会的价值变低，使得企业获得融资的难度上升，金融机构难以准确评估企业风险、抵押品价值及偿债能力，会谨慎地降低贷款额度或提高贷款利率，从而增加企业借款成本。作为现阶段最主流的对经济政策不确定性进行衡量的指标，EPU 指数主要从三个维度进行考察和衡量：一是量化当地有影响力的权威媒体对政策相关的经济不确定性的报道；二是衡量未来税法的不确定性水平；三是使用不同经济预测者之间的分歧作为不确定性的代理指标。

（二）主权信用评级

目前市场上的主流国际信用评级机构主要包括标准普尔、穆迪和惠誉三家，三大评级机构分别从定性和定量两个角度，对主权国家政府足额、准时偿还债务的能力和意愿进行综合性评估，进而评估主权债务的综合风险。在金融市场上，主权债务风险的具体表现往往是一国国债的违约概率、预期损失和回收率，并最终影响着企业估值的结果。借助第三方对主权违约风险的评估结果辅助进行估值参数的判定，一般 AAA 评级国家被视为接近无风险，而 C 评级国家则风险很大。

主权评级主要是衡量该主权债券（或贷款）的违约风险。穆迪和标普为每个国家提供两个评级，一个是本币评级（针对本币债务 / 债券），另一个是外币评级（针对政府外币借款）。一般情况下，当地货币评级至少与外币评级一样高或更高，并会对每个国家潜在评级的变化提供看法。如对同一标的资产而言，穆迪可能表示评级存在下调的可能性，惠誉可能表示评级存在上调的可能性，而标普则可能表示评级维持稳定。从标准普尔历史经验来看，1975—2018 年间，AAA 级主权在评级后的 15 年内从未违约，而 BBB 级主权在 5 年内违约的概率为 2.27%，10 年内违约的概率为 4.76%，15 年内违约的概率为 8.51%，CC/CCC 级主权在五年内的违约概率则高达 55.65%。

使用主权评级的同时也应注意到其局限性。首先，主权评级存在高估的现象，评级机构往往对公司和主权评级的评估过于乐观。其次，主权评级存在羊群效应。当一个评级机构降低或提高主权评级时，其他评级机构似乎也纷纷效仿，评级机构对主权风险的评估不再独立。最后，时效性不足。为了给主权债券定价（或设定当地贷款利率），投资者需要及时更新的违约风险评估。

例如，在国网国际发展有限公司历史项目中，南欧某基础设施行业的交易过程中，在投资者提交约束性报价之际，穆迪将目标资产所在国的主权信用评级连降两级，由最低级别的投资级 Baa3 连降两级至 Ba2（“垃圾级”）；与此同时，标普首次剥夺了欧洲某发达国家的 AAA 评级，主要经济体失去了 AAA 评级使欧洲信贷市场进一步恶化。作为无风险利率参考的各国国债收益率均出现了大幅上升。投资者及时把握了这一信息，将评级信息在估值模型中考虑，及时调高估值折现率，认为对目标资产的报价存在一定的下调空间。最终该投资者对目标公司的每股报价下调 0.1 欧元，项目整体投资额降低约 1 亿元人民币。

（三）腐败程度

腐败是一种隐性的收入税，并没有出现在传统的损益表中。它降低了企业的盈利能力和投资回报。一般来讲，腐败的增加会转化为公司借贷成本上升和股票价值下降。投资者和企业必须根据规则或法律做出决策，然后由官僚机构执行。如果执行规则的人在判断上反复无常、效率低下或腐败，则对在制度下运作的所有人员都要付出代价。作为监管性资产的投资者，更应该关注东道国的腐败程度，这很有可能会影响到政府监管政策的稳定性，直接影响资产的未来收益水平。

（四）暴力活动

处于暴力之中的国家将使投资者面临暴力冲突的风险。这些成本不仅体现在经济成本，例如购买高额的保险与安保设施，还体现在企业的员工和经营面临的直接损害。而且暴力活动往往伴随着对企业的任意征用，这是投资者最不愿意看到的。通过每年生成和更新的全球和平指数地图，对世界各地的暴力活动程度进行衡量，进而帮助投资进行安全投资识别。

（五）法律及其效率

对于投资者和企业来讲，他们充分依赖于法律制度是否能尊重其产权并及时执行相关权利，而潜在投资者则必须确定东道国的法律制度能否保护其合法财产。因此，投资者和企业所承担的法律风险不仅包括着东道国法律制度下是否重视财产权和合同权，还决定着整体系统的运作效率。如果执行合同或财产权需要几十年的时间，那么东道国的法律制度则被理解为基本上不保护这些权利。国际产权指数对各国的产权制度进行评分，包括法律和政治环境、有形产权和知识产权。它是世界上唯一一个完全致力于衡量知识产权和实物产权的指数。

除上述分析外，许多咨询机构、金融组织都提供相关国别综合风险指数，企业和投资者也可从中进行风险筛选，同时还可以通过考察东道国与中国是否签订双边贸易协定、贸易依存度、投资依存度以及免签情况等双边情况，多方面评估其国别风险溢价。

第三节　利率、汇率与通货膨胀

一、利率、汇率与通货膨胀对企业海外投资并购影响

受世界经济周期波动以及新冠疫情影响，全球经济持续低迷，各国尤其是发达国家纷纷采用量化宽松的货币政策以及汇率贬值的国际政策以向全球转嫁危机对本国经济的冲击。而中国则通过汇率改革，人民币不但没有贬值，反而对美元、欧元等主要国际货币有较大程度的升值。采用多元化投资的投资模式，降低币种波动的影响对企业资产估值非常重要。

在利率方面。无风险利率是估计股权成本与融资成本的重要基础，利率水平的波动主要影响无风险利率水平，而各国利率水平主要受各国真实经济增长率和通货膨胀的影响。一般来说，无风险利率水平上升，往往会增加资产的风险溢价。

在汇率方面。尽管在对公司进行估值时，侧重于关注企业的收入、负债和现金流等运营情况，但需要注意的是海外企业的盈亏也深受汇率波动的影响。因此，汇率变动的预测更多取决于海外收入的性质。如果企业收益来自海外市场，那么本币贬值则会增加企业收益；如果成本来自海外市场，则损失会放大。因

此，把当地货币转化为企业的计价或估值币种，需要准确的未来预期汇率。此外，企业在面临采用外币交割且面临汇率波动剧烈时，企业往往也会进行对冲保值；同时企业也会持有不同的外汇币种进行管理。因此，在企业估值中也应该重点关注对冲成本与投机风险。

在通货膨胀方面。基于我国海外投资以资源型为主的特点，通货膨胀以及大宗商品价格频繁波动除了会干扰企业正常稳定的投资生产，还会对企业估值产生重要影响，改变通货膨胀预期将影响名义估值的所有方面。通货膨胀与企业价值之间存在复杂关系，高通胀可能会让公司收益快速增长，但利率与折现率也会提高，这不仅会抵消收益增长对价值的提振效应，有时甚至会超过收益的影响。

二、考察指标——利率、汇率与通货膨胀水平

在海外投资并购中，企业的财务估值深受经济增长、通货膨胀率和汇率的未来预期水平的影响。但汇率、利率与通货膨胀三者交互影响，对其预测难度较大，目前尚且没有统一标准的预测方法，只能通过梳理相关预测方法的最优应用场景，力求估值最合适的方式。

（一）利率

利率是政府或者企业融资的成本。价值评估中关注众多利率指标，包括央行存款基准利率、央行拆借利率、国债收益率、银行间市场拆借利率和商业贷款基准利率。各国中央银行通过调整基准利率和公开市场操作（通常包括向商业银行放出或回收资金、直接收购或出售债券）来实现利率政策的调节，进而通过金融市场的传导影响全社会的借贷成本。

后疫情时代，全球各国（地区）大多采取了积极的财政政策和稳健的货币政策来应对危机。名义短期利率可能会在数年内保持在接近于零的水平，造成实际利率显著为负的时间延长，这也为企业未来的投资活动带来机遇与挑战。一方面，随着利率水平下降，与之挂钩的电力资产监管回报率也会随之降低，减少收益；另一方面，企业也可以充分利用其海外融资优势，利用较低的利率水平展开

海外融资，降低融资成本。

1. 无风险利率

无风险投资定义为投资的实际回报始终与预期回报相等，不能有信用风险，不存在再投资风险。一般情况下，选取不同期限的国债收益率作为无风险利率的代理指标。无风险利率水平通过企业融资成本显著影响其跨境投资行为。

无风险利率是估算权益成本和资金成本的重要参数。股权成本是在无风险利率基础上加上一定程度的风险溢价来进行计算的，其中溢价的大小取决于投资风险和整体股权风险溢价。债务成本则是在无风险利率上加上一定程度的违约利差来进行估计的，其中违约利差的大小取决于公司的信用风险。因此，在保持所有其他条件不变的情况下，使用更高的无风险利率将提高贴现率并降低贴现现金流估值的现值。与此同时，由于成长型资产在未来提供更多的现金流，随着无风险利率上升，成长型资产的价值将比现有资产的价值下降更多。

2. 国债收益率

国债收益率是指投资该国国债可获得的收益，该指标反映一国政府的融资成本。中长期（5 年以上）国债收益率通常是企业发行中长期债券的定价基础。企业的融资成本可以表达为“基准 + 息差”方式，如某企业按照 T+2% 发行 10 年期美元债券，则其融资成本是等于该债券发行时美国 10 年期国债收益率 +2%。央行基准利率通过金融市场的传导会影响国债收益率，同时央行也会直接收购或出售国债，“量化宽松”政策的主要手段即为央行直接收购国债和企业债券。

国债收益率也可以用来衡量国家违约风险。当政府发行以外币计价的债券时，可以将债券利率与该货币的无风险投资利率进行比较，剔除通货膨胀的应享受，利率的差异可以在一定程度上反映国家的违约风险。

3. 银行间拆借利率

银行间拆借利率是商业银行之间短期互相借款（即“拆借”）的成本，是市场化交易的结果，是银行资金成本的主要构成之一，因此银行提供给企业的中短期贷款报价通常为“拆借利率 + 息差”的形式。各国商业贷款常见的 LIBOR 利率、EURIBOR 利率和巴西 CDI 利率等指标均为银行间拆借利率。银行间拆借利率通常与央行基准利率高度趋同。

（二）汇率

随着我国企业海外投资与资产存量的稳步增加，面对后疫情时代各种风险叠加的不稳定时期，如何科学预测汇率走势对企业的投资策略和运营管理变得日益重要。其中，汇率变量作为财务估值模型中的重要输入参数，其波动水平及未来预期对估值结果影响深远，进而影响公司如何准确地评估项目价值并做出最佳的投资决策路径，汇率风险在对外投资管理中越发凸显。

关于未来汇率的预测模型现阶段主要分为两个研究方向：一是基于经济基本面的汇率预测模型。二是基于时间序列数据的汇率预测模型。前者其研究从汇率决定理论的演进展开，既有强调购买力平价、利率平价等各种平价理论决定的均衡汇率观点，也有具体阐述考虑财政、货币政策对汇率波动的影响。此外，还有诸如麦克唐纳于 1995 年提出的融入非抛补利率平价和购买力平价理念的资本强化型汇率等综合多种汇率决定理论的预测模型。后者的研究则侧重于统计和计量技术的改进，常见基于随机游走模型的各种预测模型。

在经济发展的不同阶段，两类模型的汇率预测能力各有优劣，在一段时间内某种货币汇率预测效果较好的模型，未必适应于所有时间和所有货币。所有汇率预测模型都有其局限性。本节主要梳理总结了五种较为主流的代表性汇率预测模型，以期对海外投资中相关汇率问题有所启示。

1. 购买力平价理论模型

购买力平价理论认为，汇率取决于两国货币所代表的购买力。该理论成立的条件为两个国家货币之间的比价是两个国家货币购买力的比值。随着时间的推移，较高通胀水平的货币会相对于拥有较低通胀水平的货币出现贬值，这种变化可以表述为两种货币之间通货膨胀率的函数，计算公式为：

$$e_{t+n} = e_t \times \frac{(1 + inflation\ rate)^n}{(1 + inflation\ rate^f)^n}$$

式中，e_{t+n} 为第 n 期预期汇率；$inflation\ rate$ 为本币预期通货膨胀水平；$inflation\ rate^{f}$ 为外币预期通货膨胀水平。

购买力平价理论是早期对汇率进行解释的经典理论，后期的许多汇率模型都建立在购买力平价成立的基础之上。这也是现阶段多数企业在海外项目投资中汇率预测的处理方法。

2. 无抛补利率平价模型

无抛补利率平价是指投资者会根据不同国家间利率差异的套利行为使得国际金融市场上以不同货币计价的收益率趋于一致。其经济含义可概述为：预期的汇率变动率等于两国利率水平之差。计算公式为：

$$\frac{E_t e_{t+1}}{e_t}=\frac{1+i_t}{1+i_t^{f}}$$

式中，i_t 为本国名义利率水平；i_t^{f} 为外国名义利率水平；$E_t e_{t+1}$ 为 t+1 期的预期汇率水平。

对其取对数线性化处理为：

$$E_t e_{t+1}-e_t=\alpha_0+\alpha_1(i_t-i_t^{f})+u_t$$

式中，$E_t e_{t+1}-e_t$ 表示汇率变动情况；u_t 为随机误差项。

3. 弹性价格模型

该模型设定产出为外生变量，把汇率看作是两国货币的相对价格，实际货币需求被视为产出及利率的函数，通过将无抛补利率平价与购买力平价理论有效组合，从而获得了汇率关于两国物价差、息差以及货币和产出差的函数。计算公式为：

$$m_t-p_t=-\alpha_1 i_t+\alpha_1 y_t$$

式中，m_t 是名义货币需求对数值；p_t 是物价水平对数值；y_t 是产出对数值。

假设外国货币需求和国内相似，且设定国外利率与产出的系数与国内相同，外国货币实际需求为：

$$m_t^{f}-p_t^{f}=-\alpha_1 i_t^{f}+\alpha_1 y_t^{f}$$

两式相减得：$m_t - m_t^f - \left(p_t - p_t^f\right) = -\alpha_1\left(i_t - i_t^f\right) + \alpha_1\left(y_t - y_t^f\right)$

同时，假设购买力平价理论成立，汇率表现为：

$$\left(p_t - p_t^f\right) = \alpha_1\left(i_{t+1} - i_t^f\right) - \alpha_1\left(y_t - y_t^f\right) + \left(m_t - m_t^f\right)$$

$$e_t = \alpha_0 + \alpha_1\left(i_t - i_t^f\right) - \alpha_2(y_t - y_t^f) + \alpha_3(m_t - m_t^f) + u_t$$

4. 巴拉萨 – 萨缪尔森模型

巴拉萨 – 萨缪尔森模型是研究经济增长与实际汇率关系中最有影响力的理论假说。该模型从实体经济角度出发，解释了为什么实体经济的增长会引起该国实际汇率的升值，为什么经济增长快的国家比经济增长缓慢的国家更易经历实际汇率的升值等结论。

巴拉萨 – 萨缪尔森模型将汇率视为两国相对生产率的函数。该模型强调贸易和非贸易部门生产率的结构性变化是决定长期实际汇率变化的关键因素。该假说对于发展中国家的汇率问题具有较强的解释力。其核心思想指出发展中国家的实际汇率一般是被低估的，这说明了为什么欠发达国家的实际汇率会相对于发达国家逐步升值。因此，将两国间生产率变量纳入汇率预测模型后，得出巴拉萨 – 萨缪尔森模型计算公式为：

$$e_t = \alpha_0 + \alpha_1\left(i_t - i_t^f\right) - \alpha_2\left(y_t - y_t^f\right) + \alpha_3(m_t - m_t^f) + \alpha_4 pro + u_t$$

式中，*pro* 表示本国与外国劳动生产率之差的对数形式。

5. 泰勒规则汇率决定模型

传统的汇率模型都假定货币政策是外生的，但从 20 世纪末开始，一部分国家的货币当局开始基于泰勒规则制订利率政策。1993 年泰勒则认为，大部分央行将利率水平作为货币政策的目标，并根据通货膨胀缺口和产出缺口的变化来调整短期名义利率。这样就能使实际利率水平保持中性，以避免实际利率波动扰乱经济运行，从而使经济以其自身的潜能在目标通货膨胀率水平下持续稳定地增长，进而最终实现物价稳定和总产出稳定增长的双重目标。

6. 汇率预测在实际业务中的实践经验

一直以来，购买力平价理论是汇率预测的主要理论依据与实践工具。购买力平价法剔除了不同经济体价格水平差异的因素，可以避免汇率法存在的扭曲和不真实等问题。在宏观层面应用中，世界银行主持的国际比较项目，通过计算各国的货币购买力平价转换因子，从而实现国别间相关宏观经济变量可比。由欧盟统计局和经合组织（OECD）主导的欧盟—OECD购买力平价项目也利用一套科学而完整的购买力平价研究体系实现欧洲国家经济指标可比。在微观国际业务中，大多投资者在估值工作中也广泛应用购买力平价理论。海外能源监管性资产投资的行业属性决定了其投资周期较长，购买力平价理论对于测算长期汇率水平更具说服力。

虽然购买力平价理论也存在其适用局限性，但国际业务投资者在实际操作中可以博采众长，综合考虑权威智库、大型金融机构以及学术专家等多方面汇率预测数据及观点，充分利用彭博、Consensus Forecas[1] 等数据库，并尽可能争取中性的汇率预测结果，依靠数据来源的丰富度力求在当前时点对未来汇率走势做出最科学、稳健的判断。与此同时，海外投资要高度重视防范汇率风险，利用融资优势，新项目融资尽可能优先匹配投资币种，改善国际利率和汇率波动带来的资金成本波动。

现阶段关于汇率预测的前沿探索主要是将基本面模型与时间序列模型相结合。可以考虑将时间序列模型与购买力平价预测模型相结合，来提高汇率预测的准确性。即将购买力平价模型对变量进行对数化处理，以实现将汇率时间序列数据导入的效果，计算公式为：

$$e_t = \alpha_0 + \alpha_1(p_t - p_t^f)$$

综合不同投资者的实践经验，并基于自身的经验分析采用滚动时间窗口等方式科学筛选时间窗口对汇率预测模型中 α_0、α_1 参数进行拟合估计，提高原有单

[1] Consensus Forecast 是 Consensus Economics 公司对全球数百位金融机构和经济学家市场调查的统计结果，该数据库在各国汇率、通胀水平以及 GDP 增长率等宏观指标预测研究领域中得到广泛应用。

一购买力平价汇率模型的汇率预测能力。

（三）通货膨胀水平

通货膨胀水平影响资产回报率，预期名义收益率等于实际预期收益率与预期通胀率之和。同时通货膨胀分解为预期和非预期的通货膨胀，这两者与资产回报率呈现负相关。资产价值反映了公司盈利水平，股票价格和公司盈利能力存在正相关性，而通货膨胀率的上升则意味着企业实际的经济增长率和公司盈利能力下降，从而降低了公司估值。因此，在实际估值中，一般从名义估值中剔除通货膨胀的部分。也就是说，采用现值公式的合理方式是用名义贴现率对名义现金流进行贴现，或者用实际贴现率对实际现金流进行贴现。

截至目前，尚未有科学准确的通货膨胀水平预测方法。现有研究对通货膨胀水平的预测有两种思路：一种是根据经济理论形成的预测模型；另一种是根据时间序列数据的非结构建模。基于菲利普斯曲线的通货膨胀预测模型是理论研究中的主流思维，主要采取的是菲利普斯曲线后顾模型，这类预测模型尽管在具体细节上存在一定差异，但基本的模型形式都是将通货膨胀率作为被解释变量，将通货膨胀率滞后项、产出缺口、货币供应量等变量作为解释变量，通过迭代、回归等方法对通货膨胀动态过程进行拟合，找出通货膨胀的关键驱动因素，估计出模型参数，再对未来的通货膨胀率进行预测。通货膨胀与经济周期波动、产业结构变化、宏观政策等变化有直接影响，这也导致现有研究并不能准确预测各国长期通货膨胀水平。

1. 通货膨胀率指标

在实际中，一般不直接、也不可能直接计算通货膨胀，而是通过价格指数的增长率来间接表示。依据采集价格数据的样本不同，通货膨胀率可以分为消费者价格指数、生产者价格指数、零售价格指数和批发价格指数。

消费者价格指数（CPI），是反映居民家庭一般所购买的消费价格水平变动情况的宏观经济指标，是度量一组代表性消费商品及服务项目的价格水平随时间而变动的相对数，是用来反映居民家庭购买消费商品及服务的价格水平的变动情况。

生产者价格指数（PPI），衡量工业企业产品出厂价格变动趋势和变动程度的指数，是反映某一时期生产领域价格变动情况的重要经济指标，PPI包括了原料、半成品和最终产品等三个生产阶段的物价信息，因此其变化领先于CPI。

零售价格指数（RPI），是反映城乡商品零售价格变动趋势的一种经济指数。零售物价的调整变动直接影响到城乡居民的生活支出和国家的财政收入，影响居民购买力和市场供需平衡，影响消费与积累的比例。因此，计算零售价格指数，可以从一个侧面对上述经济活动进行观察和分析。如果经济发展迅速，个人消费就会增加，供过于求，导致物价上升，这个指数就会上升。

批发价格指数（WPI），是根据大宗物资批发价格的加权平均价格编制而得的物价指数。包括在内的产品有原料、中间产品、最终产品与进出口品，但不包括各类劳务。

2. 通货膨胀水平应用

基础设施行业一般是通货膨胀挂钩的行业，即其收入水平会随着通货膨胀水平变化而变化，但挂钩方式会存在不同，有的行业与消费者价格指数挂钩，有的行业与零售价格指数挂钩，有的行业与批发价格指数挂钩，甚至在同一行业中，存在营业收入跟一种通货膨胀指数挂钩而营业费用跟另外一种指数挂钩的情况。

因此，搭建价值评估模型时，应选择恰当的通货膨胀指数并作出合理的预测。例如，在欧洲某基础设施并购交易中，监管资产基数会随着消费价格指标变化而变化，因此估值模型需要对未来的CPI数据进行预测。如当前年度CPI为0.6%，后续年度会逐渐回复至政府通胀控制目标的2%。同时，具有高通货膨胀率货币的无风险利率一般会高于低通货膨胀率的货币。不同货币的通货膨胀率差异迥然，各国衡量通货膨胀的统计方式也存在很大差异，难以直接比较。很多国家对不同商品的价格上限做出强制规定，这也扭曲了通货膨胀指标，币种错配往往会导致估值失真。

因此，在估值中要确保货币单位的统一，应选取无风险利率并与现金流采取一致的货币单位，即在估值中如果以美元货币衡量现金流，那么无风险利率就应该是其美元计价的国债利率。

第四节 碳中和背景下的电力资产投资与估值

为应对全球气候变化，全世界178个缔约方共同签署的《巴黎协定》提出：将全球平均气温较前工业化时期上升幅度控制在2摄氏度以内。在此背景下，各国相继推出“碳达峰”与“碳中和”的时间表。因此，为满足未来经济社会发展的能源需求，减少化石能源消费并推动水电、风电、太阳能等清洁能源发展已经形成多方共识。

一、ESG投资理念对电力资产价值的影响

ESG投资是倡导在投资选择及决策过程中充分考虑环境（Environmental）、社会（Social）和公司治理（Governance）的投资理念。在推进绿色低碳转型的大背景下，投资者越来越关注日益严格的环境监管政策、企业环境友好行为等企业ESG表现，ESG投资对企业的财务指标和估值的影响日益凸显，有必要将ESG涉及的各类因素纳入企业的财务估值模型当中。

此外，ESG投资理念的建立可以推动公司从追求自身利益最大化向追求社会价值最大化转变，因此ESG是衡量公司长远发展表现不可或缺的指标体系。

一方面，随着以光伏和风电为代表的间歇性清洁能源发电比例逐步升高，清洁能源因其特有的间歇性与波动性，需要电网具备跨越时间、空间的大规模互济能力，对电力系统的稳定特性也提出较高要求，需要利用智能调度、运行控制、信息通信等前沿新技术提升电网智能化运行水平，全球的电力系统都面临着更新换代。这也会促使电能商品价值更加趋于多样化，在未来不同电能商品形成其特有的价格机制。

另一方面，从监管政策的角度，在推进绿色低碳转型的大背景下，投资者面

临的外部监管环境越来越严格，企业环境友好行为等企业 ESG 表现对企业的财务指标和估值的影响日益凸显，有必要将 ESG 因素纳入企业估值模型。

ESG 风险及其他新兴风险可能对财务产生潜在影响，进而对企业估值造成直接影响。财务影响包括但不限于：包括商誉在内的资产减值、资产使用年限的变化、资产公允价值变动、成本增加或需求减少对减值估算的影响、由于成本增加或需求减少引起的有偿合同准备金变化、由于罚款和处罚造成的或有债务的变化、由于贷款或其他金融资产导致的预期信用损失的变化。

二、ESG 投资在财务估值实践中的应用

当前，越来越多的投资方在投资前都会将目标企业的 ESG 表现纳入考量，ESG 投资并非完全独立于传统的投资策略，而是对传统财务分析和投资组合构建方法的补充。将 ESG 因素纳入估值过程，可以更好地帮助投资者识别在运用传统分析方法时可能会忽略的风险和机遇，可以通过评估 ESG 因素发现对公司财务报表和估值的潜在影响，从而提高对标的公司估值的准确性。

首先，ESG 不仅可以帮助投资方尽量规避存在高风险或“黑天鹅”风险的企业，还可以通过多维度的尽职调查得到相对准确的风险调整后的现金流和回报率。具有较强 ESG 特征的公司通常在公司运营管理中具有较高的风险控制能力与合规标准，由于其更高的风险管控能力，ESG 评级较高的企业遭到法律诉讼等负面冲击的影响会更小，该企业可能拥有更高的估值。

其次，ESG 因素通过 DCF 模型影响企业未来现金流和终值。例如目标企业在配合当地环境治理政策时可能会购置环保专用、节能节水等专用设备，而设备的购置可能会导致税款减少和折旧增加，从而对自由现金流产生影响。由于 ESG 领域的投资是一个用短期投入获取长期回报的过程，所以企业在 ESG 领域的良好表现可能会对短期内公司的财务绩效产生负面影响，但在中长期投资中，ESG 将与财务绩效形成显著的正相关关系，因此在对企业估值时应充分考虑 ESG 在短期和长期对企业现金流影响的差异。同时，终值是由较长期的现金

流计算而得，在对目标企业进行 ESG 相关范围的尽职调查后，也可以通过对终值进行风险调整的方式将 ESG 的影响量化到估值体系中。

再次，ESG 评级较高的公司其企业风险系数较低，可以获得更低的资本成本。例如，金融机构对 ESG 表现差的企业会采取降低贷款额度、提高贷款利率等约束行为，企业受到环境处罚越多，环境表现越差，企业融资成本就越高；而对于 ESG 表现良好的企业，在相关绿色金融政策支持下，可以通过降低贷款利率等方式给予优待。在相同条件下，在公司债券市场中 ESG 评级较高的公司拥有较低的利差。

最后，ESG 评级较高的公司利用其竞争优势会产生更高的盈利，企业的市场溢价通常越高。Nagy et al（2016）通过实证分析发现，基于 ESG 评级构建的投资组合其市场表现优于基准。Khan et al（2015）研究表明 ESG 动量指标对股票收益具有显著的预测能力。整体而言，ESG 领域将环境、社会和公司治理与企业的投资决策相融合，把一些不属于传统财务领域，但又无法与财务明确界限的问题纳入考量，例如企业的投资经营活动如何应对气候环境的变化等。

对含 ESG 因素的估值的理论研究和实践探索也在不断深入，但 ESG 在估值的应用上也还面临众多挑战。一是 ESG 指标难以量化，数据不统一导致计量基础难以成立。ESG 指标存在于各种不同要求的框架体系和披露标准中，信息来源复杂分散，评价指标始终缺乏统一。二是企业为提升自身 ESG 表现，可能会导致企业通过”漂绿”行为来做高企业价值。

第三章

行业特征及所在国监管政策分析

一般来讲，电力、水力、燃气，及热力等行业投资巨大、资产专用性强、沉没成本高，具有显著的规模经济和范围经济特征，是最为典型的自然垄断行业，也是各个国家进行严格监管的重点对象。电力行业的特征和监管政策可直接决定企业海外投资项目收益的大小、收益的模式及经营风险等关键因素，对该行业资产的价值估值具有决定性的影响。各国输配电行业通常严格按照监管政策来进行定价和经营，虽然各国采用管制模式不尽相同，但通过汇总分析仍呈一定内在规律性。因此，海外电力资产财务估值的基础核心是充分梳理和分析各国的电网监管政策。

本章主要介绍了监管政策对海外电力资产的影响，并通过对基于成本的监管模式和基于绩效的监管模式的研究分析，对不同模式下的价值驱动因素进行研究，探索企业的精准施策、实现超额收益的路径。

第一节 海外电力资产与监管影响

一、自然垄断与政府监管

随着世界各国电力市场私有化进程的推进，各国企业对于其海外电力市场的参与程度不断加深，市场竞争的压力和难度进一步增大。电力、水力和热力等基础设施行业的企业，前期投入成本一般较高，行业进入壁垒一般较大，若行业中涉及多家企业在该领域进行竞争，最终可能导致社会资源的浪费或市场秩序的混乱。为有效避免上述情况，基础设施行业的企业一般会逐渐形成自然垄断。自然垄断是指某些产品和服务由单个企业大规模生产经营比多个企业同时生产经营更有效率的现象。此外，在大多数情况下，自然垄断行业都要在政府部门的严格监管下开展运行，并最终获得监管机构允许范围内的正常利润。根据国网国际发展有限公司历史投资实践，海外电力资产作为垄断行业一般会受到监管机构的监管，例如在输配电行业，企业会根据监管机构允许的投资回报或限制的定价获得合理的投资回报。

政府监管一般包括经济性监管和社会性监管。经济性监管是指对企业进入行业市场制定相关规则、对企业的融资及信息发布作出规定、对企业在经营过程中的价格制定及产量调整提出要求。经济性监管的主要目的在于提高资源配置、避免造成资源浪费，促进整个社会的生产效率。社会性监管是指对企业在生产经营活动中产生的外部性影响进行限制，对由于信息不对称性导致企业可能对消费者权益造成损害的行为进行监督和控制，如环境污染、资源过度开采、生产安全隐患、质量不达标等。社会性监管的主要目标在于保障社会安全、保障公平公正、促进社会和谐。

对于自然垄断行业，由于存在较高的信息不对称性和定价权，除了社会性监管之外，还要面临较为严格的经济性管制。在对自然垄断行业的企业项目进行估值和投资可行性分析时，其所面临的经济性监管应为关注重点。

二、监管政策是资产估值的基础

（一）监管制度稳定性

自然垄断行业的一大特点是需要在初始阶段投入较高的成本，形成固定成本沉淀，具有较高的进入和退出壁垒。如果在初始投资后因当地政策改变而被迫终止项目，则需要承担的损失是巨大的。在监管制度不明晰、不稳定的经济环境，监管政策朝令夕改的情况发生概率高，增大了投资失败的可能性。因此，对于自然垄断行业，其相应的监管制度是否稳定是形成投资决策时至关重要的第一步。

对电力投资而言，在进行项目筛选时首先应考虑的关键因素是电力行业监管政策的稳定性。较为理想的情况是投资所在国家或地区的宏观政策和电价政策都很稳定，在这种情况下电力公司所面临的风险一般较低，有助于电力投资获得较为稳定的投资回报。较差的情况是投资所在国家或地区的宏观政策和电价政策均不稳定，在这种情况下进行电力投资将面临较高的投资风险，如果没有足够的风险溢价进行补偿则应放弃投资。如果研究发现当地的宏观经济环境较好，但电力行业的监管政策并不具备可靠性，则应慎重考虑投资。反之，在宏观经济环境不稳定但电力监管政策相对透明稳定的市场，电力投资也可被视为优质投资。

（二）商业模式合理性

政府监管机构对企业的经济性管制政策决定了企业的商业模式，监管机构的定价政策直接决定了该投资未来能够获得的长期稳定的收益状况。不同的监管模式对应了不同的收益水平，在进行投资时，企业除了分析电力市场的监管政策是否稳定可靠外，还需要考虑其商业模式能否保证合理的盈利水平、能否达到投资者的预期收益，相关的盈利空间和成本优化途径应在估值中充分体现。

投资收益是投资者关注的核心问题，如果不能准确把握监管机构的定价政策，将无法正确评估未来的稳定现金流，从而也无法客观认识项目投资的可行程度。在不同的商业模式下，为实现收益最大化而实施的投资策略是不同的。例如，对于收入上限制的香港、澳大利亚、菲律宾等国家和地区，由于其收入来源于监管资产，与实际电量无关，因此提高收益的措施为尽可能扩大投资；对于价格上限制的智利等国家和地区，由于其成本并不是实报实销的，则提高投资收益的策略为注重效率管理的提升、增大投资回报的实现；对于合约资产或固定收入上限的企业，由于其收益稳定不变，提高收益的策略为增加新项目。

（三）监管资产基数认定

监管资产基数（Regulatory Asset Base，RAB）是指企业被监管资产的净值。对于自然垄断领域的投资，所有生产经营活动都需要在监管下进行，只有被监管的资产才能获得合理回报。如果被监管的资产是可以任意变化的，企业的一切新增投资都可以被认定为监管资产，那么将会造成市场的紊乱，不利于社会经济的发展，因此相关监管机构需要对企业投资的被监管资产有一个明确的界定，其中监管资产基数便是核定被监管资产数量的标准。

监管资产基数由投资所在地的监管机构按照相关政策规定确定，企业根据其被核定的监管资产基数大小计算投资收益和折旧成本。如果企业在进行投资时有部分成本不被监管机构认定为监管资产，则从监管的角度，企业不能够根据该部分投资获得投资收益，其折旧摊销成本也不作考虑。

监管资产基数由监管机构核定后并不是在监管周期内保持一成不变的，通常会根据宏观经济指标和投资额的变化每年进行调整。如澳大利亚输电网，其监管资产基数采用滚动模型进行计算，其具体调整方式如下：

期末 RAB = 初始 RAB + 资本支出 – 资产处置 + 通货膨胀调整 – 折旧

（四）加权平均资本成本认定

对于受监管的电力企业，其加权平均资本成本（Weighted Average Cost of Capital，WACC）通常为监管机构在充分考虑企业的资本结构、融资状况等各方面因素后制定的资本回报率。加权平均资本成本是综合考虑企业的不同融资渠道后，以各融资渠道获得的资金额所占总融资额的比例为权重，对各类资本成本进行加权平均计算得到的平均资本成本。

由于融资方式主要包括权益类融资和债券融资，WACC 的常用计算公式为：

$$\mathrm{WACC} = (K_e \times W_e) + [K_d \times W_d \times (1-t)]$$

式中，K_e 为普通权益类资本成本；W_e 为普通权益类资本所占比重；K_d 为债券资本成本；W_d 为债券类资本所占比重；t 为实际税率。

以澳大利亚输电网为例，普通权益类资本成本 K_e 根据资本资产定价模型（CAPM）计算。在监管周期的初期，由澳大利亚能源监管委员会核定后，在整个监管周期内通常保存不变，K_e 计算公式为：

$$K_e = r_f + \beta \times (R_m - R_f)$$

式中，r_f 为无风险利率；β 为系统性风险系数；$(R_m - R_f)$ 为市场风险溢价。对于债务成本，澳大利亚现采用滚动平均法来计算，以第三方提供的债务成本曲线为计算依据，取 10 年的加权平均值。

（五）资本投资回报认定

对于输配电等自然垄断行业，其监管资产回报即为企业根据其投资等受监管的资产所获得的监管政策允许的投资回报。目前来看，不同国家和地区对于电力市场的监管大体上可以分为基于成本的监管和基于绩效的监管两大类。不管是哪种类型的监管模式，其核心都是对电力企业每年投资收益的监管。对于企业来说，投资收益大小是最根本的问题，监管资产回报是影响企业投资决策的核心要素。由于受监管的资产数目由监管机构核定，即监管资产基数，资本回报率也由监管机构核定，即加权平均资本成本，因此预期的资本回报由以下公式计算得到：

资本回报 = 监管资产基数 × 加权平均资本成本

三、海外电力资产估值特点

（一）估值结果可靠性

与竞争行业的未来自由现金流存在较高的不确定性不同，电力、水力、燃气，及热力等自然垄断行业需要严格按照监管政策来进行定价和经营，稳定的价格和对其产品或服务依赖性极高的庞大消费者群体决定了自然垄断行业未来现金流的稳定性。

对于未来波动幅度较大的行业，估值对投资的指导性价值可能不强。但是对于自然垄断行业这种未来自由现金流可预测性较强的行业，通过估值模型分析得到的结果更加接近企业的真实价值，因此对投资决策具有更加可靠的指导意义。

（二）现金流折现法适用性

相比于以市场可比倍数为主要参考的相对估值法，以自由现金流折现模型为基础的绝对估值法在海外电力资产投资并购领域适用范围更广，可靠性更强。在电力资产监管政策稳定且透明的国家和地区，应用现金流折现模型对于企业估值具有天然的优势。

现金流折现法是通过预测企业的未来现金流并按照一定的贴现率计算企业的现值，在并购估值中的核心是考虑项目的未来现金流能否被合理预测，适用于现金流可预测度较高、增长较为稳定的行业。运用现金流折现法进行估值的一般形式为：

$$V_0 = \sum_{t=1}^{n} \frac{CF_t}{(1+r)^t}$$

式中，V_0 为资产的现值；n 为资产的持有期限；CF_t 为 t 时刻的预期现金流；r 为折现率。

现金流折现法可以根据模型中预期现金流的类型进一步细分为股利贴现模型、自由现金流折现模型和剩余收益估价模型。股利分红通常是可以直接从财报中查到的数据，而自由现金流需要通过一系列计算分析得到，剩余收益法是将现值视为账面价值与预期未来剩余收益现值之和。如果所投资的企业分红政策稳定、分红数额与企业的盈利水平紧密相关、且投资后不会成为控股股东，则用股利贴现模型进行估值较为合理。如果目标企业并没有稳定的分红政策，或分红与企业的实际盈利水平不能保持一致，或者被并购投资的企业是非上市企业且难以把握分红情况，股利贴现模型就不太适用。

（三）估值方式交叉校核

各公司情况具有独特性，主流的估值手段还是绝对估值法，需要依靠合理、准确的假设的支撑，同时相对估值法也可以作为重要的参考，起辅助检验作用。相对估值和绝对估值的结果就算差异很大，也未必是估值出了差错，在倍数的选取上应更适合行业特征。

由于市场局限性，常见的市价指标（市盈率、市净率、市销率）在跨国并购的电力资产估值中使用时倾向于高估，相比国内类似资产的差值多达几倍，因此并不完全适用于海外电力资产的估值。可比倍数应当尽量向目标公司或目标交易靠拢，常用的筛选指标一般参考同一大洲内、监管机制较为相似、信用评级和收购形式相近的公司等。

第二节　基于成本的监管模式

一、基于成本的监管模式介绍

基于成本的监管（Rate of Return Regulation，ROR）模式是指以投资成本为基础按照适当比例确定允许企业获得的利润上限，进而依据该利润上限来定价。基于成本的监管又称为基于投资回报率的监管。如果投资所在地的电力市场采取基于成本的监管模式，则企业的投资回报率由监管政策给定，因此其价格中利润所占份额的大小也是确定的，其输配电的价格水平由监管机构间接控制。被监管电力企业收入的基本定价模型为：

$$R = C + D + T + RAB \times ROR$$

式中，C 为企业的运营成本；D 为折旧摊销费用；T 为税收成本；RAB 为监管机构所核定的电力企业监管资产基数；ROR 为监管机构核定的资产回报率。在基于成本的监管模式中，ROR 值由监管机构规定。

在基于成本的监管模式下，输配电网的投资者除了能够得到其生产成本的补偿之外，还能获得合理的投资回报。在这种稳定的投资回报率下，企业所面临的不确定性小，风险也随之降低。稳定的投资回报对于吸引投资者，促进电网投资具有促进作用。然而，这种监管模式也有潜在的缺陷，由于相关电力企业被允许的投资收益会随所投资本的基数发生变化，因此企业有盲目扩大投资导致生产效率降低的倾向。

二、采用基于成本监管模式的典型地区

（一）香港电力市场

中国香港的电力行业是基于成本的监管模式。电力市场的监管计划周期为 10 年或 15 年，监管机制相对透明稳定。

香港特区政府与受监管的电力企业基于签订的《管制计划协议》，对受监管企业的未来投资计划、收入利润和电价进行监管，形成对电力市场消费者的权益保障体系。审核机制包括中期审查、发展计划审查、电费复审和审计复审。中期审查每五年一次，香港特区政府和电力企业可在双方的协商下对条款内容进行修订；发展计划审查不定期进行，主要发生在企业的发输配系统出现发展计划的较大改变时或基本费率比上一监管期存在明显上升时；电费复审基本每年都要进行，相关政府部门会根据企业提交的文件材料对电费进行审核调整；审计复审由政府和企业共同进行，对企业每个财年的各项指标进行审查并修正发展计划。此外，对于受监管企业的运营考核方面，存在一系列激励机制包括客户服务激励、能源效益激励、减少高峰用电激励和可再生能源激励等，相关激励机制将促使企业高效运营，进一步保护电力市场消费者的权益。其中，每类不同的运营考核激励都设置了对应考核参数，受监管企业可监测相关指标的其达成实现情况获得相应的奖励百分率。

香港特区政府一般不对电力企业的总收入和电费设定上限，但规定企业的实际利润水平不能超过准许回报率，即固定资产净值总额的 8%。在《管制计划协

议》下，电价由基本电价和燃料调整费用两部分组成。基本电价涵盖电力公司的燃料成本和其他成本，其中包含准许利润；燃料调整费是向消费者补收高于基本电价的成本费用或退回多收的费用。

在这种监管模式下，投资回报率稳定，电力企业需要承担的风险低，但在某种程度上缺乏降低成本提高生产效率的驱动力。

（二）美国华盛顿州电力市场

美国华盛顿州的电力市场也是采取较为典型的基于成本的监管模式。美国电力实行联邦和州两级监管体制，主要监管对象是私营的公用电力公司和独立发电商。

在联邦层面，负责电力行业经济性监管的机构主要是联邦能源监管委员会，主要负责跨区输电以及批发电力市场的监管。在州层面，州公用事业委员会负责监管当地配电以及电力终端用户价格制定，例如华盛顿州的华州公共事业交通委员会，对电力市场的监管旨在确保华盛顿州的消费者能够享受到安全、可靠、定价合理的电力服务。各级监管机构的监管内容均在《联邦电力监管规定》和各州的《公用事业法典》中作了详细的规定，涵盖电价制定、市场准入、许可证申请、企业兼并重组、接入互联、普遍服务、电网开放、服务质量、市场行为、会计和可靠性标准等具体内容。

在判断电力企业的成本合理性时，华盛顿州公用事业交通委员会往往会根据一些特定标准通过比较不同时间的成本变化来判断。关于一些对于非必要的成本，例如广告宣传费用等，不会直接影响电力服务的质量，将不计入成本核算范畴，不能在电价中体现，需由电力企业自行支付。折旧方法采用剩余使用年限法，只有能产生经济效益且利用率达标的设备，才能计入参与折旧的固定资产。

美国一些地区选择基于成本监管模式与其电力市场的历史发展有关。美国的电力服务都是由私营的电力企业来提供的，电力企业在各自所在的区域提供垄断性较强的电力服务。随着用户的增多和电网的发展，电力企业为了提高效益水平开始搭建互联线路。与大规模的电网相比，这些互联电网是较分散化的，规模也相对较小。基于成本的监管模式可能面临的一个问题就是高度的信息不对称性导致监管机构很难把握企业的实际成本信息，从而对其实施监管政策需要付出高昂的监管成本，而这种问题在各个分散的小型电网企业面前被大大削弱了，也避免了采用激励监管可能引发的道德风险，因此基于成本的监管模式在美国一些地区广为使用。

第三节 基于绩效的监管模式

一、基于绩效的监管模式介绍

基于绩效的监管（Performance Based Regulation，PBR）模式是指通过采取激励措施鼓励被监管的电力企业降低生产成本、提高效率。因为电力监管机构和企业之间的信息往往是不对称的，监管机构想要得到企业的真实成本信息往往需要付出较高的监管成本，所以在很多情况下基于成本的监管模式会造成很多不必要的消耗。而基于绩效的监管模式，在一定程度上能够弥补基于成本监管模式的缺陷，对企业精进技术水平、降低生产成本能够起到正面的激励作用，对提高社会生产效率具有积极的意义。

基于绩效的监管模式可以进一步细分为收入上限制、价格上限制、浮动收益制、标尺竞争制、绩效标杆制、特许投标制、目标激励制、合同目录法及部分成本矫正法。其中收入上限制和价格上限制是被各国家地区监管机构最为广泛选择的监管模式，下面将主要对这两种上限制及浮动收益制和标尺竞争制进行简要介绍。

（一）收入上限制

收入上限制是指监管机构对被监管电力企业所能获得的最高收入作出限制。收入上限制的监管周期通常为 3 至 5 年，期间会根据一些宏观参数调整所规定的上限指标。除了规定最高允许收入外，监管机构不会对企业的产量和价格作出严格限制，企业在最高允许收入内对产量和价格能够拥有自主权。收入上限制的定价模型为：

$$R = RAB \times WACC + D + T + C$$

式中，RAB 为监管机构所核定的电力企业监管资产基数；$WACC$ 为加权平均成本；D 为资产折旧；T 为税收成本；C 为运营成本。在收入上限制的监管模式下，最大允许收入 R 由监管机构规定。此外电力企业一般不存在通过盲目扩大投资提高输配电量的利益驱动，但存在提高生产效率进而降低生产成本的动力。

（二）价格上限制

价格上限制是指监管机构对被监管电力企业所能制定的最高电价作出限制。价格上限制的监管周期与收入上限制相当，通常也为 3 至 5 年。在价格上限制的监管模式下，被监管的电力企业可以通过技术革新降低成本获得更多的收益，有利于企业提高生产效率。价格上限制的定价模型为：

$$R = P \times N$$

式中，P 为电价；N 为实际电量。在价格上限制的监管模式下，最高限制电价 P 由电力监管机构规定。

在价格上限制下，企业的收入受限于当地市场的发展潜力、实际电力需求和电量销售的情况。实际销售电量越高企业获得的监管收入越多，相反，如果未来市场增长乏力，电量销售越少则监管收入越少。同时，企业可以通过技术革新进而降低本期生产成本，提高本期经营利润，但同时也为监管机构下一个监管周期准许值的下调留存一定空间。

（三）浮动收益制

浮动收益制是指电力监管机构为企业设定准许收入的区间。如果企业的实际收入超过了该区间的上限，则要将超出的部分与消费者共享。如果企业的实际收入低于该区间的下限，则可以将损失部分与消费者共同承担。浮动收益制又称为利润共享制，通常与收入上限制和价格上限制配合使用。但与收入上限制和价格上限制所设置的固定值不同，浮动收益制对区间的选择增加了一定的灵活性。

（四）标尺竞争制

标尺竞争制是指监管机构对被监管的电力企业制定监管电价时，不以企业自身的技术水平和经营成本为参照，而是选择一个行业标尺，如电力行业的平均成本等。在标尺竞争制的监管模式下，企业只有当生产效率优于整个行业的平均水平时才能够获得更高利润，因此企业将更有动力提升技术水平、降低成本。这种模式有助于促使电力市场整个行业的生产效率不断提高，从而有益于社会发展。然而，在实际应用时会发现，不同区域的宏观环境差别较大，采用统一标尺不够合理，只能进一步划分，然后为宏观环境相似的区域采用相同标尺，在实际操作中存在一定困难。如智利以监管机构认定的模型公司为标杆，即假设在最理想或合理的情况下，以模型公司完成电力供给所需的公司资产和成本认定监管水平。

二、采用收入上限制的典型地区

（一）澳大利亚电力市场

澳大利亚的输电网和配电网均采用收入上限制的监管模式。澳大利亚的电力市场由国家级和州级的监管机构分级独立监管。国家级的监管机构包括：能源和资源常务理事会（SCER）、竞争与消费者委员会（ACCC）、澳大利亚能源市场委员会（AEMC）和澳大利亚能源监管委员会（AER）。其中，SCER 负责国家层面能源问题的战略规划和政策制定，ACCC 负责监管企业是否滥用垄断权力从而维护消费者利益，AEMC 负责电力市场具体规则的制定和调整，AER 负责实施国家电力法和电力规则以及对电力批发市场和输电网络的经济监管。澳大利亚针对电力市场的国家层面法律法规包括《国家电力法》《国家电力规则》和《南澳电力条例》，各州也会制定相应的法律法规。

澳大利亚的输电业务包括规定输电服务、协商输电服务和非监管输电服务，其中规定输电服务为传统的受监管输电业务，采用收入上限制监管模式。输电企业的最大允许收入包括构建收入和额外收入调整项，输电量的大小不影响企业的年度收入。如图 3.1 所示，构建收入中包括资本回报、监管折旧、运营成本、效率激励共享机制和税收补贴；额外收入调整项包括运营指标激励和紧急工程调整。

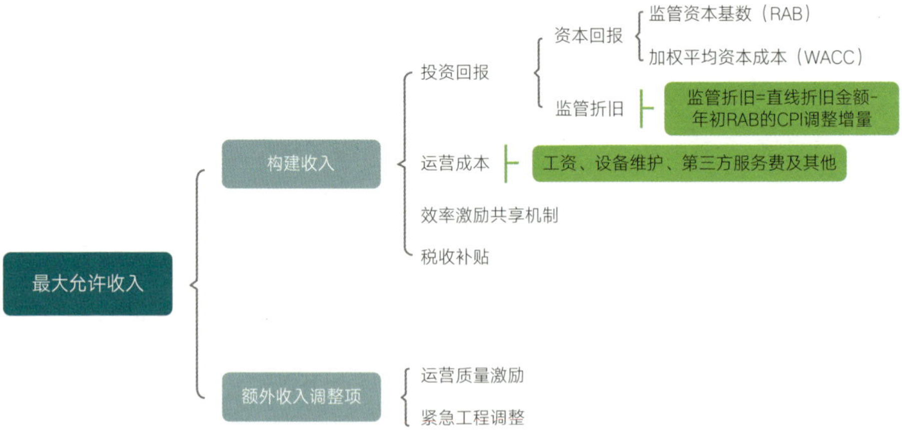

图 3.1 澳大利亚输电网最大允许收入构成示意图

对于澳大利亚输电网，监管资产基数（RAB）主要包括土地、建筑、计算机、输电线路、变电站等用于提供输电服务的资产。其中，RAB 的涨跌与资本性支出（CAPEX）相关，相关部门会对 CAPEX 在按照投资计划逐年计入 RAB 时产生的滞后和延迟予以补偿。在每个监管期，RAB 采用滚动的方式进行计算，计算公式为：

$$期末 RAB = 初始 RAB + CAPEX - 资产处置 + 通货膨胀调整 - 折旧$$

WACC 包括权益成本和债务成本。其中权益成本通过 CAPM 来计算，通常权益成本被核定后在一个监管期内保持不变。而债务成本通过第三方公布的成本数据为依据，在 10 年过渡期内按照滚动平均的方法来计算，计算公式为：

$$K_{d1} = R_1$$

$$K_{d2} = 0.9 \times R_1 + 0.1 \times R_2$$

$$K_{d3} = 0.8 \times R_1 + 0.1 \times R_2 + 0.1 \times R_3$$

$$\cdots$$

$$K_{d10}=0.1\times R_1+0.1\times R_2+0.1\times R_3+\cdots+0.1\times R_9+0.1\times R_{10}$$

式中，K_{dn} 为第 n 年的债务成本；R_n 为第 n 年的第三方债务成本数据。

在确定输电公司收入时澳大利亚监管机构采取“两上两下”的方式，输电公司提交收入建议后由澳大利亚能源监管委员会审核发布草案，输电公司如对草案不认可就继续补充材料修订收入建议，最后由澳大利亚能源监管委员会调整后发布最终决议。这种方式充分保证了输电公司对监管决策的参与，从而输电网投资者的权益也得到了保障。

澳大利亚配电业务的监管模式与输电业务相同，也是收入上限制。配电网的监管激励机制包括服务目标绩效激励机制、效率收益分担机制和需求管理激励机制。服务目标激励机制考察的是电力企业的服务质量，其结果会影响配电公司的最大允许收入。效率收益分担机制旨在让配电公司与消费者共同分担生产效率改变带来的收益或损失。需求管理激励机制包括需求管理激励补贴和预期损失收入补偿，目的是鼓励企业进行技术革新，提升企业的需求侧管理，从而提高生产效率，减少能源消耗。

（二）希腊电力市场

希腊的输电网采取收入上限制的监管模式。希腊能源监管局是负责能源领域的主要监管机构，其对于电力行业的主要监管内容包括颁发经营许可、审批发展规划、制定电价、仲裁企业争端等。另外，还有希腊环境能源和气候变化部负责法规政策的制定，包括新能源上网电价补贴政策等。希腊早期的电力行业由公共电力公司（PPC）垄断，2011 年从公共电力公司拆分出独立的输电网公司 IPTO，成为希腊唯一的国家级输电系统运营商，专门负责希腊输电网的开发、运营、调度、维护及电力市场交易管理等各项业务。

对于希腊的输电企业，最大允许收入通过以下公式计算：

$$AR=O+D+R$$

式中，AR 为允许收入；O 为运营成本；D 为折旧；R 为资本回报。资本回报由 RAB 与税前 WACC 的乘积计算得到。希腊输电企业 RAB 的核算包括三部分：资产账面净值、投资和营运资本。WACC 选择税前的实际加权平均资本成本，实际成本可通过其与名义成本之间的转化关系得到，计算公式为：

$$(1+WACC_{名义})=(1+WACC_{实际})\times(1+i)$$

式中，i 为通货膨胀率。因此，只要计算出名义加权资本成本，就可以相应得到实际资本成本。名义加权资本成本计算公式为：

$$WACC_{名义}=gr_d+(1-g)r_e/(1-t)$$

式中，g 为债务所占资本比重；r_d 为债务成本，根据债务余额、利息支出和发展计划来进行估算；r_e 为权益成本，按照包含国家风险溢价的 CAPM 计算得出。对于希腊输电网，重大项目在建设期没有投资回报，在投后运营阶段会有一定的补偿，监管机构对企业额外增加的投资收益将在核定的 WACC 中通过附加值的方式体现。

（三）智利电力市场

智利电力市场的监管机构包括智利能源部、国家能源委员会、电力燃料监管局、国家电力调度中心、专家委员会和环境部等。其中智利能源部是整个国家能源领域的最高监管机构，其职能包括政策制定、颁发特许权、确定允许收入等；国家能源委员会（CNE）的职能包括制定电价和电网的发展计划等；电力与燃料监管局的职能包括制定行业标准和确保企业合规运营；国家电力调度中心主要负责电网调度；专家委员会主要负责提供政策建议；环境部主要负责环保证书审批等。

智利输电行业的监管模式采取资产重置和特许权招标结合的收入上限制。除部分连接大负荷非监管客户的专用输电线路外，输电线路收入接受国家能源委员会监管，每 4 年为一个监管周期。同时，对于 2004 年以后获批投建的国家级输电线路，以及 2016 年以后获批投建的区域级输电线路，在投运初始 20 年内采用固定电费收入的监管回报，20 年后开始按照每 4 年进行一次监管重置，根据具体输电资产投运的时间，监管周期有不同的划分。

输电线路收入（VATT）以美元计算、智利比索支付，由线路年度投资回报

（AVI）和运维管理成本补偿（COMA）两部分相加组成，每月根据美国与智利两国通胀水平、美元与智利比索汇率进行调整。根据输电线路不同，调整因子略有差异。输电线路收入，计算公式为：

$$\text{VATT} = \text{AVI} + \text{COMA}$$

对于国家级输电网线路，AVI 根据美国与智利两国通胀水平、美元汇率指数调整，COMA 根据智利通胀水平和美元汇率指数调整，计算公式为：

$$AVI_{n,k} = AVI_{n,0} \times \left(\alpha_j \times \frac{IPC_k}{IPC_0} \times \frac{DOL_0}{DOL_k} + \beta_j \times \frac{CPI_k}{CPI_0} \right)$$

$$COMA_{n,k} = COMA_{n,0} \times \frac{IPC_k}{IPC_0} \times \frac{DOL_0}{DOL_k}$$

对于区域级输电网线路，AVI 与 COMA 均受智利与美国两国通胀水平以及汇率的调整，计算公式为：

$$(\alpha VI + COMA)_i = (aVI + COMA)_0 \times \left(\alpha \times \frac{IPC_i}{IPC_0} \times \frac{DOL_0}{DOL_i} + \beta \times \frac{CPI_i}{CPI_0} \right)$$

从上述调整公式可以看出，部分收入为美元收入（即无汇率风险）、部分收入为比索收入（即存在汇率风险），且其中 Alpla 系数越小，汇率风险越小。

年度投资回报（AVI）是针对资产投资价值的回报，根据资产投资价值（VI）、资产使用寿命（n）和监管回报率（r）计算，计算公式为：

$$AVI = VI \times \frac{r \times (1+r)^n}{(1+r)^n - 1}$$

其中，资产投资价值根据资产重置成本计量，由国家能源委员会确定，每 4 年重置一次。监管回报率根据资本资产定价模型（CAPM）确定。

运维管理成本补偿（COMA）：是针对线路运营、维护和管理所发生成本的补偿，由国家能源委员会基于有效公司运营成本确定，每 4 年更新一次，每月基于智利通货膨胀和美元汇率进行调整。

关于输电监管机制，一方面，由于采用重置成本确定监管资产价值，监管收入中没有监管折旧补偿，因此项目前期监管收入低于其他机制下的监管收入，后期监管收入高于其他机制下的监管收入；另一方面，重置成本参考监管重置时的资产重构成本，会受到当时市场波动、大宗材料成本等因素的影响。

智利配电监管收入包括向发电商支付的购电成本、发生的输电成本、允许的配电增值收入及其他费用方面。其中从发电商购电的购电成本与使用输电线路的输电成本均为穿透成本，购电成本占比 60%，输电成本占比 10%，配电增值收入占比 15%，其他费用方面占比 15%。配电监管收入，计算公式为：

配电监管收入 = 购电成本 + 输电成本 + 配电增值收入 + 其他费用

其中，配电增值收入由配电增值收入费率（*VAD*）和售电量决定，配电增值收入费率主要包括投资回报、运营和维护成本及客户服务成本（*CExp*）、配电线损（Energy Losses）补偿。配电增值收入费率每月根据智利和美国的通胀水平、经济规模等指数进行调整。配电增值收入费率，计算公式如下：

$$a=\frac{r}{1-(1+r)^{-30}}$$

$$VAD=\frac{(a\times VNR+CExp)+Energy\ Losses}{Power\ sold}$$

式中，资产重置价值（*VNR*）是配电资产更新的重置成本，每 4 年配电公司向监管机构申请，由电力与天然气监督组织（SEC）和配电公司共同核算一次，国家能源委员会最终确定。运营和维护成本及客户服务成本、线损补偿以每个配电区域中的模型公司作为标准，由 SEC 和配电公司共同核算。电价和实际收入的具体计算公式如下：

电价 = 监管核定收入 / 预期输电量

实际收入 = 电价 × 实际配电量

（四）英国电力市场

英国电力市场监管主要包括天然气与电力市场管理局（GEMA）、天然气与电力监管办公室（OFGEM）和竞争与市场管理局（CMA）等政府机构。GEMA

是政府能源主管部门，负责制定能源发展战略，起草电力法案并负责执法。OFGEM 是独立的监管机构，接受 GEMA 管辖，负责制定市场规则，向接受市场规则的各类经营主体发放准入牌照，对输电、配电企业进行准许收入和价格监管，对市场交易进行监管，防止串谋等违规行为，是英国电力监管核心机构。CMA 属于政府市场仲裁机构，接受电力市场主体关于竞争和垄断问题的投诉。

英国的输配电市场监管均采用收入上限制模式。电力监管机构通过核定电力企业的年度预算确定其基本允许收入、制定其运营服务质量标准，在该监管周期内保持不变。OFGEM 分别从 2013 年和 2015 年对输电网和配电网改用 RIIO 监管模式，即收入由激励、创新和产出三者构成，监管周期为 8 年。

在这种模式下，输配电企业的监管收入由资本回报、折旧、直接成本、税务补贴、产出激励、创新激励和调整项共同组成。其中资本回报为监管资产基数与加权平均资本成本的乘积；折旧方式为直线折旧；直接成本为综合化支出中不可资本化的部分；产出激励包括可靠性、并网服务、客户服务、社会责任、环境和安全；创新激励包括电网创新补贴和电网创新竞赛；调整项为电量变化、通货膨胀等不可控因素的影响会在下一监管周期中进行允许收入的调整。

三、采用价格上限制的典型地区

巴西配电网的监管模式为价格上限制。监管机构主要包括国家能源政策委员会（CNPE），负责国家能源政策相关的制定调整等；矿产与能源部（MME），负责制定电力市场的相关规则、执行国家能源政策和颁发特许经营证等；巴西国家电力监管局（ANEEL），负责对巴西电力市场的相关部门进行规范；巴西国家电力调度中心（ONS），监督各电力企业的合规要求；电力交易中心（CCEE），负责组织电力项目的竞标等商业化运营；电科院（EPE），负责巴西能源领域的长期战略规划研究。

巴西采用配售一体的运营方式，配电企业的售电价格即为最终电价，由巴西国家电力监管局（ANEEL）与配电企业签订特许权合同，对其售电的价格、监管周期等作出具体规定。允许收入的构成主要包括可控成本和不可控成本。其中，可控成本包括运维费用、资产折旧和投资回报；不可控成本包括电能采购费、输电费和政策性费用，不是配电企业的实际收入，直接传导至最终电价。一般配电企业的实际收入可由电价与电量的乘积得到。

巴西配电特许权的监管周期为4~5年，价格上限在每一监管周期进行重置，每年按照CPI-X调整。其中X因子是由反映规模生产率的P因子、反映供电服务质量的Q因子和反映运营费用效率目标的T因子组成。通过与行业平均值比较，如果优于行业平均值，则X因子较低，较低的X因子将会在年度电价调整时获得较高的电价调整系数，从而获取更多收益。

电价的调整主要是针对允许收入中可控部分的重新核算，包括受监管资产基数、加权平均资本成本和运维费用等。对于允许收入中的不可控部分，将直接根据调整结果传导至电价。

第四节　监管参数与投资收益

对电力资产而言，电力资产监管机制决定了其获得收益的模式，可通过针对价值驱动因素研究，精准施策，指导超额收益的实现。投资收益多取决于资产的经营成本（如CAPEX，OPEX）、资本成本（如债权、股权）。

一、资本投入及监管资产基数

不同的监管资产基数计算方法和调整更新时间会对投资收益造成不同的影响。有的国家或地区，在一个监管重置周期对已核定的监管资产基数认定保持不变，直至下一个监管周期再进行调整。有的国家或地区，其监管机构每年都会对电力企业的实际投资状况进行审核，并相应调整监管资产基数的值。在每年都调整监管资产基数的国家或地区进行电力资产投资时，早投资就可以在更早的时间点扩大监管资产基数，因此能够帮助投资者获得比晚投资更多的投资收益。

由于RAB与CAPEX相关，通常CAPEX投资越多，相应带来的投资收益也更高。在资产回报率不变的情况下，公司可以采取增加资产投入的方式获得更多收益。但是，如果区域用电需求乏力、监管机构设置允许CAPEX上限，或者不允许将CAPEX投入纳入监管基数，如2020年菲律宾监管冻结，则需要审慎推进CAPEX投资。

在OPEX方面，因为监管机构参考行业平均成本或理想模型公司成本设定的投资回报率及补偿，如果公司能够做到运营效率更高、资本成本更低（如融资成本更低、杠杆和税盾效应设计更好），则有助于实现超额收益，提升价值。

同时，CAPEX和OPEX在不同的国家和地区可能存在分类差异，电力企业应根据其分类方法的不同合理分配其各种支出成本，从而最优化其投资收益。如英国将CAPEX和OPEX统归为一类，在这种情况下企业在运营过程中对于支出的安排就会更具灵活性，在某种程度上也有利于增加投资收益。另外，如果将CAPEX提前能够避免或降低未来的减值要求，则可通过优化资本结构提高投资收益。

二、资本成本和投资回报率

在基于成本的监管模式下，投资收益取决于监管资产基数（RAB）和监管机构核定的投资回报率。大部分国家对自然垄断行业监管资产权益成本的估算都是基于CAPM，得到的是行业平均资本成本。如果投资方在资本成本上更有效率，如利用评级或市场优势压降融资成本或通过合理增加杠杆水平扩大税盾效应等，可一定程度降低企业资本成本，实现股东投行超额收益。

三、监管重置周期

如果投资所在地的监管重置周期太短，则企业面临的风险会随之上升，在这种不确定性的压力下，企业应在保持长远战略眼光的基础上，将更多的关注点放在短期发展方面，以实现盈利提升。如果投资所在地的监管重置周期较长，则应将更多精力放在企业的研发创新和生产工艺的改良方面，专注技术革新、提高生产效率、提升长期投资收益。为吸引投资者，一些监管重置周期过短的国家和地区也在进行改革，如英国已将输配电网的监管重置周期从 5 年改为 8 年。投资者也应根据监管重置周期的改变调整投资策略。

四、折旧年限

电力企业所投资的固定资产需要按照监管政策所规定的年限和折旧方法计提折旧成本。如果规定的折旧年限较长，企业的实际成本更低，因此能够获得更高的投资回报。如果规定的折旧年限较短，企业的实际成本更高，与之相对应的投资回报也会相应减少。如果当前投资所在地的规定折旧年限较短，但未来有延长折旧年限的趋势，则可以将投资计划延后，从而达到降低成本、提高收益的目的。

同时，企业应考虑监管折旧、会计折旧和税务折旧三者之间存在差异，虽然都是以资产价值为基础，但监管折旧影响企业可能获得的监管收入和回报水平，会计折旧影响企业的利润指标，税务折旧与会计折旧的差异会形成递延所得税资产和递延所得税负债，影响当期应纳税额。

五、创新激励

当投资收益为基于绩效的模式时，电力投资者可根据具体的经济激励政策发掘获得超额收益的机会。由于基于绩效的监管模式本身就是监管机构为激励电力企业降低成本、提高生产效率采取的举措，因此企业如果能够把握正确的政策方向，相对来说能获得较高的超额收益。如果电力市场的监管政策中增加了创新激励相关内容，则企业的研发成本降低，更有动力进行研发创新，能够增强企业的技术水平、提高生产效率、提升收益。

六、服务质量指标

如果监管机构针对电力企业增加了奖惩双向的服务质量考核，在短期内会增强电力企业的收益不确定性，提高了风险，对投资收益有不利影响。但从长期来看，有利于规范电力企业的经营行为，促进其内部体系的稳定性和可靠性，有利于其长远投资收益的稳定。只有达到了相应的服务质量指标要求才能确保收益的稳定，因此企业可根据监管政策中的相关服务质量条款所指明的方向调整策略，通过政策目标提升收益。

第四章

尽职调查对估值模型的影响及改善

尽职调查又称“审慎调查”，一般是指在兼并收购、挂牌上市、股权投资等资本运作中，并购方与目标企业初步达成合作意向之后，并购方对目标企业所进行的现场调查以及资料分析的活动。尽职调查可以帮助并购方从财务、税务和法律等多个方面深入了解目标企业，发现潜在的问题，揭示和降低并购风险。

企业在进行海外并购的过程中，面临着来自宏观和微观诸多层面的风险，尽职调查是企业规避风险的有效途径，尤其是消除买卖双方信息不对称的重要手段。从宏观的角度来说，跨司法管辖体系导致的国家风险和法律风险会直接影响债务成本和股权成本等；从微观的角度来说，目标企业的财税状况、技术运维水平等都会直接影响并购活动。这些风险都需要通过尽职调查工作来发现、识别和量化，从而制定应对措施。

本章重点探讨企业并购，尤其是企业的海外并购所涉及的尽职调查，即并购方或其指派机构对目标企业财税情况、法律状况、技术运维水平、所处市场环境等各方面进行的风险调查及合理判断。

第一节 尽职调查概述

一、尽职调查的作用机制

尽职调查的根本原因在于买卖双方的信息不对称，项目买方通常处于信息弱势地位，只有通过详尽的、专业的调查才能研究清楚目标公司情况。

（一）价值发现，为估值调整提供定量依据

在企业进行海外并购时，针对目标企业建立模型、进行估值是重中之重。建立财务估值不是一蹴而就的，有很多事项需要解决：估值模型该如何搭建？目标企业实际的财税状况和目标资产的真实技术水平如何？目标企业所在国家或地区的法律体系会对并购交易有何影响？诸如此类的问题只有通过尽职调查工作才能进行合理判断和定量分析。在财务尽职调查过程中，应重点挖掘目标企业净债务或类债务的状况，并相应地对交易对价进行调整，避免在并购后支付不必要的款项；在税务尽职调查中，应将目标企业所在国家或地区的税种和税率进行详尽的调查，为估值模型参数的设定提供支撑。

（二）风险发现，帮助完善交易保护机制

通过尽职调查，可以有效识别目标企业的或有负债和未决诉讼等事项，相关事项的识别可使并购方在未来免遭损失。但由于此类事项暂未形成实际的支付或赔偿义务，不宜在交易价格中直接进行体现和调整，因此尽职调查识别到的这些风险可能需要体现在后续的交易文件中，通过规定未来索赔机制进行解决，从而保护并购方的利益。通过尽职调查，尽管跨国并购带来的信息不对称问题已经在很大程度上得到缓解，但在特殊情况下，目标企业仍可能存在个别重大风险或潜在的重大风险，这些风险足以让并购方将并购可能带来的利益置之脑后，从而终

止该并购交易。

（三）为投后管理提供合理意见

尽职调查阶段可能会发现一些对投后管理有特定参考价值的信息，这些信息可以帮助投后管理团队提前计划后期的价值提升策略及投后退出策略。例如，通过财务尽职调查可以识别在不足以终止并购的前提下，目标企业是否存在关键的管理漏洞，以便在并购交易完成后及时完善相应的管理机制，将损失降到最小化。

二、尽职调查的主要原则

（一）谨慎性原则

尽职调查又称审慎调查，其名称原本就包含谨慎的含义。尽职调查团队在调查过程中，要保持合理谨慎的职业态度，做好尽职调查计划、文件的保密工作，确保信息复核能够顺利进行。

具体而言，尽职调查团队在对目标企业的财务数据进行核算时，应秉持谨慎性原则，尤其是面临不确定因素时，能依据自身职业素养作出谨慎的判断。例如，不高估或低估目标企业的财务状况、合理估算目标企业现存的和潜在的风险等。

（二）独立性原则

调查工作应从中立的角度出发，摆脱外部意志的控制，客观地反映调查的真实情况。表现为实施并购的企业要能够独立地进行尽职调查并作出自己的判断，尽职调查的工作人员也能够保持独立。

一般尽职调查包括自行调查和委托调查。自行调查即实施并购的企业内部人员对目标公司情况实施独立的调查，委托调查为委托专业的事务所或技术顾问等中介进行调查。多数情况下，投资企业会采用两者相结合的方式，让各方进行独立调查，并将调查报告交叉校核及整理。

（三）全面性原则

尽职调查工作应当囊括并购方关注的所有重大事项。例如在财务尽职调查中，除资产质量、盈利质量以及现金流状况以外，还应仔细调查类负债、关联交易等情况，全面地衡量目标企业的财务状况。

（四）重要性原则

重要性原则与全面性原则并不冲突。在企业进行海外并购时，受时间和资源等各方面条件的制约，要做到事无巨细往往是不可能的。通常情况下，除了全面性原则中涉及的共性的关注因素，还应根据行业特点和地域特性等，有针对性地抓重点因素进行调查。

三、尽职调查的流程和方法

（一）尽职调查的流程

海外并购的尽职调查流程如下：

（1）由并购方设立各职能尽职调查小组，小组成员既可以包括并购方内部运营专家，也可以包括外部专家，如外部律师、会计师、保险顾问等。尽职调查小组由并购方项目组指派的项目经理全程协调管控。

（2）并购方及其聘请的外部专家与目标企业签订《保密协议》。

（3）尽职调查小组通过预先对目标企业的研究和了解，制定一份尽职调查资料需求清单并发送至目标企业，待目标企业补充完善。

（4）目标企业根据清单中的需求准备材料并上传至数据库，以供尽职调查小组成员及其他有权限的人员审阅和分析。

（5）在数据库及交易双方签订的“拟收购备忘录”的基础上，并购方可以就待确定事项与目标企业的高管及各职能部门负责人开展深入的访谈。

（6）经过尽职调查小组对数据库中的资料进行审阅和分析、项目组派成员前往现场尽职调查、尽职调查小组与目标企业管理层进行访谈之后，尽职调查小组开始撰写尽职调查报告，同时针对尽职调查过程中发现的问题提出合理建议。

通常情况下，在各职能尽职调查小组出具尽职调查报告后，尽职调查工作便接近尾声。针对尽职调查识别到的风险，可量化的部分反映至估值模型的调整中，无法量化的部分可以通过协议谈判体现到后续的交易文件中。其中海外并购风险及各项尽职调查对估值的影响，如图 4.1 所示。

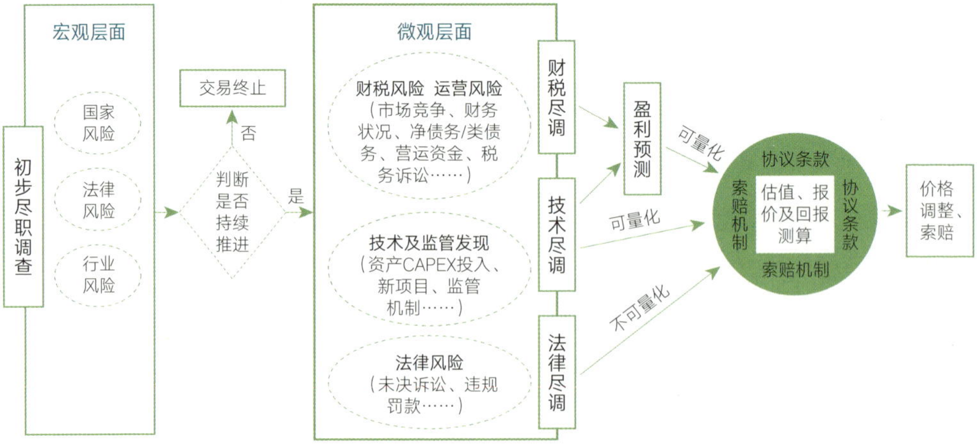

图 4.1 海外并购风险及各项尽职调查对估值的影响

（二）尽职调查的方法

（1）审阅法。审阅法是通过对目标企业提供的数据及资料进行分析、研究，从而识别关键风险因素的过程。从尽职调查独立性的原则上来讲，审阅法是专业人员独立、全面、客观、谨慎地调查事件本质的一种尽职调查方法。例如，在财务尽职调查中，通过审阅法，团队成员对目标企业的现金流量表进行审阅，查清每一笔资金的流入和流出情况，同时结合资产负债表和损益表，深入了解目标企业的现金流状况。

（2）分析法。分析法可以分为趋势分析、结构分析和比率分析等。尽职调查小组从各渠道获得目标企业相关的有效信息后，可以结合所在国宏观经济形式和微观行业动态对目标企业未来的经营活动进行评估和分析，预判目标企业的异常情况，避免重大损失。

（3）审核法。审核法主要针对合同的执行情况，目的是确定合同或文件执行的真实性及合规性。法律尽职调查中常用到审核法，因为与财税尽职调查相比，法律尽职调查更侧重于考察事项的公允性。

（4）访谈法。访谈法指的是尽职调查小组成员对目标企业的部门主管或其他知情人员进行充分沟通的一种方法。通过访谈，并购方可以向目标企业的相关负责人提出疑问并获得答复，同时双方还可以就个别事项进行沟通，达成一致意见。

在实际工作过程中，往往不会对尽职调查的工作方法进行界定和区分，而且除了上述四种方法，针对不同的项目还可以有其他行之有效的工作方法。例如，与财税尽职调查相比，技术尽职调查可能会更多地采用现场尽调的方式，以便了解技术及设备的真实状况。总而言之，尽职调查本质上都是围绕材料审阅、开展访谈、现场尽调、撰写报告及综合评估等过程展开的。

四、尽职调查的分类

根据不同的标准，尽职调查可以有很多种分类方法。按照执行主体的不同，尽职调查可以分为买方尽职调查和卖方尽职调查。本章主要站在买方（即并购方）的角度对尽职调查展开阐述。海外电力资产投资并购项目的尽职调查可以划分为立项阶段尽职调查、非约束性报价阶段尽职调查、约束性报价阶段尽职调查和接管整合阶段的尽职调查。各阶段的尽职调查重点及详尽程度有所区别。

尽职调查的专业体系十分广泛，尽职调查的范围涵盖了财务、税务、法务、行业、人力、生产经营、历史背景等多方面。于是按照尽调内容的不同，尽职调查又可以分为财务尽职调查、税务尽职调查、法律尽职调查、技术尽职调查、运营尽职调查、商业尽职调等。通常来说，对于海外并购的风险识别，财务、税务、法律和技术尽职调查是最重要的，其他尽职调查可以根据项目需要进行适当调整。

第二节 财务尽职调查

一、财务尽职调查概述

（一）财务尽职调查的定义及作用

财务尽职调查，是通过对目标企业的财务状况进行调查和核实、尽可能多地发现目标企业财务风险的过程。财务尽职调查是尽职调查的核心，有效的财务尽职调查是并购取得成功并顺利完成交易后整合方案设计的关键要素之一。

亚历山德拉·里德·拉杰科斯曾在《并购的艺术：尽职调查》一书中提到，在进行市场交易时，交易一方出于维护自身利益而向另一方隐瞒对自己不利的信息，是产生信息不对称的重要原因。海外并购具有高度的信息不对称特点，目标企业可以利用不被并购方熟知的“规则”对真实的财务信息进行“粉饰”，因此并购方需要通过财务尽职调查揭示财务风险并结合目标企业真实的营运情况对估值作出调整。

（二）财务尽职调查核心关注点

资料研读是开展财务尽职的最重要方式，并购交易中资料充足程度是尽职调查质量的核心决定因素之一。基础设施行业投资并购项目中必须研读：卖方尽职调查报告、交易信息备忘录、目标公司经审计的合并财务报告、商业计划、融资及套期保值协议、特许权协议、监管决议、销售合同、EPC 合同和运维合同等。

关于信息提供及财务信息可靠性方面，常见的尽职调查风险点及相关措施见表 4.1。

表 4.1 常见的尽职调查风险点及相关措施

尽职调查风险点	相关措施
信息缺失	提供必要的资料
财务报表未经审计	提供经审计的财务报表

续表

尽职调查风险点	相关措施
业务剥离或者业务重组	提供模拟财务报告
会计准则差异	分析差异影响，调整财务数据
非常规会计处理	采用常规会计处理，调整财务数据
财务报告编制基础	分析是否存在会计政策变更，调整财务数据

二、财务尽职调查的内容

财务尽职调查的具体内容由具体项目情况决定。一般情况下，财务尽职调查主要包括对财务信息质量的调查、对重大债权债务的调查、对营运情况的调查等。通过对财务尽职调查结果的定量分析，并购方可以对目标企业的估值进行合理测算。财务尽职调查的主要内容见表 4.2。

表 4.2　财务尽职调查的主要内容

内容	分析重点及注意事项
历史经营情况及可持续性	**资产负债情况：**全面掌握目标公司监管资产基数、固定资产、在建工程、商誉、现金、应收账款、衍生金融工具、有息负债、实收资本、留存收益及储备项目的余额、历史期间变动情况。 **损益情况：**全面掌握目标公司收入、运营费用、EBITDA、折旧与摊销、财务费用、所得税费用和净利润情况，分析是否存在非经常性损益。 **现金流情况：**掌握公司运营现金流、投资现金流和融资现金流，掌握历史分红情况、分析是否存在资金缺口等。 对历史经营情况分析，需要注意历史经营情况是否具有持续性。影响历史经营业绩的常见因素包括：历史期间获得的一次性损益（包括政府补贴或者资产出售）、监管重置结果、特许权到期影响、监管政策变更影响、股东的个人影响、长期销售合同到期后无法续约、优于监管表现不可持续、公司业务转型、资产出售后协同效应降低、企业经营宏观环境显著变化等。估值模型对未来经营情况的预测，应以正常化的历史水平为基础
未来商业计划	**重点分析：**编制商业计划采用的商业模式、监管制度及相关参数、长期销售合同的量价、未来资本性支出及工程进度、运营成本、业务扩展策略、融资及分红策略、折旧政策、会计及税务制度等

1. 盈利质量分析

通过财务尽职调查，并购方不仅可以对目标企业的历史财务状况进行合理调整，同时还可以对目标企业的未来财务进行预测，为并购后的整合提供参考意见。

分析历史经营情况是发现目标历史上已实现价值的过程，它构成了预测目标公司未来价值的基础。通过对资料的研读，掌握目标公司历史资产负债情况、损益情况和现金流情况。商业计划是预测未来可实现的现金流的基础。为了促使买方提供更具竞争力的报价，卖方通常会提供激进的商业或者多种情景的商业计划。买方需详细分析卖方商业计划，基于客观合理的假设，调整卖方商业计划。

2. 净负债及类负债分析

净债务是指在资产负债表中债务总额（即带息债务总额）与现金及现金等价物之间的差额，带息债务和现金及现金等价物的值均可通过会计报表直接获得或通过计算获得，因此净债务的识别较为简单。

类债务既可以在账内体现，又可以存在于账外，所以仅通过财务报表分析很难对类债务进行充分识别，须通过财务尽职调查对财务账面数据以及目标企业所披露的所有相关资料文件进行核查。类债务目前并没有被明确定义，不同的企业类债务存在差异，可以由买卖双方在交易阶段进行协商确认。

广义上的类债务是指为企业提供各种形式债务资本的账内或账外“债务”，主要包括欠缴的税款、应付融资租赁款、未决诉讼、少缴的职工保险等。尽可能多地识别类债务风险不仅能够帮助并购方调整对目标企业股权价值的评估，还有助于并购方在后期进行协议谈判时争取主动权、保障自身利益。债务及负债的主要内容详见表 4.3。

表 4.3　债务及负债的主要内容

核心关注点	分析重点及注意事项
债务及类负债项	**外部有息负债**：外部有息负债包括银行贷款和债券。全面掌握现存有息负债的余额、利率、币种、期限、套期保值情况、财务比率限制条款、控制权变更条款、债权人情况、是否存在违约，分析到期再融资的可实现性、交割后融资优化的必要性，是否存在融资缺口。估值模型需考虑与现有负债对应的现金流，并基于对融资市场的预测合理确定再融资假设。 **股东贷款**：基础设施行业公司为提高资本回收的便利性，股东通常以股东贷款、信托贷款、贷款权证或者可转换债券等形式安排股东注资。尽职调查应关注股东贷款金额、利率、投资东道国对于资本弱化和转让定价的约定、股东贷款安排是否获得税务裁定。如判断股东贷款安排存在风险，则相应测算风险头寸，必要时研究股东贷款重组方案。相关风险需在股权购买协议或估值模型方面予以考虑。 **养老金计划**：需要掌握企业养老金计划方式（固定收益或者固定供款），了解养老金计划对于企业人工成本的影响，获取养老金精算报告，分析养老金计划中的资产及负债情况及相应的精算假设。在估值模型中充分考虑养老金相关未来现金流的影响，历史期间已经产生的养老金负债需要在收购价格中予以扣除。

续表

核心关注点	分析重点及注意事项
债务及类负债项	**其他类负债：**类负债可能造成目标公司未来经济利益的流失，会潜在影响目标公司价值。尽职调查需详细分析目标公司的类负债，并在交易协议或估值模型中予以考虑。基础设施行业常见类负债项目包括：递延所得税负债、目标企业集团外的往来款、衍生金融工具、预收款项、拨备、应付税款、预收监管收入、未决诉讼、对外担保和抵押情况、融资租赁等

3. 营运资金分析

在财务尽职调查阶段，对目标企业进行营运资金分析可以有效避免并购后不必要的支出。具体而言，营运资金分析包括三个方面：

（1）事先约定目标营运资金水平。

在交易发生前，为了更好地对目标企业未来的营运水平进行评估，交易双方需事先约定一个合理的目标营运资金水平。在确定目标营运资金水平时，主要考虑因素应包括但不限于营运资金的定义及范畴、纳入考量的营运期间（主要考虑营运情况受季节性影响较大的行业）、异常项目调整（如非经常性损益调整、类债务调整等）等。值得注意的是，目标营运资金水平的确定同样需要站在并购交易发生后的视角来对历史数据进行合理修正。营运资金分析的主要内容，见表 4.4。

表 4.4 营运资金分析的主要内容

内容	分析重点及注意事项
营运资金分析	**运营资金：**并购交易中所谓的营运资金包括应收账款、预付账款、存货、应付账款、预收账款等项目，即流动资产总额与流动负债总额的差值，但其中不包括溢余现金或负债。分析目标公司存货、应收账款和应付账款余额及相应的周转天数，判断在财务估值时点的运营资金水平。 如估值时点运营资金水平显著低于正常水平，则可要求卖方对运营资金予以补充或者调低估值；估值时点运营资金水平显著高于正常水平，则可提升估值

（2）根据目标营运资金水平对交割日的实际营运资金进行调整。

在交割日当天，并购双方需明确实际营运资金水平，并根据其与目标营运资金水平的差异进行适当调整。例如，若交割日实际营运资金水平低于目标营运资金水平，则目标企业应向并购方补足差额。

（3）坏账分析。

并购方在进行财务尽职调查时，还应格外关注目标企业资产的有效性，其中最主要的工作就是核查历史坏账准备是否均已充分计提。例如，对于应收账款的坏账准备计提，财务尽职调查团队一方面需要结合目标企业经营水平及所在国行业环境，通过横向对比评估历史应收账款的坏账计提是否充分；另一方面需要注意并购交易的发生可能会导致目标企业的合作方发生重大变动，从而打破历史坏账计提的规律，因此财务尽职调查团队还需重新评估应收账款的回收比率，进而在财务估值模型中作出相应的合理调整。

4. 其他事项分析

面对投资并购过程中所出现的种种财务陷阱，为尽量减小和避免并购风险，在并购开始前对目标公司进行尽职调查就显得非常必要和重要了。因此在充分开展上述尽职调查分析后，还应对目标企业的工程建设情况、汇率风险和会计政策等多个方面进行全面了解。如对在建工程要了解工程项目预算、完工程度、工程项目的用途，是否存在延期停工等情况。其他重点事项分析的主要内容见表 4.5。

表 4.5　其他重点事项分析的主要内容

内容	分析重点及注意事项
其他重点事项	**工程延期及超支：**在特许权期限既定的前提下，工程延期将对未来现金流入造成不利影响，且特许权协议中还可能包括延期罚款；在建工程的实际支出可能超出原来的工程预算，超支部分可能无法获得监管机构的审批，从而无法在未来年度获得补偿。 **汇率风险及管控：**掌握目标公司的收入和负债、投资者计量货币是否存在错配，评估汇率风险头寸大小。可选汇率风险管控手段包括收入采用硬货币（如美元）计价、收入和负债币种匹配，实现天然对冲、采用金融衍生品提前锁定汇率风险等。 **关联方交易：**全面掌握目标公司的关联交易安排，通常包括关联方之间的担保及抵押、资金往来与拆借、商品及服务的购销、关键管理人员薪酬、共享服务等。尽职调查需关注关联交易定价是否公允，项目交割后关联交易的存续，基于尽职调查情况，可要求卖方终止不必须、不合理的关联交易安排。 **特定会计核算：**特许经营为基础设施行业普遍采用的一种模式，国际财务报告准则解释委员会发布了针对特许权的会计核算制度的解释公告第 12 号（IFRIC 12）。尽职调查需理解目标公司编制 IFRIC 12 模型时采用的关键假设和基础数据，包括建造成本、建造毛利率，运营毛利率、内含收益率，现金流预测及退出收益等。此外，如目标公司业务包括融资租赁，还应关注融资租赁会计的影响

三、财务尽职调查与估值调整

如前所述，目标企业所提供的财务信息通常并不完全可靠，目标企业可能通过诸如利润调节等操作将利润调高，从而尽可能地抬高自身的估值。因此并购方有必要在尽职调查的基础上，进行估值调整。

1. 盈利质量分析调整

盈利质量分析包括会计调整、非经常性损益调整、正常化调整、模拟调整、独立运营前提下的调整等。

（1）会计调整指对已经进行会计处理的事项按照一定的规则调整的过程，一般包括会计政策调整、会计估计调整、会计差错调整和资产负债表日后事项的调整等。其中，会计政策调整是指对核算的具体原则或方法进行了调整，例如外币折算方法发生变更；会计估计调整是指资产和负债的当前状况或预期未来经济利益和义务发生变化带来的账面价值或定期消耗金额的重新估计，例如固定资产的折旧方法从年限平均法改为加速折旧法；会计差错调整是指企业后期发现前期会计核算（计量、确认、记录等）出现差错进而调整的过程，其中重大会计差错不仅严重影响会计报表的可靠性，还会误导报表的使用者作出错误的判断或决策，因此需格外关注目标企业是否存在重大会计差错；资产负债表日后事项指的是自年度资产负债表日至财务会计报告批准报告日期间发生的需要调整或进行说明的事项。

（2）非经常性损益调整。非经常性损益是指目标企业历史期间发生重组、接受捐赠、大规模处置固定资产取得的收益、经历自然灾害等不可持续事项带来的损益，非经常性损益调整的目的就是剔除这些不可持续事项对资产盈利水平带来的影响。

（3）正常化调整及模拟调整。正常化调整和模拟调整的原理均是通过未来并购交易完成后可能发生的变化进而还原历史期间的数据。具体而言，正常化调整主要考虑目标企业历史成本费用结构应如何调整，模拟调整主要受合并范围的影响。

（4）独立运营前提下的调整。若目标企业在并购交易完成后将脱离原本所属的集团而独立运营，则需衡量目标企业因独立于集团运营而产生的额外成本。

2. 净债务及类债务分析调整

由于目标企业有强烈的意愿增加自身的估值，所以会通过隐藏债务等方式尽量降低净债务及类债务的值。这就使得并购方需要通过详尽的财务尽职调查识别和评估传统意义之外的债务（尤其是类债务），避免在交易后偿还不必要的债务，导致经济损失。

净债务及类债务的调整机制一般为：以估值起点为企业价值为例，在交易完成日，留在目标企业账面上的溢余现金或债务需在企业价值的基础上加上或扣除，调整的这部分将在并购交易完成后由并购方接手。

3. 营运资金分析

营运资金反映了企业可供正常经营的流动资金净额水平。根据前述净债务调整的机制，在交易完成日，溢余现金加回至企业价值中，即需由并购方支付给目标企业，因此目标企业为了提高自身价值，很可能会将营运资金尽可能多地转变为现金。为了尽量避免这种情况对并购方的不利影响，并购方在临近交易完成日时，需结合财务尽职调查的结果，与目标企业约定一个目标营运资金，即相对正常化的营运资金。

营运资金具体调整机制为：将目标企业在股权交割日的实际营运资金数额与事先约定好的目标营运资金数额进行比较，若股权交割日的实际营运资金小于目标营运资金，则目标企业需向并购方补偿相应差额。

综上所述，利用以上分析的结果，并购方可以对目标企业的估值进行一系列的调整，并计算出最终的交易价格。如图 4.2 所示，进一步梳理形成财务尽职调查对估值模型的基本影响。

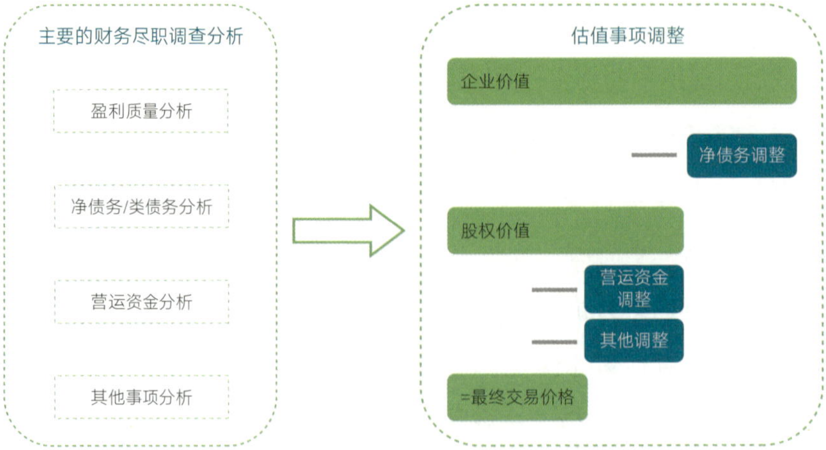

图 4.2　财务尽职调查对估值模型的影响

四、财务尽职调查相关案例与分析

通过尽职调查发现税务风险后，并购方可以要求目标企业补缴税款，可以通过对交易架构、交易价格或支付方式的调整维护自身利益，除此之外还可以通过并购双方的沟通在交易合同中加入保证条款和赔偿条款，或由目标企业股东出具承诺书、衔接双方所在国家和地区的税务机制。

在开展在澳大利亚的某并购项目交易时，项目团队经过详尽的尽职调查，通过公开税务数据库，获悉澳大利亚税务局（ATO）拟对目标企业开展税务审计，且追缴期长达 6 年之久，意味着税务审计无法在并购交割发生前完成，将会为项目带来重大不确定性。经研究，项目团队最终主要通过如下三种方式减少该不确定性带来的风险。

（1）尽职调查发现并确定澳大利亚税务局税务审计的重点内容，主要包括贷款利息用来抵扣应缴所得税（即“税前抵扣”）是否恰当，税务亏损是否可结转等。

（2）在估值模型中进行相应的调整。项目估值时客观审慎，基于尽职调查对 ATO 审计潜在风险的分析，团队对不同审计结果下的损失影响进行了大量模拟测算，不断完善估值假设，反复校正估值模型，较好地将这一不确定事项纳入到了资产估价中。例如，由于 ATO 税务审计无法在收购公司股权的交割日之前完成，买方充分估量未决审计的负面影响，在财务估值假设中将目标公司可用于今后扣减纳税额的税务亏损假设为零，将大部分风险客观地体现在估值中。

（3）在股权购买协议中增加索赔条款。未能量化的事项，项目团队通过与目标企业和卖方财务顾问进行沟通，决定在协议中增加索赔条款，要求条款明确规定 ATO 审计的最终裁决若对项目公司产生不利影响后，卖方向公司的支付价格补偿上限。最终在实现成功中标的同时，最大程度地保障了公司权益。

在项目交割一年多之后，ATO 审计结果正式确定，买方依据协议严格履行告知义务并正式向卖方提出索赔请求。就索赔方式、相关授权等事项进行审议，保证了决策的科学严谨。由于买卖双方在每一环节都严格遵循了协议约定，使卖方及时清楚地了解到 ATO 审计相关工作的进展情况，并按澳大利亚法律的特定要求制作了非常规范的法定声明书。因此，在收到索赔请求后，卖方未提出任何质疑，根据协议约定在 20 个工作日内如期支付赔偿款。

补充阅读 财务尽职调查的优化及完善

（一）效率的提升：利用风险评估思维矩阵

海外并购在进行财务尽职调查过程中，前期最重要的一项工作是识别并评估目标企业的内部控制风险。财务尽职调查团队在衡量企业内部风险因素时，需在风险与收益之间作出权衡，即不仅要根据历史数据推测风险发生的可能性，还要对风险事件一旦发生所导致后果的严重性进行研判。由于海外并购交易规模往往较大、涉及的财务风险事项较为繁多，在实务中，利用如下风险评估思维矩阵可在一定程度上提高财务尽职调查风险识别和评估的效率，具体见表 4.6。

表 4.6 内部控制风险评估思维矩阵

后果 / 风险 / 可能性	(0.001，0.01)	(0.01，0.02)	(0.02，0.2)	(0.2，0.5)	(0.5，1)
A、灾难性	较重要	很重要	很高	严重	严重
B、严重	中等	较重要	很重要	很高	严重
C、一般	较低	中等	较重要	很重要	很高
D、轻微	微不足道	较低	中等	较重要	很重要
E、可忽略	微不足道	微不足道	较低	中等	较重要

（二）观念的改变：更加关注并购方战略发展

财务尽职调查不应只是按照尽职调查清单一成不变地进行财务数据分析，更应从并购方战略发展的角度出发，理解并购方的真实战略目标，同时深入理解目标企业的战略意图，进而找准关键风险因素的切入点，实现既有针对性又全面的高效财务尽调。

第三节 税务尽职调查

一、税务尽职调查概述

在海外并购实践中，目标企业潜在的税务问题可能会给并购方带来不确定性，所以在海外并购执行之前，开展有效的税务尽职调查是十分有必要的。税务尽职调查是企业针对目标公司、卖方、交易完成相关的税务事项开展的针对性尽职调查，识别目标公司税务基本情况、潜在税务风险等，从而更好地评估目标公司的营运状况和交易对价。

充分翔实的税务尽职调查，有利于降低买卖双方信息不对称性，避免不必要的税务损失，同时为准确开展目标公司（或股权）估值、进行交易协议谈判奠定扎实基础。通过有效完成税务尽职调查工作，可以实现将买方并购风险控制在可预期、可接受的范围内，也可以基于良好的税务发现适当提高项目投标报价，增强投标竞争优势。

具体来说，在并购决策时，税务尽职调查可以通过分析目标企业的历史税务事实来辨别是否存在重大税务风险敞口，从而决定并购交易是否继续进行。在并购实施时，税务尽职调查不仅可以为估值模型提供合理的参数建议，还可以通过识别出的税务风险对企业估值和交易价格进行调整，帮助并购方在价格谈判中争取比较有利的位置，减少因税务问题带来的风险。

二、税务尽职调查的内容

与国内并购不同，跨国投资并购在全球范围内寻找投资标的，由于各个国家的税务政策存在差异，稍有不慎都可能带来经济或声誉损失，因而对税务尽职调查的要求更高。税务尽职调查需对不同国家、不同税制、不同税务身份的海外目标公司，从宏观层面上判断整体风险，从微观上识别风险发生的可能性，确保最大化反映风险、降低风险。通常情况下，税务尽职调查围绕目标公司外部税务环境、目标公司税务事项、交易行为涉税风险、与卖方相关的涉税事项四个方面展开。

1. 目标公司外部税务环境方面

目标公司外部税务环境税务尽职调查包括目标公司所在国家或地区宏观税收环境、针对目标资产所处的能源资产行业税收政策、当地有关税务事项处理惯例。通过审阅或分析外部税务环境，识别目标公司所处税务环境整体稳定性和友好性。如果在项目观测期就发现所处的外部税务环境变化频繁、税负过高，则应在项目开展过程加大尽职调查力度，更加审慎地评估税务风险。在极端情况下，如整体税务风险大、投资回报低下，可以选择提前终止项目。同时，应重点关注目标公司所处国家或行业特殊税务规定，准确评估实际税负。

2. 目标公司税务事项方面

针对目标公司的税务尽职调查，应重点考虑目标公司基本纳税与合规情况，目标公司内部税务控制制度，目标公司税务检查、稽查、争议和诉讼情况，历史期间税务优惠适用以及目标公司与境内外关联方的关联交易情况等内容。

以目标公司重大交易、重组情况为例，其涉税分析主要包括目标公司历史上的重大交易事项中是否存在对本次交易的不利税务影响；历史上、正在进行中或计划内的内部重组事项，分析潜在的不利税务影响；若存在本次交易前需完成的架构重组，应关注对本次交易潜在的不利税务影响。根据卖方出售意愿和持股架构，在只出售其中部分业务的情况下，卖方会在交割前进行业务剥离和拆分，并设置新的控股公司，应重点关注卖方在交割前重组方式及完成情况，分析重组是否产生额外的税负、是否存在税收递延等情况。同时，针对以前期间已经完成的重大交易或重组事项，关注其税务处理是否恰当，是否依法履行纳税义务、代扣代缴义务等。

3. 交易行为涉税方面

一般来讲，常见的交易涉税事项包括印花税和资本利得税。交易行为涉税主要是由交易本身引起，即随着交易完成而发生的涉税事项及风险。其主要包括：目标公司所在国家或地区是否征收资本利得税或类似税种（国家税和地方税等）；投资并购行为潜在的流转税情况、征收机制；交易相关的印花税、土地使用权转让税等税种、税率、交税期限等；涉及海外主体时的代扣代缴要求和操作规范。

4. 与卖方相关的涉税事项

交易涉税事项将会一定程度地影响卖方未来实际获得的交易收益，是衡量买方报价竞争力、影响卖方决策中标主体的重要因素。其主要包括：关注卖方背景信息（卖方最终控制人、直接交易主体），如卖方所在地针对资产出售的税法规定、资本利得税等；卖方要求的出售方式，资产出售或股权出售、拟售比例或权益份额，考虑买方未来股息汇回相关税务抵免的税负、利润留存海外的受控外国公司风险、税收协定适用性等；卖方要求的对价支付方式是否存在税务优惠。

以支付方式为例，股权支付和现金支付通常会存在一定的税务处理差异。现金支付的方式交割流程耗时短、支付路径清晰，交割争议少，是最常见的资金支付方式；股权支付可能在税务上享受递延纳税的好处，一定程度上降低了卖方的交易税费。

三、税务尽职调查与估值调整

（一）税务对估值模型的影响

在跨国投资并购目标资产估值中，税务影响主要体现在估值使用的税务基础假设、估值涉税会计处理、税务架构筹划及税务负担、融资成本的税务影响、重大涉税事项的价格调整等方面。以最常见的现金流折现估值模型为例，税收政策改变对企业未来现金流出的预期，折旧又会通过抵税影响实际现金流。

税务参数是确定未来目标公司现金流量和折现率的基础假设。搭建估值模型需详细了解目标公司所在国的税制，对各类税种设定合理的税率及税基，以便测算目标公司需支出的税费。同时，企业适用税率也会影响企业的加权平均资本成本，从而影响折现率。税务、会计处理将影响目标公司未来利润和现金流量的计算。估值模型基于现金流计算，而由于税务上的资产折旧、亏损处理等都可能与会计不同，通常需要基于会计净利润进行一定的调整，才能准确反映企业真实的现金流情况。税务成本将影响企业净负债的确认。如历史期间的税务诉讼、税务事项准备金等预期大概率会发生的税务成本，应考虑视为类负债科目进行价值调整。税务环境影响可比交易或可比公司的选择，应尽可能选择税务环境一致的交易或公司，针对税法发生重大变化或存在重大影响税务事项的情况，应进行适当调整，最大化剔除税务的影响。

（二）税务在估值模型中的应用

（1）为模型提供基础的税务假设。企业所得税现金流出是计算企业自由现金流的重要扣除项，应尽可能严格地按照法律规定的所得税征管规定计算年度应纳税额，主要包括确定所得税应税收入、营业成本、税务折旧、利息费用扣除等，以及适用税率。如果涉及重要的流转税，也应在企业的现金流中进行反映。当然，无法排除税法规定了税制后又发生调整的情况，税法的不确定性加大了估值的难度。但在项目开展前期，则应依据对当地市场和税收环境的判断，尽可能确定最贴近实际情况的税务假设。对于可预见的税法改革，应按照改革之后的计税基础和税率进行测算。模型实操中可以适当简化所得税的计算过程，但应保证基本逻辑和实际税率与目标公司真实状况不存在重大偏差。

（2）进行估值模型的税务会计计算。应缴税款关系企业现金的流入流出，直接影响估值结果。企业开展并购交易时需关注目标资产应按照当地税法规定确定年度应交税金、递延所得税及所得税费用等科目的计算和调整方式；关注会计和税务差异的调整、计算税务折旧调整、税务拨备事项和税务或有事项的调整等；关注计算递延所得税资产，如历史期间税务亏损结转等。

（3）针对税务尽职调查风险量化扣除。对于税务争议、诉讼赔偿等可能带来企业现金流出的税务风险，应尽可能将其量化，从项目估值中扣除。如应由卖方承担的历史期间应交未交税款、因错误的税务估计或处理导致的少交税款、可能被追回的税务优惠及相关的滞纳金和罚款等，则买方可以根据评估情况从企业价值中扣减该部分金额。通常包括两种处理方法：一是纳入估值基准日的扣减项，二是不纳入估值基准日的价值扣减项，但是在未来自由现金流预测中考虑相应的现金流支出。一般情况下，如果短期内发生且金额能够比较精确测算，不易成为并购交易双方的谈判分歧点，可作为调减项扣除估值；反之则可以在未来自由现金流予以考虑。同样，如果在卖方提供的现金流预测中存在税收返还（即可能从税务机关收到退税等）情况，也应充分评估能收回的可能性，如果买方不认可该部分现金流，可将其从估值中调出，或约定未来实际收回时另行返还给卖方。

（4）确定税后融资成本、资金回流税收成本。一方面，估值应考虑多主体融资的税后影响。在国际上开展项目融资，不同的国别融资主体、融资方式，会产生不同融资成本和利息税前抵扣等结果，改变目标公司层面的股东现金流，并且影响并购方实际的资金成本及投资回报比较。例如，一般企业在向海外银行、金融机构融资时，银行会要求收到净利息收入，由企业承担利息预提税，这时利息预提税会影响最终真实的融资成本。另一方面，由于跨国投资并购中通常会涉及多个国家不同的投资主体，存在直接投资或间接投资、股权投入或债权投入的差异，根据不同投资主体、投资路径下，资金回到投资方时将被征收不同程度的股息预提税、利息预提税，因此需要准确测算每一种投资路径下收购方可享受的税后回报率，开展敏感性情景分析也可以辅助确定最优投资路径。在项目退出阶段，企业也同时需要考虑潜在的资本利得税影响，相应的税收支出也会是影响终值的重要抵减项。

（5）影响交易协议条款制定和协商。针对尽职调查发现的税务风险，对于可以量化的税务风险，审慎反映在项目估值中扣除，对于无法预期税务风险发生的可能性或者无法量化反映金额的事项，在具备条件时可以考虑不同情形下的估值结果。对于预期风险可控、不影响估值或双方协商不在估值中扣除的税务事项，通过技术、成本等因素分析发生可能性，结合交易协议谈判和卖方约定设置相关条款。如对于目标公司基本纳税情况，设置税务陈述与保证条款。体现为卖方承认提供了审阅期间的财务报表，披露了重要的税务和会计处理规则，卖方保证历史期间已经期间依法合规完成纳税申报、不存在重大税务争议和潜在税务处罚事项，卖方保证对于可能存在的税务风险（如正在进行的税务审查、税务诉讼等）都已经进行了充分详细的披露。如对于潜在的税务诉讼、税务处罚等事项，设置税务赔偿条款。通常对于卖方已经披露的事项，由于买方知情，即使违反了卖方的陈述与保证，卖方依然不需要承担责任。但也可以提前约定，在发生争议后、达到一定的金额阈值后，由双方通过协商、仲裁或者诉讼的形式进行索赔。

四、税务尽职调查重点事项与分析

税务尽职调查的结果能对交易价格起到直接调整作用，因此，在进行估值假设时需要充分考虑税务尽职调查的结果，以帮助并购方作出合理的财务预测、得到反映目标企业真实情况的估值。

事项一：纳税申报合规性

如果在交易发生前，并购方没有将目标企业历史遗留的税务问题进行充分发掘，那么这些问题都将由并购方承继。在实务中，历史遗留的税务问题包含很多方面，主要来源于纳税申报及缴纳的合规性以及获得税收优惠的合规性等。

一方面，团队在税务尽职调查的过程中，应基于目标企业所在国的税务体制，了解并评估目标企业的税务申报和缴纳情况，调查范围不应只局限于企业所得税，还应重点调查印花税、流转税、房产税、资源税等其他税种，并结合电力行业的特殊性和目标企业的实际营运状况剖析企业税务申报和缴纳的合规性。对于不合规或存在合规隐患的税务问题，可量化的部分可以直接对交易价格进行调整，难以量化的部分可以通过保护条款获得保障。除此之外，并购方还可以要求目标企业在交易完成前对不合规的历史税务问题进行解决（解决方式包括但不限于税款补申报、补缴、计提等），从而直接规避相关税务风险。

另一方面，目标企业基于当地政策获得的税收优惠以及可使用的税务亏损情况也是历史税务问题的调查重点。税务尽职调查应充分了解目标企业所享有的税务亏损及税收优惠是否合规，以及这些政策是否会因并购交易的进行而被取消，以免在并购完成后给并购方带来不必要的亏损。

事项二：未决税务事项

未决税务争议或未决税务诉讼通常都对应着具体的事项，一般情况下都可以进行量化，但相较其他财务风险，并购方很难通过价格调整对税务风险进行管理。例如，当目标企业处于一桩未决税务诉讼中时，目标企业可能会认为该事件的结果较为乐观，无需对当前财务进行风险防控（计提相关税金准备等）。

但并购方考虑到潜在的税务风险，在通过税务尽职调查发现该未决税务诉讼后，出于谨慎性原则，会要求目标企业将该诉讼的潜在风险纳入负债的考量范围内，这就导致并购双方容易对交易价格产生重大分歧。如果在并购交易完成前目标企业没有就未决税务诉讼给并购方提供合理的风险补偿，并购交易完成后，一旦最终法院的判决结果对企业不利，则并购方很可能会面临不必要的巨额损失。因此，并购前交易双方有必要就未决税务事项进行充分的谈判，以寻求双方都可以接受的解决方式。

事项三：合并纳税事项

当合并纳税制度在目标企业所在国家和地区适用时，目标企业可以与其成员企业盈亏互抵、合并纳税。如果并购交易的发生导致目标企业原本所处的合并纳税集团解散，则可能会带来连带纳税责任问题或补税操作。因此税务尽职调查还需重点关注目标企业所在国家和地区的合并纳税制度，并调查目标企业的相关税务操作的合规性。

事项四：税务尽职调查风险应对

对于性质明确的、金额及后果容易量化的税务问题，可以通过交易价格的调整来解决，这类的调整可能会加大商业谈判的难度，也可以考虑引入托管账户机制。托管账户机制是指，从并购方的交易对价中抽取一部分存入第三方机构提供的资金托管账户中。若目标企业的税务问题在双方约定的期限内实际发生，则相应的损失将会从托管账户中被扣除，期满之后，目标企业获得托管账户中的剩余金额。然而托管账户机制也不是完美的，由于托管期限限制，这种机制并不能涵盖所有的税务风险，只能解决期限内的合规性税务风险问题。对于金额和后果不易量化的合规性问题，并购方可以通过合同保护条款进行风险防范。

第四节　法律尽职调查

一、法律尽职调查概述

法律尽职调查是指在公司并购、证券发行等重大公司行为中，由律师进行的对目标公司或者发行人的主体合法性存续、企业资质、资产和负债、对外担保、重大合同、关联关系、纳税、环保、劳动关系等一系列法律问题的调查。目前，企业在进行海外并购时面临着复杂的法律风险，法律风险不仅从微观上与目标企业的经营行为有关，还在宏观上与目标企业所属行业、所在国家或地区的法律体系密切相关。

这些法律风险主要分为国家立法层面和企业实际操作两个层面。国家立法层面应包括国内法和国际法两部分，国内法包括母国和东道国对投资限制、竞争秩序、证券市场收购等的法律法规，国际法包括双边协议规定、多边协议规定、区域法律规定和国际惯例等。而从企业操作角度，要防范海外并购时产生的法律风险，必须重视并购前的法律尽职调查，包括对东道国法律政策的调查和对目标企业本身的调查等方面。

因此法律尽职调查的重要性，一方面体现在帮助并购方深入挖掘目标企业股份或资产的全部情况，从而确定更为合理的目标企业估值，并在谈判时提出相应的法律解决建议以要求目标企业进行补正；另一方面体现在有助于并购方提前识别目标企业存在的潜在法律风险，以采取措施降低并购后发生意外法律事件的可能性。

二、法律尽职调查的内容

法律尽职调查与前述两节的财税尽职调查，在具体关注内容和方法等方面均有一定的差异。在调查内容上，财税尽职调查的主要内容是目标企业的财税状况，核心是财务报表的核查；而法律尽职调查的主要内容是发掘企业的法律风险，核心在于确认目标企业法律相关情况的真实合法性。在调查方法上，财务尽职调查侧重通过分析财务报表中的数据来发现风险，而法律尽职调查由于侧重材料真实性和合法性的核查，因此不需要对数据进行复杂的剖析。

同其他尽职调查一样，法律尽职调查也是贯穿投资并购前—中—后的每一个阶段。本节按照海外并购流程，分析海外电力资产法律尽职调查的核心关注点，划分为并购前项目遴选阶段、并购中项目推进阶段和并购中后期起草并购协议和后期整合。

具体而言，对东道国法律政策的调查主要包括东道国法律制度、劳动法律制度、环境保护制度、外资准入制度、外汇管制制度等与并购密切相关的法律制度；对于目标企业本身的调查，核心关注点首先是并购交易的商业计划，这是并购交易的基石，其次应是目标企业的相关事项，如基本信息、股权结构、历史沿革、业务情况、主要财产、债权债务、诉讼仲裁等。

1. 并购前期——项目遴选阶段

首先，项目遴选阶段不仅涉及对目标企业自身的筛选，还需重点研究目标企业所在国家和地区的系统性风险，即其政治环境和监管体系是否稳定、是否有外汇管制、当地是否有成体系的法律法规等。例如，充分考虑目标企业所在国家和地区的电力监管框架如何，监管规则是否完善且透明，以及对外资准入的限制如何等，这些因素都会影响到后续并购交易的开展。

其次，法律尽职调查还会考虑项目的审批风险，以及后续被目标企业所在国家或地区进行私有化的风险等。为了避免不必要的风险，并购方通常更倾向于投资那些对外资限制较少的国家，但对于目标企业的选择标准也不是“一刀切”的。这些国家不一定都适合投资，例如某些市场对外资并没有太多的限制，看似适合投资，但因其监管制度不像发达经济体那样透明，即便是开展详尽的法律尽职调查，也还是会存在无法顾及的风险漏洞。因此在进行尽职调查时，需要对项目的风险进行综合评估，并充分考虑未来退出时能否获得应有的保障。

最后，法律尽职调查团队的专业性会对目标企业的确定、并购计划的调整，特别是并购意向书的签署提供至关重要的专业支撑。以并购意向书的签署为例，意向书虽然不具备法律效力，但签署的内容通常是后续并购工作开展的关键依据，且原则上很难在项目推进的过程中再对意向书中的内容进行修改。因此如果意向书的签署环节缺少了尽职调查团队的参与，则很可能会使得意向书内容有所疏漏，影响并购方的利益。

2. 并购中期——项目推进阶段

经过遴选阶段对项目的筛选，并购方已经基本确定了要收购的目标企业。接下来需要尽职调查团队在一定的时间内完成对目标企业的尽职调查。针对目标企业的法律尽职调查涵盖的领域十分广泛，关注点主要集中在以下方面：

（1）股权结构及组织结构。企业的股权结构不仅可以呈现出企业的股东及其持股比例，还可以反映企业的实际控制人以及股东间存在的委托持股关系，这是发掘关联方及关联交易的重要基础。组织结构是了解目标企业组织形式及各部门职能最直接的渠道，也是反映企业管理和经营合理性的一手信息。因此，对股权结构及组织结构的梳理和剖析是法律尽职调查的重点工作之一。此外，项目企业的基本情况，包括登记、存续及注册资本缴纳等也是法律尽职调查的首要关注点。

（2）关联方及关联交易。由于关联交易可以从各个方面渗入企业的经营和管理中，所以在进行法律尽职调查时，应格外注意从各细节上把握关联交易对并购事件的影响。值得注意的是，财税尽职调查中也会对目标企业的关联交易进行详尽的调查，且财税尽职调查侧重于从会计、税务的角度评估目标企业与其关联方的现金流向和对应风险，而法律尽职调查对关联交易的研究则更注重公允性本身，即从协议文本的角度分析目标企业与关联方的协议合同是否隐含利益输送的内容、是否符合市场安排等。如果在法律尽职调查的过程中识别出关联交易的合同存在问题，并购方有权要求终止利益输送，甚至通过协商，在后续交易文件中设置索赔条款。当然，有些关联协议是目标企业存续所必需的，一般情况下只要其符合市场公允，就不会被要求终止。

（3）主体资格。目标企业的主体资格是否完备不仅影响着相关机构的审批流程，还会影响并购后的项目经营，例如目标企业是否具备有效的电力业务许可证、特许经营权是否受当地法律保护等都会对项目的合法性和项目未来盈利能力产生影响。

（4）治理架构及人事（劳工）情况。由于治理架构和人事（劳工）情况在一定程度上制约着公司的经营能力和发展前景，特别是电力行业对专业性要求很高，所以目标企业当前的治理架构是否合理、核心技术人员的留任情况等则成为制约企业长期发展的关键因素。具体而言，企业是否签订了劳动协议、是否已足额缴纳企业年金、企业与管理人员签订的劳动合同中是否有长期激励计划，等等，都是团队在进行法律尽职调查时的关注重点。除此之外，还要关注裁员、员工薪酬福利、劳动合同承继等劳动法相关问题。只有在并购交易发生前将目标企业的治理和人员情况了解透彻，确保业务与人员相互融合，才能保障并购完成后交易双方工作的顺利转接，避免并购后出现因人员流失和治理不当带来的长期阵痛。若在法律尽职调查过程中识别出上述相关的风险，可提出合理的解决方案；对于当前无法解决、无法量化的问题，可以通过协议条款进行补充。

（5）重大资产所有权及重大债权债务情况。无论并购方式是资产收购还是股权收购，重大资产的所有权和重大债权债务情况的核查永远是尽职调查的重点内容。对重大资产所有权的调查中，首先要验证资产真实的权利归属情况，并获取资产权属良好的证明；其次要调查权属流转的具体情况，确保重大资产的所有权明确、真实且合法。例如，输配电企业在施工过程中涉及用地问题，线路经过的土地是否已签署协议、是否涉及纠纷或诉讼等都是确定不动产所有权时需要重点关注的问题。除此之外，还需调查设备厂房的状态是租赁还是自有等重大资产所有权的归属情况。

（6）重大合同及对外融资情况。并购交易的实质是并购方通过目标企业资产的升值获取盈利，因此在法律尽职调查的过程中，需要目标企业提供重大合同的相关证明文件。在取得合同对方同意的前提下，团队会依据相关法律法规对合同的证明文件进行核查，确保合同所述事件发生的真实性、合法性和有效性，同时根据合同评估目标企业的履约能力。例如，就电力行业而言，通过对施工合同、设备采购合同和售配电合同等重大合同的核查，可以判断目标企业是否存在重大违约情况，以及目标企业的历史违约率等。

目标企业的对外融资情况同样是法律尽职调查工作的重中之重。对外融资方面，企业签署了哪些融资协议、协议中有哪些关键条款和约定、企业是否认真履行了协议中规定的义务等，都是法律尽职调查关注的关键因素。此外，法律尽职调查还应格外关注融资协议中违约条款的设定。例如，违约情形的界定中是否包括交叉违约条款，以及违约事件是否会触发控制权的变更。

（7）诉讼风险。对诉讼风险敞口的评估是法律尽职调查的结果与估值联系最直接、最紧密的一部分。通过法律尽职调查，首先要确定诉讼的数量及种类，其次就是对诉讼风险敞口进行定量评估。如果是足以终止交易的诉讼事件，需尽早提出、尽快决策；如果诉讼事件不足以影响交易的进程，则需定量反映至估值模型中，无法定量的部分可以通过协议寻求保障。海外并购交易中常见的诉讼可以分为民事诉讼、刑事诉讼、行政诉讼和劳动诉讼。

一是民事诉讼。企业日常运营过程中，很多问题事项都属于民事诉讼的范畴，且目标企业既可能作为原告，也可能作为被告。例如，就电力行业企业而言，电网设备运营不当导致设备等财产损坏；居民偷电、窃电导致企业起诉居民；目标企业触发违约事件后，合同对方对其违约责任进行追责等，都需要通过民事诉讼解决。

二是刑事诉讼。对于电力行业等可能有重大安全隐患的行业，一旦发生事故，很可能会导致后果严重的人员伤亡和财产损失，甚至会带来诸如森林火灾等严重危害公共资源和环境的灾难性事件，这样的事件均构成公共安全刑事诉讼事件。在进行法律尽职调查时，应尽可能多地搜集相关诉讼案件的有效资料，对当事人、案由、标的、审级、判决结果等进行详细分析和核查，确保无一疏漏。

三是行政诉讼。目标企业面临的行政诉讼主要来源于主管机构对企业的处罚，原因有很多，比如企业由于运营疏漏导致电力设备漏油，引发重大环境问题，就会受到相应行政机关的巨额罚款，同时还要承担土壤修复的职责。就行政诉讼或处罚而言，尽职调查应重点关注处罚实施机构、处罚原因和处罚结果。

四是劳动诉讼。劳动诉讼的占比相对较低，一般情况下所涉及的金额也不高，但几乎每个企业都会面临此类诉讼。劳动诉讼的起因通常是员工要求加班费、离职补偿、提高其基础薪资标准等。

（8）目标企业的投保情况。对于以上所述的诸多风险，目标企业自身的保险可能已有覆盖，因此法律尽职调查团队通常会综合目标企业的承保情况，对风险事件的风险敞口进行综合判断。具体而言，电力行业企业通常情况下都会投保，通过投保可以起到风险转移的作用，例如因地震、森林火灾等自然灾害引起的电力设备的损坏造成的损失均可通过保险进行补偿。当目标企业的资产情况较为复杂时，并购方往往会聘请专业的保险顾问对相关材料进行审阅，最终由法律尽职调查团队的律师综合保险顾问的意见进行综合判断。此外，对于在估值中难以量化的风险敞口，则会在协议中寻求保护。

3. 并购中后期——起草并购协议和后期整合

并购方在完成各项尽职调查后，会结合尽职调查的结果决定是否继续推进并购交易的进程。若并购方经过考量，最终决定继续推进，则需开始准备并购协议的起草工作。并购协议通常由并购方聘请的律师起草，最大限度地保护并购方的权益。在起草过程中，律师会依据尽职调查的结果对并购风险进行详尽的评估，并确定并购方式、交易结构及交易价格等关键要素，形成并购协议草稿。在正式的并购协议谈判之前，交易双方会各派律师就并购协议草稿中的事项进行反复磋商和修改，得到并购协议谈判稿，即供正式谈判时使用的文件。

并购的完成并不意味着交易事件就此结束，并购后的整合工作同样重要。从法律的角度来说，后期的整合工作不仅包括调整目标企业经营和治理相关的法律文件，还包括后续并购方需向有关主管机构提交的必要法律文件等。

三、法律尽职调查与估值调整

法律尽职调查是指投资方在进行投资决策前对目标公司进行全面深入的调查，以确定投资风险和投资价值。如果尽职调查结果出现重大问题，投资方可能会放弃投资或要求降低估值。此外，如果没有进行合适的尽职调查，可能会导致未预料到的法律问题和损失。因此，在投资过程中进行充分的尽职调查非常重要。

案例一：集体诉讼

除了民事诉讼、刑事诉讼、行政诉讼和劳动诉讼四种类型的诉讼之外，还需特别注意集体诉讼案件。集体诉讼不从属于以上四种诉讼的任意一种，案件性质多样，可能属于民事诉讼，也有可能属于劳动诉讼。集体诉讼通常呈现出金额巨大的特点。就电力行业而言，集体诉讼往往发生在高度重视环保的国家，例如巴西出于对热带雨林和当地居民的保护，会制定当地特殊的法律法规，电力企业建造的电网途经热带雨林时会在一定程度上破坏原有的自然生态，此时当地的环保团体或其他第三方团体会根据当地特有的法律法规对该电力企业提起集体诉讼。对于此类诉讼，团体胜诉的概率不一定大，但一旦胜诉便将面临巨额的赔偿金，因此尽职调查团队在评估此类诉讼的风险敞口时，无需在估值模型中体现全部的索赔金额。并购方在尽职调查过程中若发现集体诉讼事件，可以结合当地律师的建议，对诉讼的胜诉率和索赔金额等进行综合评估，暂时无法量化的部分可以通过在协议中添加“特别赔偿条款”的方式向目标企业争取全额保护。

案例二：协议条款和保险赔偿

经法律尽职调查发现，目标公司出售的前两年，当地发生了严重的森林火灾，森林火灾共造成了 119 人死亡，目标企业因此成为被告。山火的集体诉讼案各方（包括目标企业在内）在法庭听证前达成和解协议并确定赔偿金额上限，但听证会日期和起诉方要求的索赔金额都还没有确定。

如果目标公司败诉，则需赔付一定金额，但由于该诉讼风险无法量化，并购双方最终决定通过增加协议条款的方式解决，森林火灾诉讼败诉可能引致的损失将由保险公司或目标企业提供补偿。目前上述森林火灾诉讼都已结案，且均由保险公司予以赔偿，较好地覆盖了由诉讼事件带来的损失。

法律小组在进行尽职调查时，除了要完成上述法律尽职调查的内容，还应与财税尽职调查、技术尽职调查密切配合，确保各职能尽职调查能够相互补充，共同推进并购交易的工作进程。例如从法律角度对关联交易进行尽职调查是对财税尽职调查的补充，能够帮助并购方从公允性的角度识别目标企业关联交易中的风险；而从财税、技术尽职调查中发现的风险可以在协议谈判中充分解决，保证交易双方能够就风险问题达成一致，从而为后续的运营和管理奠定坚实的基础。

第五节　技术尽职调查

一、技术尽职调查概述

斯蒂芬·J·安德里奥在《技术尽职调查：服务于首席信息官、风险投资者、技术供应商的最佳实践》一书中对技术尽职调查的定义是为了强调技术要素而进行的尽职调查过程。随着社会各行各业的发展，由于行业特性各不相同，在并购交易中，尤其是海外资产并购中，仅进行财税尽职调查、法律尽职调查等传统职能的尽职调查已无法满足并购方对目标企业技术要素进行深入探究的需求，因此技术尽职调查逐渐成为各行业进行海外并购时的重要考量之一。本节所述的技术尽职调查主要指并购事件中，尽职调查方法在技术相关事务决策时的应用，包括目标企业真实技术水平研判、目标资产技术价值探究、目标企业技术风险识别等。

在实务中，并购方可以通过技术尽职调查帮助调整资产价值及交易条件，对商业计划中的估值参数进行检测和校正，如运营性支出和资本性支出等；并深入了解目标资产真实的生产运营实力，评估资产质量和技术风险，同时对项目未来的资产盈利能力和现金流支出进行预判。

二、技术尽职调查的内容

对于电力行业的海外并购，由于其能源依赖性较强，受国家监管限制较多，因此并购前期技术尽职调查团队需详细了解目标资产所在国家和地区的能源结构，以及当地电力行业的监管政策等，为后续并购交易的顺利进行保驾护航。

具体而言，除了研究能源分布及储量、掌握宏观经济发展现状及发展前景，还应分析目标企业所在国电力市场对行业发展的影响。例如，通过分析当地电力市场供需的历史数据预测电力市场的未来趋势、评估输配电等细分行业的现状及未来可能发生的变化等。

监管方面，除了其他职能尽职调查所关注的国家整体制度监管风险，对于海外电力资产并购，技术尽职调查应格外关注目标企业所在国电力行业监管机制的调查研究，把握所在国电力市场对外资的开放程度、电力行业监管的历史沿革及未来走向，形成对所在国监管体系的总体认识。可以从以下几个方面展开：目标企业所在国涉及电力行业的法律法规、所在国电力行业的监管机构及其核心职责、监管收入的计算及调整方式、绩效指标与监管标准之间的影响、监管机构对目标企业及相关方的许可情况等。

企业层面，技术尽职调查的调查对象包括但不限于目标资产质量、设备及工程情况、生产运营效率等。常用的技术参数，见表 4.7。

表 4.7 常用技术估值参数的主要内容

技术估值参数	作用与意义
资本性支出	决定目标公司未来监管资产基础，进而影响监管收入
资产性支出转化为监管资产基数（RAB）的比例	决定目标公司未来监管资产基础，进而影响监管收入
资产已使用年限	决定未来大修、技改及设备更换的维护性资本性支出
设备设计缺陷、质量问题	决定未来大修、技改及设备更换的维护性资本性支出
网络负荷情况	决定扩容、升级等扩展性资本性支出
运营费用	决定监管收入及实际运营费用
量及价格预测	决定未来收入情况
用户数量预测	决定未来收入情况
线损水平	超过监管允许水平的线损将对目标公司收入造成负面影响
运营绩效指标	决定是否可以获得监管奖励或者缴纳罚金
装机容量	决定未来收入情况

续表

技术估值参数	作用与意义
容量系数	决定未来收入情况
保证功率	决定未来收入情况
年利用小时数	决定未来收入情况
主设备寿命	决定可获得收入的期限
燃料价格及燃烧效率	决定未来运营费用

技术尽职调查的具体内容以及影响如下：

1. 资产运维情况

为了深入了解目标资产的运营及维护状态，并购方需通过技术尽职调查考察目标资产的运维情况，包括但不限于：

（1）目标资产的运维模式。目标资产的运维模式主要关注企业运维的人员分工、工作流程、风险防控措施等。若企业采用外包的方式进行运维，则需关注外包合同的有效期限、服务范围、协议价格以及外包公司的可替代性；

（2）目标资产的运维成本及绩效考核。对目标资产的历史运维成本进行分析，并与行业均值或其他科学合理的基准进行横向比较，判断目标资产的成本控制水平。同时还需考察目标资产近年来的绩效考核是否达到监管标准，以及对设备进行技改大修的历史记录，进而预测未来进行设备技改大修的概率及支出金额。

2. 资产核计与评估

并购过程中，目标资产所包含的设备数量、质量、剩余寿命和运营状况等是技术尽职调查的重中之重。根据目标企业披露的资产信息，并购方可以对目标资产的具体情况进行核计，进而分析资产质量和技术水平。同时，针对不同类别的电力资产，资产核计内容和范围也有所变化，例如对于输电类资产，核计的重点如下：

（1）变电站。统计目标资产涵盖的变电站的数量、电压等级和容量、变电站线路所经过的地势地形及所处地区气候条件、线路的许可年限等。

（2）核心设备。统计核心设备的数量、剩余寿命、配置及投保情况等。

（3）备品备件。统计备品备件的种类及数量，并重点关注铁塔、断路器、电流互感器、电压互感器等高值备品备件的充足性。

（4）在建资产。统计建设方案、工程进度、预期投运时间等信息。

此外，通过对目标资产的运维调查及资产核计，并购方可以识别出目标资产相关的重大风险，例如因设计或建造问题带来的家族性缺陷、设备或系统发生规模性故障等重大缺陷。针对上述已识别的风险，并购方经过合理评估，有权要求目标企业给出合理解释，同时交易双方可以就具体的风险事项进行沟通协商，确定相应的补偿方式。

三、技术尽职调查与估值调整

前期技术尽职调查的成果可以为后期财务估值提供参数假设，例如资本性支出、运营性支出、收入及电价等关键技术参数的取值，此外，重大设备缺陷导致的额外支出也会对估值带来一定影响。

1. 资本性支出（CAPEX）

关于资本性支出，技术尽职调查重点关注计划外的部分。并购方在对资本性支出进行分析时，应侧重投资期内，目标资产由于设备或系统设计缺陷、质量隐患等导致需对寿命期内的资产进行技改大修的额外重大支出。

在实际的调查研究中，应详细排查可能导致设备故障的根源因素，对于明确会发生的支出应予以量化，并确定支出的时间节点，从而纳入估值模型的考量中；对于暂时无法确认是否会发生的支出，应结合具体资产的运维情况给出预估费用、预估时间节点及发生概率。

以输电资产为例，评估资本性支出时的关注内容可以包括：一次设备和二次设备的预期寿命及更换支出、接地网的更换、铁塔倒塔率的计算以及其他可预见的资本性支出。其中，一次设备是指直接用于生产和使用电能的设备，例如发电机、变压器等；二次设备是指对一次设备进行控制、保护、监测和测量的设备，例如测量仪表、控制电缆等。

2. 运营性支出（OPEX）

通过技术尽职调查，并购方可以获得目标资产运维的关键历史数据，充分了解目标资产的历史运维水平，明确哪些环节可能造成额外的费用支出，从而为运维费用的趋势走向提供参考建议。

在进行技术尽职调查时，对于运营性支出的分析往往是借助历史运维数据对现有的运维策略进行调整，运营性支出的取值一般是固定资产总额的一定比例。历史运维数据可以通过现金流量表计算而得，然后将这些历史数据取均值或做线性回归，得到初步预测的运营性支出。

在此基础上，考虑到并购方的接管和对项目的整合，必要情况下可对初步预测值进行适当调整，进而得到适合纳入估值模型的运营性支出。

3. 重大设备缺陷

通过现场尽职调查或根据目标企业披露的资产状况、维修报告或根本原因分析报告等，并购方可以明确目标资产所包含的重大设备缺陷，并据此判断近期投入使用的设备或系统存在类似重大缺陷的可能性，并估算重大缺陷导致的额外支出。

除资本性支出、运营性支出和重大设备缺陷外，技术尽职调查对估值模型技术类参数的贡献还有很多，且根据资产类型的不同，参数指标的侧重点也不同。例如，对于配电资产，未来电量和用电户数的增长情况是预测的重中之重；对于风电资产，最重要的参数指标包括风电机组设备的容量、净容量系数等；对于火电资产，燃料价格的预测则成为技术尽职调查的工作重心之一。

四、技术尽职调查相关案例与分析

案例：输电资产技术尽职调查的风险识别

D公司拟通过海外并购的方式拓展自身业务体系，E公司是海外某国最大的输电企业，为识别E公司在技术领域的风险，D公司对E公司开展了详尽的技术尽职调查，其中对目标企业所处行业及监管机制、目标资产运维状况等的调查结论总结如下：

1. 行业及监管机制

E公司所在国的经济开放程度较高，整体投资环境较好，也拥有稳定的政治环境，从宏观的角度保障了投资收益。所在国输电市场历史的供需数据也表明输电市场有较为可观的需求增长前景。

透明且有序的监管机制是资产长期稳定运营的重要保障。关于E公司所在国的电力监管机制，并购方经调查发现E公司的新项目是通过特许权招标的形式开展建设的，投资回报期设定为20年，投资回报期满后将项目纳入常规监管资产考核中；监管周期为4年，每经历一个监管周期，都会对资产的价值进行重新核算，从而可以有效解决特许权到期后的资产权属问题。

2. 资产运维状况

作为海外某国最大的输电企业，E公司拥有并负责运维的输电线路长达12000千米，变电站近70座，总变电容量高达1800万千伏安，且相应设备及工程的运维状况整体良好。同时，E公司拥有所在国输电网资产永久的特许经营权。经过对目标资产的运维调查和资产统计，D公司发现E公司的核心设备数量充足，超过96%的在运资产仍处于参考寿命内，备品备件也具有较高的充足率，特别是断路器等高值设备的生产厂商主要由行业龙头企业组成，质量可靠、故障率较低，且并未发现E公司存在任何重大家族性缺陷。

此外，E公司通过对自身风险控制中心的整合，大幅降低了近年来设备和系统的故障发生率，整体运营绩效也在不断提升。

3. 技术风险隐患

尽管通过技术尽职调查，并购方认为E公司资产相关的技术要素整体处于较高的水平，且前景可观，但该公司在定价方面，过高的电价影响了用户用电的忠实程度。这将对E公司今后输电网的扩建带来不利影响。

4. 估值应用

技术小组已完成尽职调查，并进一步审阅了目标企业的补充材料，结合前期对技术领域合同的审查，技术小组可以就具体的技术风险进行提示，例如路权未决事项涉及的赔偿金、备品备件不足或存储不当带来的损失、重大技术隐患导致的或有支出等。

财务和估值团队根据技术尽职调查的结果，对估值模型中的参数进行调整、与卖方沟通谈判交易双方成本分摊。例如，技术尽职调查团队得到目标企业披露的技术相关文件及合同，通过审阅合同内容及资料完整性，技术尽职调查团队可以向法律尽职调查团队反映合同文件潜在的问题，重新审核和认定未来的合同收入及成本支出。例如，设定相应的预测期及未来的资本性支出、运维支出，从而判断预测期和终值期的现金流，准确预测估值。

5. 其他风险保护措施

技术尽职调查识别出的项目隐含的技术风险对法律尽职调查有至关重要的提示作用，法律尽职调查小组可以据此要求目标企业通过陈述与保证、确认赔偿金额等方式尽可能多地减少并购方可能面临的损失，着手拟定相应的保护条款，或组织交易双方就合同问题进行沟通协商，保障并购后的资产能够实现正常运维。例如运维合同的约定价格若与同期行业水平明显不一致，工程建设（EPC）合同中的责任义务若没有被清晰地界定，则应及时提示法律尽职调查团队，法律尽职调查团队应提前做好对应的法律条款设计，具体方式主要包括要求目标企业作出陈述与保证、在协议中明确约定赔付责任等。

第六节 本章小结

对于希望参与国际化运营或扩大业务范围的境内企业而言，在众多风险之中，对并购交易影响最直接的就是交易双方的信息不对称。众多案例也表明，如果企业没有通过尽职调查对并购风险进行识别和评估，则并购很可能以失败而告终，因此对目标企业的尽职调查无疑是海外并购交易过程中风险防范必不可缺的关键环节。有效的尽职调查能够对真相进行还原，将隐藏着的风险逐个展开，从而便于管理层的决策，避免不必要的风险，并对并购后的状况做出合理预期。

本章开篇首先介绍了尽职调查的定义及其重要性，接着在第一节中对尽职调查的作用机制、原则、工作流程、工作方法和分类进行了概念阐述和综述。其中，无论尽职调查如何分类，其作用机制均主要由四个方面组成：价值发现（为估值调整提供定量依据）、风险发现（帮助完善交易保护机制）、为投后管理提供意见和瑕疵调查（挖掘足以终止交易的关键风险）。按照工作职能，尽职调查主要可以分为财务尽职调查、税务尽职调查、法律尽职调查和技术尽职调查等，本章第二节至第五节主要围绕上述四种职能的尽职调查展开，介绍了各职能尽职调查的定义、作用、内容及对财务估值模型的影响路径，并结合具体案例进行分析，最后给出在海外并购范畴内可优化及完善的方向。

尽管关于并购交易的尽职调查工作，国内外各行业已有丰富的经验和指导方法，但在海外并购交易的尽职调查实务当中，尽职调查团队仍然面临很多挑战。尽职调查不仅需要确定各类尽职调查的范围、制定调查计划、尽可能多地识别目标企业在财务、税务、法律、技术等方面的关键风险，还需要在多国别、多语言的客观条件下面对繁琐冗杂的数据和资料。除此之外，由于海外并购的影响因素繁多，重大疾病、自然灾害等黑天鹅事件的发生随时会导致市场或大或小的波动，因此尽职调查得到的结果本质上只是基于正常情况下的合理预期，并不能规避所有的风险，更不能成为获取投资收益的保障。

第五章

融资与架构对估值模型的影响及改善

随着海外投资增加和海外资产项目规模的扩大，中国企业在海外的融资的方式也在不断丰富和完善，越来越少地运用自有资金的同时灵活利用海外资金，这就对融资方案设计和相关理论原理探究提出了更高的要求。

电力行业作为一个资本密集型的行业，其投资项目一般具有资金体量大、项目周转期较长等特点，所以在并购投资过程中要更加注重风险防范和成本控制。资本成本和融资成本测算均受到资本结构的影响，融资结构以及税务架构的优化可以使企业在海外并购中获得低成本资金，也可以在并购过程中充分发挥税盾效应以及利用不同税收政策扩大资金优势，有效控制项目成本，提高融资效率。

本章以资本成本的计量为切入点，首先介绍了加权平均资本成本，分析了不同资本来源的风险溢价，为海外并购提供项目择优支持和风险控制依据。其次是多角度研究了融资架构与路径，重点从涉及主体划分层面阐释了公司融资与项目融资的具体方法。此外，从税务架构和成本控制方面，探讨了企业控制税务成本的必要性和可能的措施。

第一节 资本成本计量

资本成本一般分为权益资本成本和债权资本成本，分别是对股权投资人和债权投资人的风险回报的计量。资本成本是指企业为筹集和使用资金而付出的代价，广义讲，企业筹集和使用任何资金，不论短期的还是长期的，都要付出代价。狭义的资本成本仅指筹集和使用长期资金（包括自有资本和借入长期资金）的成本。由于长期资金也被称为资本，所以长期资金的成本也称为资本成本。同时资本成本是财务管理中的重要概念。首先，资本成本是企业的投资者（包括股东和债权人）对投入企业的资本所要求的收益率；其次，资本成本是投资本项目（或本企业）的机会成本。

在实际并购操作中，加权平均资本成本具有更加广泛的应用，可以将不同来源的资本进行组合计量，并将多种风险因素带来的影响一并包含在内。并购投资过程中，企业作为出资方对项目的加权平均资本成本进行个性化计量，对不同项目的机会成本和投资回报率进行量化比较，使其投资决策具备财务依据和数据支持。同时，资本成本与投资人的风险补偿要求相匹配，其计量影响着项目的融资架构的设计。设定公司整体的资本成本目标还能够为项目内部收益率提供评判依据。整体资本成本反映公司的历史业绩表现、未来发展战略，是所有项目内部收益率的最低要求，可用于辅助进行项目的筛选和评价工作。

一、加权平均资本成本（WACC）

加权平均资本成本是公司依据各种资本来源的占比对普通股、优先股、债券等不同资本进行加权平均获得的综合财务成本指标。在海外投资中，国家风险溢价也需要纳入加权平均资本成本的计量，得到国际加权平均资本成本（Weighted

Average Cost of Capital，WACC），公式如下：

$$WACC=\left(\frac{E}{V}\right)Re+\left(\frac{D}{V}\right)Rd\times(1-Tc)$$

式中，E 为股权资本的市场价值；D 为债券资本的市场价值；V 为股权资本与债权资本的市场价值总和；Re 为股权资本的期望回报率；Rd 为债权资本的期望回报率；Tc 为公司的适用税率。

该公式根据不同资本的占比分别计算股权、债权成本。债权资本由于税盾效应成本一般低于股权成本，项目融资结构决定了股权债权的占比情况，所以加权平均资本成本的计量取决于目标企业或项目的资本结构、项目所在地的税收政策、对应的股权成本和债券成本几大要素。公式中的相关参数主要来自于以下两种途径：一是直接采用目标国家过去 5 ~ 10 年内当地市场的参考值；二是以美国参数为基础，通过项目所在国与美国的参数转换可得。

下面分别计量股权成本与债权成本。

（一）权益资本成本（股权成本）

权益资本成本是公司或项目权益出资人要求的必要回报率，测算方式有资本资产定价模型（Capital Asset Pricing Model，CAPM）、套利定价模型（Arbitrage Pricing Theory，APT）、多因子模型、股利增长模型等。资本资产定价模型的基础是资产组合理论，相对于套利定价理论，CAPM 更聚焦于风险与收益之间的匹配关系，在应用领域更为实用。

在并购项目估值中，股权成本测算的最佳手段是资本资产定价模型，该模型假设存在一个市场投资组合，所有投资者对投资的预期收益、投资回报的方差和协方差拥有相同的预期，投资者可在市场上自由借贷，主要反映投资项目的收益与风险之间的关系。

CAPM 是用于项目价值估值时需要根据项目特有的风险与融资结构进行计量。项目收益是公司在海外并购不同资产时实现的收益率，项目风险包含了项目所在国的政治风险、宏观经济风险、电力行业特定风险等。计算公式如下：

$$Re = Rf + \beta i \times (Rm - Rf) + Rc + a$$

式中，Rf 为无风险利率；βi 为投资项目的系统性风险；Rm 为市场组合期望收益率；Rc 为国家风险溢价；a 为并购方自身的风险调整因子。

无风险利率是股权成本和债券成本测算的基础，理论上规定无风险收益率是投资于某一项没有任何风险的项目所实现的收益率，然而实际应用中无风险的投资并不存在，一般用普遍认为低风险的资产收益率替代。无风险利率的选取是跨境投资项目估值中的重要一环，考虑到交易币种的不同存在汇率风险，跨国公司通常选用美元作为功能性货币。相应地，资本成本的测算应选取与被估值项目周期相近的美国发行的美元主权债到期收益率作为适用的无风险利率。当以项目所在国货币作为功能性货币时，根据币种特性公司有两类处理方式：一是采用所在国的长期政府债券的收益率，二是在所适用美元主权债到期收益率基础上，计入项目所在国与美国的通货膨胀差额以及两国的主权利差。

投资项目的系统性风险取决于电力行业自身的特点。电力作为固定资产比重较大，国家战略意义非凡的行业，其资本结构较为稳定，运营风险相对较低，尤其是在电力供应与需求稳定的国家该风险系数小，项目风险溢价低。

市场组合期望收益率也基于理想假设，表示市场中所有风险资产的组合，用于反映市场的整体风险，每种风险资产在市场组合中的占比都是该资产的市值占组合市值的比重，实际操作中通常用股票价格指数的平均历史收益率或所有股票的平均收益率来代替。

国家风险溢价与一般项目收益率计量不同，海外项目的投资并购涉及不同的国家，在进行风险衡量时，还应计入国家风险溢价。公司在发展程度较低、政治主权不稳定的国家进行投资会比在发达国家投资承担更多的风险，包括项目探寻期间的信息不对称风险、投入运营的稳定性风险以及资产安全风险等。

并购方自身的风险调整因子（α）来自独立于项目之外的对项目收益产生特定影响的要素。例如在并购项目中，并购方要求额外的股权成本补偿等，或者并购方作为拥有高评级的主体通常可以为项目带来额外优势，如获取低成本融资、先进技术和管理经验等。

（二）债权资本成本

债券资本成本是公司举债获取融资所付出的成本，也是公司的债权方对承担投资风险要求的最低补偿，即公司债权方最低期望收益率。在税盾效应下，债权成本计量的是扣除企业所得税后的债务利息率。计算公式如下：

$$Rd = Rf(1-Tc) + Ic + Ia$$

式中，Rf 为无风险利率；Tc 为适用税率；Ic 为国家违约利差；Ia 为企业违约利差。

适用税率通常为目标公司所承担的企业所得税税率，为实际有效税率。在实际有效税率未知的情况下，可以用名义税率或其他贴近真实税负的税率进行替代。

国家违约利差意在表现不同国家举债时违约概率不同带来的风险补偿要求，通常计为项目所在国发行的以美元为标的的主权债的收益率与美国发行的相同期限的主权债的到期收益率之差。

企业违约利差反映了对不同公司进行并购时所承担的违约风险补偿，量化通常采用资产周期相近、评级相同、行业相似的美元公司债券和同期的美国国债券的到期收益率之差。项目不同时点的债务成本往往需要参考历史信用情况，通常有两种处理方式：一是环境剧烈变化时根据项目时点的信用环境选取类似条件下的历史值，二是平稳状态下选取滚动平均值。

并购项目融资架构决定了资本结构，其加权资本成本将融资后根据股权资本与债权资本的占比进行综合计量。

二、风险度量

资本成本中最难计量也是最重要的影响因素就是各类风险。海外电力资产投资并购中的风险是包括海外市场涉及的地缘政治、经济形势、电网资产结构、电力市场等在内的各种风险的总和。

各国对电力资产的监管规定中将风险溢价归因为以下几个方面：

（1）投资风险。投资风险主要包括项目所在地区的政治风险，政治稳定的国家或地区才能实现资金的避险，而在投资风险大的国家或地区，资本面临着更大的不确定性，投资风险也相应增加。

（2）资金需求。经济相对欠发达且电力增长较快的国家或地区（如菲律宾、葡萄牙和巴西等）对于电力投资的需求相对其他地区更大，资金供不应求，只有提供更高的投资回报率才能为项目吸引更多的投资。

（3）机会成本。在经济相对发达、投资渠道较多的国家或地区，企业在进行电网投资的机会成本较高，因此需要付出较高的投资回报率才能吸引投资资金到电网领域。

（4）市场的资金准入门槛。输电领域往往具有资金门槛更高、技术要求更高的特点，因此其投资回报率一般高于配电领域。

（5）电力监管历史可持续性。从市场监管政策、监管历史的可持续性方面考虑，改革前电网的投资回报率会对现阶段的投资回报率构成影响，政府会避免投资回报率出现剧烈跳跃或波动。

具体而言，国家风险在股权资本中体现为国家风险溢价，可由国家经济实力、汇率波动率、外汇管制强弱、通货膨胀率、人为以及自然灾害发生频率等要素进行赋分和综合计量。国际上目前对国家风险评价的机构较多，最著名的几家国家风险测评机构是国际国家风险指南、穆迪投资者服务公司、标准普尔信用评级集团。这些机构所测定的国家风险均包含了所有国际贷款和投资面临的损失可能性。

电力行业风险。对于市场中无法被分散的系统性风险，可参考可比行业内的上市公司（通常为能源性基建行业）的杠杆性权益 β 系数。一般来讲，β 系数是一种风险指数，用来衡量个别资产相对于整个市场的价格波动情况。对于电力行业来讲，β 值越高，表示电力行业相对于整个市场而言的波动远大，所要求的风险回报越高。同时电力行业企业自身的特定风险取决于技术水平、管理能力以及预期收入的稳定性等因素，例如并购项目中与项目国家签署购电协议降低了收益不确定性，从而减少了项目风险溢价。此外，若项目所在经济体对该行业存在特殊考量，项目风险溢价将得到一定程度的增长，例如被列入发展规划的重大绿地投资建设项目等。

三、加权平均资本成本的应用

通过梳理各项目所在国不同的输配电行业监管机制，可以为未来新项目资本成本的确定提供有效参考。一般来讲，监管机构通常采用资本资产定价模型计算允许的公司权益资本成本，通过滚动平均法计算公司债务资本成本。但需要注意的是，由于各国不同的税收政策机制和通货膨胀率等因素，各项目的加权平均资本成本仍存在一定差异。

在实际操作中，企业对无风险利率可以采取以下两种方式进行参数选取：一是根据项目所在国的国债收益率确定。例如，英国项目的无风险利率参考英格兰银行发布的十年期政府无息债券的实际利率。二是通过美债利率与项目所在国的利率进行转化得到。例如，阿曼电监局会根据美国不同时期和不同到期时间的国债收益率，结合他国监管机构的相关经验核算并确定无风险利率。菲律宾境内无风险利率的计算方法则更加明确地展现出这两种计量方式：一是直接采用比索计价的长期菲律宾国债的收益率作为测算依据，通过比对大量数据得到平均收益率作为无风险利率的估计值；二是间接测算，以长期美国国债收益率为基准，叠加菲律宾与美国之间的通货膨胀差异以及菲律宾的国家风险，具体计算公式如下：

$$\text{菲律宾境内无风险利率}=\frac{1+\text{直接法估计的美国无风险利率}}{1+\text{美国通货膨胀率估计值}}\times（1+\text{菲律宾通货膨胀率估计值}）x\times（1+\text{菲律宾国家风险溢价不包括汇率风险}）-1$$

各国电力资产的系统性风险系数和市场风险溢价多由相关主流机构进行设定。英国输配电网监管当局参考欧洲政策分析中心、行业咨询机构以及英国配气行业审批的对应参数，进而设定电力资产系统性风险系数和市场风险溢价。阿曼电监局则是依据学术研究文献，并参考他国监管机构的核定经验确定输电网的市场风险溢价。其中，学术研究文献包括对近期市场上主要公司首席财务官的周期性调查结果和标普 500 指数公司的风险溢价率。而阿曼输电网的系统性风险系数则是监管当局参考本国配电公司的风险系数、欧洲（主要是英国和爱尔兰）及澳大利亚监管机构对系统性风险系数的计算经验综合核定得出。对于国家风险溢价的确定，企业通常以不同国家的主权评级以及穆迪主权评级溢价规则计量为基础，并考虑国家风险的波动性进行进一步测算。

债务成本方面，实际操作中往往需要参考公司历史的债务成本数据。英国输电网监管当局对债务成本采用 10 年移动平均法，即当年的债务成本为监管期之前年份债务成本的平均值。澳大利亚债务成本以第三方公布的债务成本曲线作为债务成本取值依据，利用滚动平均法计算债务成本，即选用近 10 年债务成本的线性平均值。菲律宾的债务成本由菲律宾境内的无风险利率加上菲律宾境内债务成本溢价构成，其中境内债务成本溢价的测算方法与其权益成本的计算方式相同。哈萨克斯坦配电网债务成本是根据哈萨克斯坦发行的欧元债平均年收益率或具有类似信用评级的国家发行的具有相同到期日的债券收益率所确定。希腊能监局参考希腊和欧洲能源同业公司发行的中长期债券历史平均收益率（平均 5 ~ 10 年）确定输电公司债务成本。其中这些债券的发行公司在业务经营方面需与希腊输电公司类似，并且具有趋近的监管环境、风险水平和相似的公司信用评级等。

四、加权平均资本成本对内部收益率形成有效指导

内部收益率（Internal Rate of Return，IRR）是使得项目在计算期内各年净现值累计值为零的折现率。其计算公式为：

$$IRR=\sum_{t=0}^{n}(CI-CO)_t(1+IRR)^{-t}=0$$

式中，CI 为现金流入量；CO 为现金流出量；$(CI-CO)_t$ 为第 t 年的净现金流量；n 为计算期。

常规的电力投资项目中，投产初期以及项目建设期的净现金流量一般为负值，此后各年的净现金流量转为正值，在项目计算期内净现金流量的符号仅变化一次时，该项目有唯一的内部收益率。而对一些非常规的混合电力投资项目而言，例如在某家电厂投产一段时间后增加发电机组，扩大发电机装机的规模，有可能导致项目净现金流量的符号在计算期内多次转换，可求解得到多个正实数IRR，此时则需要利用净现值法估值来判断项目的财务可行性。

从判别条件上看，当 IRR 大于基准收益率时，该项目的财务评价才是可行的。从收益能力角度看，内部收益率高于项目初始投资的收益率，表示该项目自身的盈利能力。

并购方的资本成本是所有并购项目内部收益率的底线要求。WACC 旨在反映公司整体运营成本的综合数据，是正常运营的最低要求。在进行项目选择时，应当高于这一标准，使得项目内部收益率高于公司整体 WACC。如果选用股权现金流测算时，应使得内部收益率高于公司要求的股权资本成本。

第二节　融资架构与路径

一、常见的融资架构与路径

（1）以资金来源划分，海外并购项目的期初现金流可以采用内源融资和外源融资两种路径。

内源融资是指公司以自有资产作为现金流来源，包括自有资金、留存收益、闲置资产等，这些资产可以被公司管理层及股东自由支配，融资难度较小资金成本低，但融资规模受限于公司自身规模和资金流动性不能支持体量大的并购投资项目。外源融资方式更为多样化，主要有权益融资、债权融资、混合融资和一些特殊融资方式。

（2）以资金性质划分，海外并购项目的资金来源包括权益性融资和债务性融资。

权益融资包括普通股融资、优先股融资以及换股并购融资等多种方式。公司发行普通股进行融资时，融资规模和投资收益均基于公司本身的经营效益，能够规避一定的非预期通胀损失；由于企业通过发行优先股进行融资一般受到发行制度的严格监管，且融资成本高于同样成本固定的债权融资，因此很少用于海外并购案例之中；换股并购是一种以股份作为支付手段的并购模式，可以分为固定比例、固定价值、套式交换等，这种支付方式能够避免因收购带来的短期现金流压力，但大规模换股并购操作也会带来投资公司自身资本结构和控制权波动，因此不适用于能源型央企以及跨国并购业务的公司。

债权融资的方式主要包括银行贷款和发行债券等，具有资金流稳定、成本低、不会稀释股东控制权等特点。银行贷款是主要的债权融资来源，海外并购项目通常体量大，资金需求大，公司一般采用向多家金融机构联合借款的银团贷款模式，这种融资手段可以获得期限较长、成本较低的资金，并且以银行为融资对手方使得公司的增信方式也更为灵活、融资效率更高。在发行债券方面，我国企业海外发行债券融资往往需要满足发改委、证监会、外汇管理局等多方的监管制度要求。监管部门对发债企业的资质要求较高、发债程序繁杂以及国内债券市场不成熟等因素对企业并购时采取债券融资手段带来了极大的限制。同时，债权融资还包括金融工具等形式，是指企业组合运用自有资金、银行贷款、增发股份、发行债券等融资工具，或直接利用信托、优先股、可转债、可赎回等股权债权融资性质兼备的融资工具获取资金的方式。目前混合融资在海外并购项目中的应用尚不成熟。

（3）以涉及主体划分，融资方式可分为公司融资和项目融资。

公司融资是以整个公司的现金流和资产作为偿债来源与担保，公司承担融资后的全部风险，即债权人对公司有完全追索权。

项目融资则是以项目本身作为偿债基础，债务偿还完全取决于项目自身资产和预期收益。在项目融资中，债权人对公司无追索权，形成了公司与项目之间的风险隔离。由于项目融资并不占用公司贷款额度，公司层面能够做到多项目并行，隔离项目之间的债务风险。有些项目融资是属地融资，天然地与项目投资比重相匹配，也规避了汇率风险。在多地进行海外并购投资时，项目融资大大提高了资金来源的丰富性和融资手段的灵活性。

然而，由于项目融资不是以公司全部资产作为担保，项目期限长不确定性较大，其融资成本也就相对较高。同时，项目风险分摊在项目发起人、项目承做人以及贷款银行等相关参与方之间，这就对企业运用项目融资提出了两点要求：一方面是如何降低融资成本，从而控制项目成本；另一方面是如何确定项目股东构成及产权比例来进行合理的风险分摊。

二、公司融资

公司融资，又称企业融资，是指由现有企业筹集资金并完成项目的投资建设，一般来讲整个公司的现金流量和资产都可用于偿还债务或提供担保。由于海外电力资产具有并购项目期限长、资金体量大等特点，如果企业自身具备较高信用评级，可以考虑采取公司融资，并将自有资金纳入期初现金流作为增信辅助手段。当前市场比较成熟的融资路径是无追索权的项目融资、公司贷款、公司债券、混合金融工具、股权融资等。

1. 确定公司融资假设的常用方法

融资假设的确定，需和企业实际的融资策略匹配。融资假设应当基于公司自身和目标资产的信用和融资资源进行合理取值。在海外电力资产投资中，常见的融资策略包括维持特定信用评级、维持特定负债率和未来资本性支出的特定比例通过融资筹集。

（1）维持特定信用评级。

国际知名的基础设施公司通常会有国际信用评级，公司常围绕维持目标评级来制定融资策略。通常企业的业务风险不会发生显著变化，则其财务风险直接影响企业的信用评级。

对于澳洲的受监管公用事业企业，如需保持 Baa2 的穆迪评级，则 FFO/Debt 指标需要维持在 9% ~ 12% 之间。在该方法下估值模型的融资假设，可以依据未来 FFO 的预测情况，按照 9% ~ 12% 的比例推算未来公司的债务融资规模。

（2）维持特定负债率。

某些国家的行业监管机构对公用事业公司的负债水平有约定。

例如，德国的电力、天然气和通信行业的监管机构联邦网络局约定监管资产的股权出资部分不超过 40%，超过 40% 的股权出资将视同债务出资予以核定监管回报。考虑到股权出资的成本及要求回报均高于债务出资，因此德国的电力公司一般按照 40% 股权出资、60% 债务融资来安排资本结构。在该方法下，估值模型可以基于未来监管资产基数的预测，按照特定的负债率来测算目标公司债务规模。

（3）未来资本性支出的特定比例通过融资筹措。

部分企业基于未来资本性支出的特定比例通过融资筹措的方式来确定融资策略，如 40% ~ 60%。该方法下，可基于未来对资本性支出的预测，确定未来每年新增的融资规模。

2. 融资需要注意的事项

财务尽职调查需详细分析目标公司的融资情况，依据尽职调查情况对融资事项在估值模型或者通过交易协议中进行约定进行考虑。

（1）融资协议的控制权变更条款。

为保护债权人利益，融资协议通常会包括控制权变更条款，即约定如借款公司的股东情况发生显著变化或者原控股股东不再控制公司，债权人有权要求公司立即偿还负债，特定情况下债权人甚至有权要求公司支付一定罚金。

当控制权变更事件发生时，通常可以请求债权人豁免行使要求提起还款的权利。但如果债权人要求提起还款，将对目标公司运营贷款带来巨大挑战。上述控制权变更风险需要在估值模型或者交易协议中予以妥善考虑，方法如下：

方法一：将控制权变更豁免作为项目交割的先决条件。如控制权变更条款风险的影响较大，而事前无法较好预测银行是否会提供控制权变更豁免，则可以将获得银行的控制权变更豁免作为项目交割先决条件。如最终为获得豁免，买方有权选择不交割项目，有效保护买方利益。

方法二：将控制权变更豁免作为项目交割前事项。如事前经详细尽职调查，买方对可以获得控制权变更豁免有较强信心，为降低交易协议谈判难度，增加交易确定性，可将控制权变更豁免作为项目交割前事项。项目签署 SPA 之后，由买卖双方及目标公司管理层共同会见银行，争取银行提供控制权变更豁免，这样交割前事项是否完成均不会对项目交割造成影响。

方法三：在估值模型中考虑银行行使提前还款权利的影响。如事前经详细尽职调查，买方认为难以获得控制权变更豁免，则需要在估值模型考虑提前还款或者融资置换的影响。签署股权购买协议后，如获得豁免则可以获得额外价值提升；如不能获得豁免，则尽早安排提前偿还或者融资置换，以保障项目交割。

（2）融资担保。

部分公司为获得较好融资条件，特定情况下会由股东提供融资担保。相应的处理方式如下：

方式一：按股比提供担保。基于权责对等的原则，买方在项目交割时按照股比置换原来股东提的担保。如新股东有资信优势，则可以要求银行进一步降低融资成本。

方式二：解除担保。充分发挥新股东的优良资信，利用无需股东担保融资置换原融资，或者与银行谈判删除原融资协议的股东担保条款。

上述融资成本变化或者担保相关的担保费，需要在估值模型中予以考虑。

（3）融资优化。

基于尽职调查情况，可以设置合理的债务优化方案，提升投资回报水平。相应的处理方式如下：

方式一：债务下推。设立特殊目的公司，由特殊目的公司融资并作为部分并购价款支付给卖方。项目交割后将新设特殊目的公司与目标公司合并，组成合并纳税集团，充分发挥特殊目的公司融资的税盾作用。

方式二：安排股东贷款。充分发挥股东信用优势，在项目完成收购后通过股东的高信用评级进行低成本融资，并以股东贷款的方式注入目标公司置换目标公司原有的高息负债，以降低整体融资成本并发挥利息的税盾作用。按股东贷款需要研究资产所在国的资本弱化和转让定价约定，以合法合规。

三、项目融资

项目融资是一种以项目自身资信（项目资产、未来现金流等）为抵押的融资方式，对公司的股东无追索权。项目融资主要适用于电力、油气、水务、矿产、高速公路、机场、港口等基础设施建设项目和其他建设规模大且具有预期稳定收益的项目。某些绿地项目，因建设期风险较大债权人难以接受，故在建设期需要股东提供担保，但项目竣工后股东担保可以解除，转变为项目融资。

项目融资的资金来源通常包括银行、项目债券、进出口信用机构、保险公司、多边金融机构、政府基金和供应商信贷等。

项目融资的还款主要来源于项目未来现金流，还款方式包括：等额本息、等额本金、基于项目公司收入的特定比例或者定制本金偿还方式。

对于项目融资中的关键事项，在项目融资过程中，债权人通常会在外部顾问的协助下，对项目公司的财务、税务、监管、技术、法律和市场开展尽职调查，研究项目商业模式、合同签署、资产保险、未来现金流预测等情况，并对财务模型进行审计，以确定可提供的融资金额并对融资成本进行定价。

风险识别及风险管理措施是项目融资的债权人进行决策的核心参考要素。通常项目公司可以与外部机构签署合同，对相关风险进行风险消除、风险转移或者风险控制。重要合同包括：特许权合同、销售合同、并网合同、运维合同、保险合同、EPC 合同和供货合同等。

项目融资过程中需要编制财务预测模型，计算项目公司的杠杆率指标和债务覆盖率指标，并基于上述债务指标确定最大债务融资规模。杠杆率指标通常包括总负债比监管资产、总负债比固定资产或者总负债比资成本总额等；覆盖率指标通常包括偿债覆盖率、年度偿债覆盖率、贷款期限内债务覆盖率或者项目期限内债务覆盖率等。

四、完善与路径优化

合理选择融资实体，即在集团内选择最恰当的实体作为借款人开展融资。该融资实体通常位于金融市场发达、资金可自由流通、当地无外汇管制制度的国家。如当前投资路径不含上述特征的国家，可考虑在具有上述特征国家新设公司作为融资实体，同时由集团内资信较好的公司提供担保、维好协议等增信措施以解决新设公司资信不足、融资难的问题。

合理选择融资币种。合理预估汇率风险对整个并购项目投资回报率的影响，既要防范因低估汇率风险而做出错误投资决定，也要避免因过分高估汇率风险而错失有价值的投资项目。优先考虑并购融资的币种与未来还款的币种相匹配程度，避免未来潜在的汇率问题，以实现汇率风险的自然对冲。如果在外汇管制或融资限制多的国家或地区，难以在短期内获得较大规模的与还款来源相同的融资币种，可从集团角度整体分配各个币种资产、收入与负债，考虑优先通过人民币、美元、欧元等中间币种融资筹集，抓住有利的时间窗口完成换汇。

与此同时，应高度关注公司信用评级和有关指标，为公司获得低成本融资提供保障。信用评级可以用于指导目标公司商业计划的编制，以确定未来业务开展、资本性支出安排、资产运营策略、融资金额、融资利率和再融资安排等重要估值假设。

第三节　税务架构和成本控制

从资本成本的测算公式中可以看出，税率作为关键要素之一，对股权成本、债务成本的计算具有影响，因此控制税务成本也是估值输入端的一个重要关注点。税务筹划不仅能够帮助项目获得最大现金流收益，更重要的意义在于能够防范项目的税务风险。海外并购涉及不同国家和地区的税收制度和政策安排：一方面，不同国家和地区需要进行针对性的税务安排；另一方面，税收制度不是一成不变的，海外并购要时刻关注纳税政策的动态变化，做出最佳的投资运营决策和融资构架设计。

海外能源资产投资架构筹划工作，如图 5.1 所示，应重点关注四个层面的税务事项，其中主要涉及未来退出的税负、投资回收的税负、资产层面税负、交易税负等方面的内容。

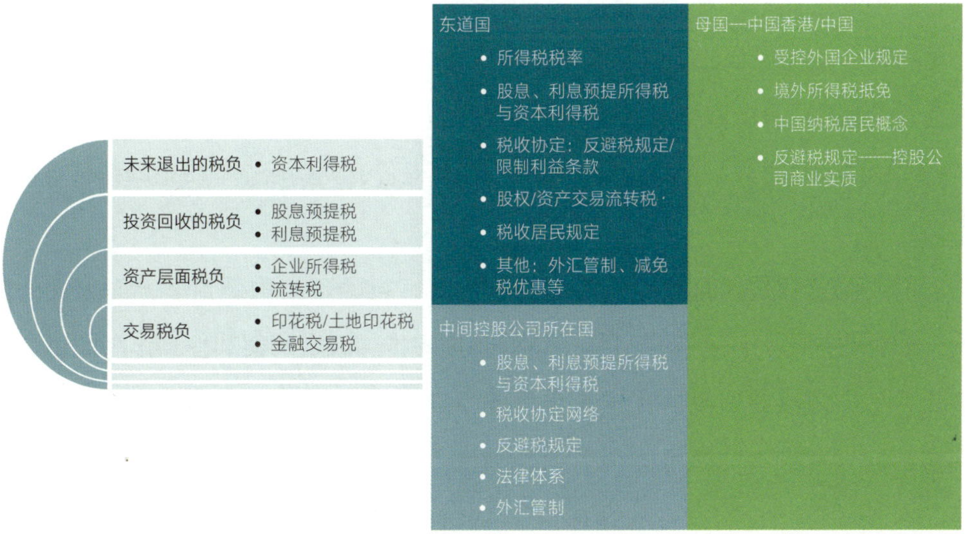

图 5.1　海外能源资产投资架构筹划关系图

一、税盾效应

莫迪利亚尼和米勒于 1963 年将公司所得税引入公司估值，由于债务利息可以进行税前扣除，公司随着杠杆率增大而获得税收收益，即税盾效应。然而债务比例的攀升加大了公司的财务风险，罗比切克与迈尔斯在 1966 提出公司需要在破产成本和债务融资税收收益间进行权衡，选择最优的资本结构。海外并购中，对标的公司进行合理的估值并获得利益最大化时，规划税盾是最为重要的手段之一。

在实操中，目前的并购过程中债务融资是最为广泛的获取资金的手段，债务融资的利息可以在税前列支，因此开展债务融资相较权益融资可产生税盾效益，一般来讲更有利于企业发展。但是考虑到财务成本，税盾效应只有在合理负债下才能增加企业价值。收购后的经营活动利润则产生在标的公司层面，若没有足够的息税前利润来吸收并购贷款的利息支出，则并不能充分发挥所谓的税盾效应，从而对跨境并购交易中的企业价值产生损害。

同时，企业投资并购后将会从海外项目公司取得股东分红、利息或收回初始资金，构成投资企业的投资收益，或者形成偿还外部融资的资金来源。如果项目公司可供分配的现金流不够，或者是在资金分配过程中承担过多的税负，从而降低公司及股东的自由现金流，则会对投资方的资金收回构成很大影响。因此，除项目公司层面的税负外，投资架构中的额外税负对提升并购后企业价值同样具有重要意义。

需要注意的是，企业在进行海外并购时，投融资架构受到多方面因素的影响，如企业战略、商业投资目标、运营管理安排、融资的便利性和市场的可靠性等，并不应该以获取税务优惠为目的或主要目的，否则在全球反税基侵蚀与利润转移的大背景下，很可能会受到外国税务机构的挑战，并带来更多的税务风险。本节以企业在合法合规的前提下，探讨企业控制税务成本的必要性和可能的措施。

二、税盾效应的优化和完善

从税盾效应的产生方式来看，进行税务优化可以从两个角度出发。一是税率角度，不同税务科目和税收优惠政策决定了项目应税税率的高低，合规合理地调整应税方式使投融资架构最大限度地适应不同国家的税收制度，有利于项目的落地实施和优化运转。二是从项目架构出发，调整应税主体结构，在可行的前提下将税务落实到能够进行税收优惠的项目主体中。例如，设计组织结构，选择母子公司结构，还是总分公司结构，或非公司实体结构；利用税收优惠，包括税收协定、特定行业的税收优惠等。

（一）债务下沉

在海外并购中出于对税收优惠、风险隔离等角度的考量，交易主体可能会选择在与标的企业具有最优税收协定优惠的地方注册单层或多层特殊目标公司（Special Purpose Vehicle，SPV），由 SPV 进行并购借款。并购贷款的税盾价值在跨境并购中相对较难最大化发挥。而“债务下沉”是指一种特殊的偿债安排，将原本由并购中主并方（或其直接进行收购的 SPV 实体）所承担的并购贷款沿并购结构进行下沉，通过某种形式的安排达到实际由被并购方承担并购贷款利息偿还的目的。通过债务下沉，可以将收购方层面的并购债务转移到标的公司层面，从而匹配并购后的经营现金流和贷款本息支付，从而使并购贷款利息支出可以全额在税前列支，发挥债务融资的税盾效应，从而提升并购后的企业价值。

（二）合理运用资本弱化机制

利息支出可以在税前进行扣除，而股息则是在税后净利润中进行分配，在融资过程中应充分了解被投资项目所在国的资本弱化政策，选择合理的融资方式，达到税务优化的效果。在符合资本弱化规则的国家内，投资企业可以通过股东贷款的方式注资子公司，借款利息支出不仅可以降低自身的税务成本，还能增加股东方税后股息分配；在没有资本弱化要求的国家中，可以通过在辅助项目公司发行债券的融资方式来降低企业整体税负。目前反资本弱化国家主要采用“固定比率法”和“正常交易法”，投资企业应详细研究国内外税收政策，确保融资涉及的各方均满足资本弱化条件。

（三）集团合并纳税

在特定国家，全资公司可以组成合并纳税集团。合并纳税集团的母公司在合并其子公司年度企业所得税纳税申报表的基础上，统一计算年度应纳税所得额及应纳所得税额，统一申报缴纳企业所得税，合并纳税集团内费用可以抵扣集团内其他公司的收入。拟定投资并购交易可能导致目标公司需要脱离原合并纳税集团，进而导致目标公司的有效税率提升，价值评估中需要考虑上述有效税率改变。此外，新并购公司如加入买方的合并纳税集团，通常可依据税法开展税基重组，形成相应的递延所得税资产。

（四）全球反避税要求

由于利息税前扣除，会在一定程度上降低目标公司企业所得税，如果接受利息方也未就利息收入缴纳企业所得税，则会存在双重不征税的现象。为避免通过利息支出的形式形成跨国利润侵蚀和税基转移，贷款和利息支出的税务管理已成为国际税收征管的一项重点内容。很多国家对于企业向其关联方借款的额度设有限制，超限部分的利息费用不能税前列支，很多国家对于此类关联方借款的利率高低也有标准，过高或者过低都有可能被税务机关质疑。这些规定在每个国家都不同，最常见的为各国资本弱化及转让定价的规定，企业需要结合各国的税务法规分别对待。

三、合理设计投资架构

1. 直接投资和间接投资

税收政策会受到持股比例、公司性质、收购方式等多方面因素的影响。根据项目所在国的税收政策可对公司组织架构进行灵活设计。

控股架构设计主要有直接投资和间接投资两种方式。直接投资是指境内的母公司直接向国外的投资标的公司进行投资，而间接投资是指境内的母公司先在海外设立一家或多家中间控股公司或投资平台，之后再由该公司向投资标的公司进行投资的方式。通过对直接投资和间接投资进行研究，有以下两点需要重点关注。

从税务角度分析：一是合理使用税收协定的税务优惠政策。运用中间控股公司与并购标的所在国的双边税收协定，尤其是预提所得税税率、资本利得税方面的优惠条款，减轻买方在股权转让、利润回流等环节的税负。二是可获得中国税收的递延。推迟缴纳股息与资本利得方面的国内所得税，从而获得递延税款的时间价值。三是控股架构之间的关系。如果在设立两层及以上的控股架构情况下，境内的母公司再进行海外并购，不仅能获得税收协定规定的优惠待遇，还需要综合考虑每一层中间控股公司本地的税收政策以及相互之间的税收协定。四是中国海外税收抵免的情况。目前我国实行的海外税收抵免政策为“五层限额抵免”，境内企业持有海外公司的股比需大于 20%，应注意多层控股架构在可享受抵免的范围内减少双重征税。

从企业发展的角度分析：一是资金使用效率与资金的流动性较高。以海外投资平台作为集团现金池，当中国企业需要的时候可将现金及时汇回境内。二是合理规划集团区域总部的安排。针对投资涉及的范围广、国家多的特点，尤其是在多层控股公司架构中，每个控股公司集团内定位不同，一般多分析区域控制总部或特定中间控股公司（持有汇回利润的主体）的综合税负，较少涉及最终母公司投资主体，为合作投资、资金安排提供灵活性和弹性。三是提高未来退出投资的灵活性。而在间接控股的架构下，可选择在目标公司层面或中间控股公司层面退出。表 5.1 就间接投资相关关注点及问题进行了梳理。

表 5.1 间接投资相关主要内容

间接投资	补充考虑问题
• 可根据各行业的性质、各东道国的税收制度等具体情况，选择不同地点设立中间控股公司以实现整体税负最优。 • 为企业合作投资、资金安排以及未来退出或转让提供灵活性和弹性。 • 要求从业务运作、法律和税务角度，对企业进行风险管理。 • 降低海外项目预提税税率，防止税收抵免的浪费。 • 控制投资收益的纳税时间从而递延纳税，增加可供再使用的现金利润。 • 有可能避免外汇管理及海外再投资等相关政府部门审批	• 考虑中间控股公司设立地点及税收协定条款 • 间接持股层次 • 海外税收抵免制度 • 未来进一步发展、退出的考虑 • 业务管理和经营的需要 • 居民企业和受控外国公司规定

2. 投资主体

无论是直接投资还是间接投资，投资主体的选择需综合分析该投资路径和主体下的整体税务效益，以及为实现该税务效益需要满足的关键条件，企业应在可用的投资架构中，择优选择投资主体。企业投资架构税务考量事项，如图 5.2 所示。

投资主体选择，具体考虑因素包括：①通过海外公司作为控股公司进行收购的交易影响；②适用的双边税收协定中的优惠条款及限制条件；③海外控股公司

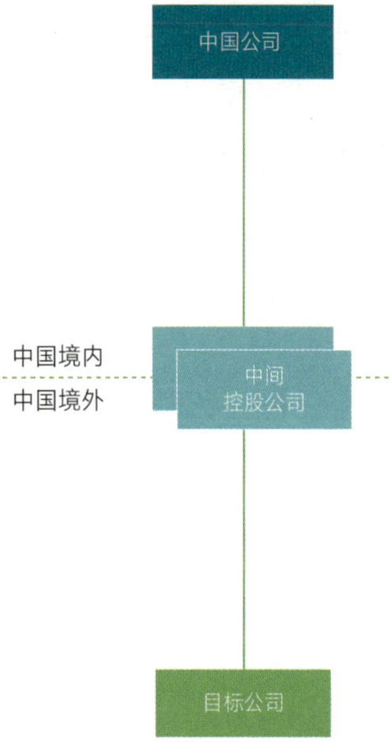

涉及投资控股架构的主要考量事项包括：

- 中国母公司层面
  - 股息收入、股权转让所得对应的企业所得税
  - 境外所得税收抵免 / 税收饶让的计算
  - 股息汇回计划、投资回报方式（即主要取得的是股息收入或股权转让所得）
- 中间控股公司层面
  - 是否设立中间控股公司或利用现有海外实体进行投资
  - 目标公司所在地和中国之间的税收协定及优惠税率
  - 是否有广泛的税收协定网络以满足未来海外投资架构的要求
  - 股息收入、股权转让所得对应的企业所得税
  - 向母国支付股息的预提所得税
  - 受控外国公司和税收居民风险
- 海外目标公司层面
  - 目标投资国当地企业所得税税负
  - 当地税法下及相关税收协定下的股息预提所得税税负
  - 目标投资国的税收协定网络
  - 是否在目标公司所在国设立双层架构，进行“债务下推”
  - 股权投资或债权投资比例
  - 本国对对方缔约国实体税收居民及受益所有人的相关要求

图 5.2　企业投资架构税务考量图

税务居民身份、需要满足的商业实质性要求；④已经在海外缴纳的所得税能否再抵免中国企业所得税；⑤中国企业所得税规定的受控外国公司规定是否适用。

四、利润汇回的税收成本

产生的利润如何以最小的税收成本汇款回公司，将影响投资及运营阶段目标公司向母公司分派股息或利息的整体税负。设计得当的控股架构可以借助各国税务法规下的优惠待遇以及国家间的双边税收协定优惠，使未来投资收益返回中国企业时，可以按照优惠待遇缴纳较低的税费，最终提升投资的净收益。

1. 股息和利息利润汇回

海外电力资产投资中利润汇回形式以派发股息和红利、偿还贷款利息和本金为主要形式。股息主要指海外公司汇回母公司的股息红利。利息是母公司提供贷款给海外公司过程中所获得的利息收入。

股息分配是海外子公司缴纳当地企业所得税之后，对税后利润进行分配。所以股息回流程序涉及以下几个方面：一是海外子公司就税前利润在当地缴纳企业所得税；二是母公司在投资当地就股息缴纳股息预提税，由海外子公司代扣代缴；三是母公司收到股息后，还原为税前所得，计算应缴纳母公司所在国企业所得税，通常需要按照限额进行补缴或海外税收抵免。

利息与股息主要区别在于，利息可以在海外子公司所得税前扣除，因此不存在海外子公司在当地缴纳企业所得税，但同时有利息预提税的规定。利息回流程序涉及以下几个方面：一是母公司在海外直接缴纳的利息预提税，由海外子公司代扣代缴；二是母公司就取得的利息所得，计算应缴纳母公司所在国企业所得税，通常需要按照限额进行补缴或海外税收抵免。相较之下，两种形式的税负存在明显的差别，利息收入无需负担投资当地的企业所得税，而且很多国家的利息预提税税率也比股息预提税税率更低。

以间接投资下的股息汇回为例，如图 5.3 所示，母公司取得目标公司汇回利润，具体可以划分为五个环节的税收：

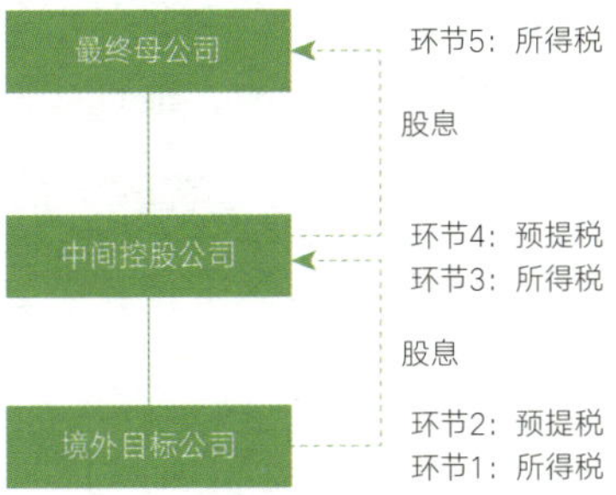

图 5.3 税收环节图

（1）海外目标公司就税前利润在目标国缴纳的企业所得税。

（2）目标公司将税后利润以股息形式向中间控股公司派发时，在目标国缴纳的预提所得税。

（3）中间控股公司就从目标公司取得的股息，在中间控股公司所在国缴纳的企业所得税。

（4）中间控股公司将从目标公司取得的股息继而以股息形式向母公司派发时，在中间控股公司所在国缴纳的预提所得税。

（5）母公司就从海外中间控股公司取得的股息，在当地缴纳的企业所得税。

2. 合理降低税务成本

利润汇回的税务安排重点是重复征税，即为对有内在经济联系的不同纳税主体的同一经济源头课税，而这两个纳税主体又分布在两个或两个以上国家。例如，位于中国的集团母公司甲公司在海外 100% 控股一家子公司乙公司，一方面，乙公司将就其全部经营所得在其所在国缴纳所得税与流转税。当其在国外产生的税后利润被分配回在中国的母公司甲公司时，一般而言乙公司的所在国还要就甲公司获得的股利收入征收预提税。另一方面，按照我国居民税收管辖权的规定，甲公司还应就其境内外全部所得缴纳境内所得税。因此，乙公司的经营所得的部分，就分别被征收了外国的预提所得税与中国大陆的企业所得税，造成重复性征税。

因此，在跨境并购交易结构设计中，合理利用双边或多边税收协定的优惠政策以及低税率国家的优惠政策，有助于降低交易后公司面临的整体税负，从而提升企业价值。以间接投资下的股息汇回为例，最理想的中间控股公司架构安排，可以实现在减少原有税负（尤其是环节 2 预提税）的同时，不产生额外税负增加。通过以下措施，可帮助企业有效合理地降低税务成本，优化税务管理路径，实现企业经营效益的扩大。

一是中间控股公司所在国和目标国之间的税收协定或适用的区域性税收协议，为目标公司向中间控股公司派发股息提供较为优惠的预提税税率（环节 2）。例如，欧盟成员国之间的股息派发可根据《欧盟母子公司指令》的规定，在满足一定条件时免于缴纳预提税。因而投资欧洲国家时通常在欧洲某国家设立中间控股公司，以充分利用欧盟成员国之间的股息派发有机会适用零税率的优惠政策。

二是中间控股公司所在国对本国企业从海外取得的股息实行免税政策，即环节 3 的税负为零。例如，荷兰、卢森堡、新加坡等被广泛用来设立中间控股公司的国家，都规定了在满足一定条件的情况下，本国居民企业从海外取得的股息免于缴税。

三是中间控股公司所在国对从中间控股公司向海外公司派发的股息免征预提税，即环节 4 的税负为零。例如，根据英国国内税法，英国对派发股息不征收预提税。

同时，在利润真实留存在中间控股公司的情况下，可将收回的海外目标公司利润再投资于其他海外投资项目，避免股息汇回母公司境内需要补缴所得税造成重复征税，还避免了开展海外再投资时所受到的外汇管理限制和复杂的审批程序，便利海外资金统一管理，实现商业上的优化。

3. 资本利得税

在间接控股架构下，退出方式存在两种选择：直接股权转让（中间控股公司转让目标公司）和间接股权转让（母公司转让中间控股公司）。转让环节的资本利得税构成企业交易成本的一部分，影响对资产的估值和回报测算。

资本利得税的分析包括以下几个层面。第一，在目标公司所在缴纳资本利得税，即对于直接或间接转让目标公司所在国资产获得的收益，视为来源于目标公司所在的收入，缴纳当地资本利得税。第二，存在中间控股公司的情况下，需要考虑在中间控股公司层面的资本利得是否需要纳税；如果处置收益以股息或利息形式经由中间控股公司分配，则需要考虑相应的所得税和预提税。第三，母公司认定处置行为，对来自全球的收入在本国纳税，可享受海外税收抵免。

第四节 本章小结

融资与架构筹划是企业降低自身交易成本和提高投资回报的重要环节，也是企业优势的最佳体现。

并购融资承担着筹措交割资金、降低资金成本、提高投资回报、防范风险的重要使命。不断降低、持续优化融资成本是企业融资规划的核心要素，必须多方发力，实现融资成本的财务竞争优势。企业需要充分借助国际资本市场多元化的融资方式和多样化的融资渠道，提高资金筹集效率，快速获得并购所需资金。同时，还要发挥主观能动性，创新融资思路，借助提升资信水平、发挥集团优势、创新融资产品等途径，实现融资成本的进一步优化。

税务成本优化的前提是全球税务合规，在合理合法合规的基础上对跨国投资、筹资、收益分配等财务税务活动进行有效的规划和安排，以减少或消除税收负担的行为。在全球税务环境持续变化的当前，海外投资并购的企业应时刻关注项目所在国的税收制度变动，保证紧跟监管规范，保证对税务成本及收益影响的准确判断，以更高层次、更具战略性的眼光谋划企业未来发展布局。

第六章

估值与倍数校验

估值是并购流程中最为重要的一环，既是所有前期准备的最终输出，又是双方信息博弈的结果。价值作为一个主观概念，是基于时间、地点、公司情况、潜在用户等背景存在的。关注点不同的估值方法会产生不同估值结果，需要综合考虑成本与收益，选择合适的锚定指标。绝对估值方法解决可量化的风险，估计公司的报价水平；相对估值法估计公司的市场价值，并对估值模型结果进行校验和修正。估值是十分精密复杂的，合理完备的输入才能带来可靠的输出结果，还可以揭露潜在风险并进行有针对性的防范。

本章将估值中重要但难以量化的指标加入实务中，拓展核心假设和常量指标，探讨了海外电力资产的并购估值、相对估值法与倍数校验和估值结果应用三方面。

第一节　海外电力资产的并购估值

估值模型汇总了前期宏观环境分析、专业尽职调查、投融资安排、架构设计的结果，是对企业现状、发展和风险的量化，反映了企业未来盈利的能力，反映了折现至当前后企业价值和股权价值。估值过程体现了宏观与微观的结合，将调查结果合理地表现成参数形式输入模型，从而输出价值区间和回报率水平。

海外资产并购估值的主要内容包括绝对估值模型、情景分析法、敏感性分析、回报率的测算四方面。

一、财务估值模型：绝对估值模型

（一）估值模型的选择及核心常量

1. 模型选择

绝对估值模型是建立在折现基础上的估值方法，需要预计企业未来盈利状况并根据各因素进行合理调整。绝对估值模型参数可控、计算周期长，受到市场波动、市场特例的影响较少，能够得出更精确的结果，因此在海外项目投资并购中具有极高的使用率。根据折现标的的不同，绝对估值模型包括自由现金流贴现模型、股利贴现模型、剩余收益估价模型和调整现值法等，见表 6.1。在海外电力资产财务估值模型中自由现金流模型和股利贴现模型使用较多。

自由现金流贴现模型是以公司自由现金流为基础，根据现金流对应的所有人分配权利的不同，分为企业自由现金流（FCFF）和股权自由现金流（FCFE），是目前最具普适性的分析方法。阿斯瓦斯·达莫达兰认为该模型中公司价值取决于三个因素，分别为产生现金流的潜力、现金流的预期增长率和与现金流相关的不确定性因素。

表 6.1 常见绝对估值模型比较

参数类型	公式	优缺点
股利贴现模型（DDM）	$V_0=\frac{DI}{r}$，$V_0=\frac{DI}{r-g}$ $V_0=\sum_{t=1}^{n}\frac{DI_t}{(1+r)^t}$ （非固定 / 稳定增长股利的通用估值公式）	便于使用，但依赖标的股利政策的可遇见性
利余收益估价模型（RIM）	$PV_0=BV_0+\sum_{t=1}^{\infty}\frac{(ROE_t-r)BV_{t-1}}{(1+r)^t}$ 其中 BV 为公司权益账面价值	立足于企业盈利高于资本成本的经济增加值，不仅考虑到机会成本，还省略了 FCFE 模型估计现金流量的过程，被美国会计协会认为更准确实用。但 RIM 以账面价值计量权益价值，易受到财务造假、会计准则变动等因素影响
自由现金流贴现模型（DCF）	$V=\sum_{t=1}^{\infty}\frac{FCFF_i}{(1+r)^t}+NOA$ （公式不唯一），NOA 为非经营性资产	基于公司自由现金流，根据所有人不同分为企业自由现金流和股权自由现金流，是目前最具普适性的分析方法
调整现值法（APV）	APV=NPV+NPVF	将公司价值分为无杠杆经营价值和融资价值，前者为经营自由现金流按权益成本折现，后者为税盾效应、发行成本价值等融资相关现金流，根据不同融资风险选择折现率分别贴现。缺点：APV 需要企业负债的绝对水平稳定，估算相对明确的税盾

自由现金流贴现模型（DCF）属于绝对估值法，是将一项资产在未来所能产生的自由现金流（通常要预测 15 ~ 30 年）根据合理的折现率进行折现，确定该项资产的价值。该模型尤其适用于现金流可预测度较高的行业，如公用事业等。具体计算公式如下：

$$V=\sum_{t=1}^{\infty}\frac{FCFF_i}{(1+r)^t}$$

式中，V 为净现值；$FCFF$ 为企业自由现金流；r 为折现率。

股利贴现模型（DDM）是其中一种最基本的内在价值评价模型，用于估计公司的股利价值，依赖股利政策的稳定性，可操纵性高。其中，内在价值是指公司股票本身应该具有的价值，而不是它的市场价格。股票内在价值可以用股票每年股利收入的现值之和来评价；股利是发行股票的股份公司给予股东的回报，按股东的持股比例进行利润分配，每一股股票所分得的利润就是每股股票的股利。模型假定未来股利的永续流入，投资者的必要收益率折现公司预期未来支付给股东的股利，来确定股票的内在价值（理论价格）。具有三个假定条件：股息的支付在时间上是永久性的、股息的增长速度是一个常数、模型中的贴现率大于股息增长率。它分两种情况：一种是股利零增长模型，另一种是股利按固定增长率增长模型。适用于有稳定股利支付政策的公司及上市公司，不能用于股利支付率低或股利不稳定的公司。股利贴现模型计算公式如下：

$$V_0 = \frac{D_0 \times (1+g)}{r-g}$$

（股利按照永续增长率 g 固定增长，g 为 0 时代表零增长模型）

式中，V_0 为企业当前股票现值（股票理论价格）Dt 为第 t 年的年末支付的期望股利，g 是股息（股利分配）固定增长率，r 为股票的必要收益率或贴现率。

2. 设置核心常量及假设

核心常量及假设主要包括宏观经济变量、收入预测、营运支出计划、资本支出计划、退出价值等，具体见表 6.2。

表 6.2 估值核心常量及假设

参数类型	指标	意义	数据来源
宏观经济变量	GDP 增长、通货膨胀率、利率、汇率	长期数据预测的基础	历史数据、投资机构观点、经济学家预测
收入预测	每年收入	现金流预测的核心和预测方法因行业而异	卖方财务模型、根据监管政策建模预测（输电、配电等监管资产）、根据市场需求与未来价格走势进行预测（风电、矿产等非监管资产）
营运支出计划	每年营运支出	影响毛利率与现金流	卖方财务模型、我方技术团队尽职调查
资本支出计划	每年资本支出	收入增长的主要驱动因素	卖方商业计划、所在国电力规划；我方技术团队尽职调查
退出价值	退出时间、退出价值	具有较强的主观性、对估值影响较大	根据账面价值（或溢价）退出、根据交易倍数退出、监管机构明确的其他退出方式
融资假设	债务比例，融资金额、期限、利率、提款计划、币种	影响财务费用与现金流，通过财务模型测算最优融资方案	卖方现有的融资情况及融资计划、我方拥有的融资资源、当地市场的其他融资资源

续表

参数类型	指标	意义	数据来源
税务假设	公司所得税、股息预提税等；税务激励及优惠		对所在国税法进行尽职调查、分析税务激励及优惠的可延续性、结合税务投资架构考虑相关税负
折现率	股权成本、债务成本、加权平均资本成本	DCF 模型核心假设，体现我方对必要回报率与项目风险的认知，对估值影响十分显著	目标市场利率水平（债务成本）；根据资本资产定价模型（CAPM），结合投资目标国与行业特性进行计算；以我方实际融资成本及必要回报率作参考

3. 资本成本的选择

资本成本是企业投资并购的决定性因素，又称为必要报酬率，若项目回报率低于资本成本就应当放弃。资本成本应当囊括各类风险，体现投资的合理成本。债务成本反应的是融资利率的成本，股权成本是公司股东所要求的预期回报率，通常用资本资产定价模型或套利定价模型来确定。

企业自由现金流贴现模型的折现率为加权平均资本成本，股利贴现模型、股权自由现金流模型中的折现率 r 都是股权资本回报率。

（二）预测期与终值

预测期的确定是终值的计算前提，对估值影响深远，应当跨越经济周期。绝对估值法是按时间对现金流进行折现，预测期的长度与最终估值正相关。通常的估值期限为 20~30 年，跨越经济周期的变化，涵盖整个周期更符合目标企业整体经营风险情况。

站在估值的时点上，只能相对准确地预测一段时间内的现金流，这段时间被称为详细预测期。此外，根据持有时间的不同可以将资产运营或退出分为永续期和终止期，一般此部分的价值有时能够占到公司估值的一半以上。观察期的价值能够比较准确地预测，是财务估值模型估计的主体，对于财务预测一般为 5~7 年。对于资产运营或退出的方式是选择永续期还是终止期，应当根据协议安排和产权属性妥善选择。

关于终值假设一般有两种方式：一种情况下，大部分资产包含运营资质私有化的永久产权，例如获得永久或长达两百年的长期租赁权，可以选择永续增长法。另一种情况下，对于经营时期相对较短的资产，在建设后有特定期限特许经营权，应当使用终止期，确定残值和退出价值。

1. 永续增长假设

永续期假设目标公司在经历一段时间的超常增长后将进入稳健增长阶段，此时的增长率回归到正常的水平，一般与宏观经济增长速度、企业长期前景有关，在实务中可以取 GDP 增速等名义变量。使用永续期预测的资产实质上具有永久产权，即观察期相对持有时间来说只占一小部分。永续期可以选择观察期最后一期的现金流量估计作为基数（CF_n），采用戈登增长模型计算终值。若最后一期的现金流是当年的平均值，则计算的年限应比实际值多半年。计算公式如下：

$$TV = \frac{CF_n \times (1+g)}{r-g}$$

式中，TV 为终值；r 为折现率；g 为永续增长率。

2. 退出倍数假设

使用终止期估值的资产持有时间相对较短：一是产权属性限制，租赁或政府授予的特许协议限定了经营期限；二是投资方不打算长期持有资产，并购的目标并非经营而是出售。终止期使用市场价值、账面价值、清算价值、重置价值还是其他价值应当依据目标公司的实际情况选择，特别是已有协议约定的情况，应当根据协议进行计算。常用的方法为退出倍数法，可用市盈率、市净率等指标，具体操作方式为预测未来目标公司的 EV/EBITDA 倍数和最后一期的 EBITDA 计算终止期价值，最后折现到当期。

退出倍数依赖于公司的增长潜力与行业整体倍数水平，通常来说，由于公司后续发展趋于平缓，根据退出后增长潜力计算出来的行业倍数会低于可比公司的长期倍数。在计算时应使用公司特有的退出倍数，很可能低于以评估日计算出的可比公司倍数和以当前价值计算出的倍数。

3. 资产具体退出机制

终止期价值的准确性有赖于假设的合理性。由于资产永续运营或者退出部分的价值在公司整体估值中占有很大比重，在选择折现率时应当非常谨慎。折现率变动一个百分点，第二阶段价值就会产生很大变化，甚至可能直接影响到项目是否盈利。此外，作为第一阶段最后一期的现金流应当具有代表性，不能选在周期的波峰或者波谷，要检查是否处于正常水平。并且当期的资本收支也要处于正常状态，固定资产折旧费用和未来投资也需要稳定。

要判断终值是否合理，可以从隐含终值增长率、隐含 EBITDA 倍数和终值占比三个方面联合检验。通过计算，这三个数值都处于行业的合理区间时，终值结果比较可靠。终值占比根据详细预测期时长和发展情况可能会有较大浮动，可信度依赖于假设的可靠性。隐含终值增长率和隐含 EBITD 倍数计算公式如下：

$$\text{隐含终值增长率}=\frac{\text{终值}\times\text{折现率}-\text{最后一年预测期自由现金流}}{\text{终值}+\text{最后一年预测期自由现金流}}$$

$$\text{隐含EBITDA倍数}=\frac{\text{终值}}{\text{最后一年预测期EBITDA}}$$

在发展多元化、竞争激烈化的当下，经济因素之外的影响对公司估值愈发重要，终值的计算也应当顺应政策的方向。终值的预判是否准确在很大程度上依赖于财务人员对目标公司所在地宏观环境的预测。

新经济形势下，碳中和周期从根源上改变了估值的内在因素。为减缓全球变暖，各国纷纷发布碳中和目标，节能减排将对输气资产产生极大影响。2030 年和 2060 年是各国达到碳中和目标的两个重要时点，在估值时需要特别注意。ESG 与传统估值相比包含了公益价值，影响了预测期的现金流情况，同时 ESG 更强调可持续金融概念，ESG 评分的影响可能会持续上升，影响企业终值判断。

（三）估值的局限性与矫正

估值并非完美的，量化过程中不存在精准的预测。未来现金流受诸多因素影响，财务人员无法将所有情况纳入假设，很可能出现未预期到的“黑天鹅”。即使囊括所有重要的假设，站在当前时点也无法精准预测未来各假设的实际发生情况，特别是在估值期间跨越二三十年的情况下。

估值是站在理性投资者最佳估计角度的中值，需要秉承中性原则。在进行估值时，各因素此消彼长，不会同时处于激进或保守状态。例如监管收入和融资成本存在相互对冲的关系，因此最可靠的做法就是设定发生可能性最高的中性假设。中性结果意味着根据每个假设最可能的情况取值，是对未来各因素发展的最佳预测，得出的估值结果与未来情况符合的概率最高。

从综合角度给联动假设赋值有利于得出中性估值结果。估值假设不应当过分独立，为越多孤立假设单独赋值越会增加结果的不确定性，不利于预测贴近现实的情况。基于假设的特性，相对联动的假设可以站在总体联动的角度估值，虽然整体中的每个假设可能不完全精确，但由于假设间存在此消彼长的关系，整体结果并不会过度偏离。

二、情景分析法

新经济形势下社会多元化发展，公司价值的不确定性逐步提升，单一基于历史信息预测企业估值的方法开始显示出其局限性。情景分析法立足于未来的不确定性，在发展情况和风险水平各异的情景中预测公司价值，能更全面地反映公司估值风险，且易于公司管理层理解。情景分析法可以确定哪些因素对估值影响最大，还能提前根据最差情况采取积极措施，降低风险发生的影响。

情景分析法的理论步骤如下：第一，需要根据目标公司情况与背景，识别出对公司估值具有重要影响的内部因素和外部驱动因素。第二，根据不确定性与重要性选择关键驱动因素框架设定出不同情景，并计算每种情景的发生概率。第三，调整不同情景下公司重要内部影响因素的假设，例如销售收入增长率等重要指标。第四，根据新的假设，测算公司在各情景下的估值结果，并根据情景概率加权平均确定最终估值。在情景设计中可以只假设预测期发展情况，也可以使用两阶段 DCF 模型，分别假设预测期和永续期的发展情况。

在估值实务中，情景分析的理论步骤具有很高的灵活性。通常来说，情景分析法在财务估值模型中的应用简单将情景分为乐观情况、基础情况和保守情况，并根据不同情况调整公司重要经营假设，依据历史财务数据预测不同情景下的未来自由现金流和估值，可以加权平均计算出公司价值，也可以直接使用中性情况下的结果。电力行业具有现金流稳健的特征，最佳和最差情景在实际中发生的概率极低，因此情景分析法具有指导区间报价的作用。

三、敏感性分析

敏感性分析的主要作用是识别出对公司估值结果有重大影响的因素，使用前瞻信息预测紧急情况，用于研究当其他因素都保持在基准水平上时，某一变量变化对估值的影响程度，识别出项目需要重点控制的风险。假设公司估值由 n 个因素决定，$U=f(F_1, F_2, \cdots, F_n)$，那么第一个因素的敏感性指标可以用公式表示为：

$$U_{1+a}^{F_1}=f[(1+a)\cdot F_1,F_2,\cdots,F_n]$$

$$\Delta U_{1+a}^{F_1}=U_{1+a}^{F_1}-U=f[(1+a)\cdot F_1,F_2,\cdots,F_n]-U$$

在实务中，常常使用两个因素同时进行敏感性分析，如果要加入更多因素则可以使用情景分析法。

敏感性分析有助于发现可控的严重风险，辅助确定影响估值的主要参数，判断在参数变化情况下项目的风险承受能力，在估值相近的项目中作为选择指标。关于敏感性分析因子的变化幅度，根据变量不同，一般需要变化预期为 ±5% 和 ±10%。具体的敏感性分析场景见表 6.3。

表 6.3 敏感性分析场景

细分领域	场景	影响因素
报价	不同报价	IRR
资本成本	WACC、股权资本成本	回报倍数
经营情况	永续增长率、市场占有率、毛利率	
市价比率	P/E、P/B、EPS	

敏感性分析没有考虑各种因素变化的概率，只允许一个变量发生变动，但在现实中各因素是存在相互关联的。敏感性分析可以和情景分析结合起来使用，得到更为可靠的估值区间。

敏感性分析中不敏感因素的风险不能忽略。敏感性分析只涉及变动多少比率会导致的估值变化，但并未揭示变动的概率与幅度。有些因素在设定的变动范围内是不敏感因素，但实际上发生大幅变动的概率较高，这些因素也应当留出保守变动空间。有些敏感性因素比较稳定，但会对估值产生较大影响，例如折现率等，对待这些敏感因素时要具体问题具体分析。

四、回报率的测算

回报指标有回报率、总量和期限三个维度。计算获得的收益率可使用内含报酬率、会计报酬率、现值指数、股东总回报、净资产收益率和投入资本回报率等多个指标；对比项目获得的回报总额可使用净现值；计算利润覆盖投资所需的年限可使用静态回收期与动态回收期，投资方可根据需要选取多个指标。

净现值（Net Present Value，NPV）与现值指数（Present Value Index，PI）指标比较具有普适性，适用于大多数项目。净现值指未来资金（现金）流入（收入）现值与未来资金（现金）流出（支出）现值的差额，是项目评估中净现值法的基本指标，会根据预设的资本成本而变化。该指标将项目总回报量化为当期净收益，没有考虑投资规模的影响，要结合总投入水平来看净现值。现值指数等于未来现金净流量现值与原始投资额现值的比例，考虑了时间价值，可以比较不同投资规模的项目，但需要事先确定回报率，且无法消除项目期限的差异。净现值为绝对数指标，现值指数为相对数指标。

内部收益率（IRR）是投资项目的净现值为零时的折现率，即某项投资处于经济保本点时的折现率，是净现值法则的重要替代，可视为项目存续期间投资者可获得的平均回报。作为评估投资项目的指标，优点是比较直观，缺点是无法用于评价非常规性投资项目和规模不等的项目。但同时无法用于评价非常规性投资项目和规模不等的项目，单独以内含报酬率作为评价指标时，管理层可能会放弃回报率高于资本成本但低于现有内含报酬率的项目，这些项目能给企业带来价值，但会拉低内含报酬率指标。

股东总回报（TSR）适用于上市公司，需要获得公司股票价格和股息信息。该指标计算简便易于理解，公式中主要使用的股票价格考虑了风险与时间，但受市场影响容易波动，选取哪个时点或时间段对回报指标都会产生影响。具体计算公式为：

$$TSR = \frac{\text{期末股票价格} - \text{期初股票价格} + \text{股息}}{\text{期初股票价格}}$$

净出资回报率（ROC）是衡量公司盈利状况的指标，显示了股东购买目标公司后，目标公司为股东带来的增量利润贡献，用年平均净利润除以原始投资额，在不考虑时间价值的情况下，能够大概得出投资与风险回报水平。具体计算公式为：

$$ROC = \frac{\text{目标公司净利润} \times \text{投资股比}}{\text{股权出资金额}}$$

现金回报率（Cash yield）是指投出和使用资金与相关收到的现金回报（回报通常表现为获取的利息和 / 或分得利润）之比例，用于衡量投出资金的使用效果。通常情况下，现金回报率以投资并购方实际支付和收到的现金作为衡量指标，考虑到母公司在实际现金收回过程中需要支付股息或者利息预提税，一般需要扣除支付的税费成本，即收到的现金流为目标公司预提税后分红乘以投资股比、股东贷款的本金和利息。具体计算公式为：

$$\text{Cash yield} = \frac{\text{从目标公司分回的股息和利息}}{\text{股权和股东贷款实际出资金额}}$$

净资产收益率（ROE）是净利润除以净资产，能够反映企业净资产盈利的效益，由于未区分金融和经营资产，可能导致关系上的错配，适用公司会计制度良好、财务报表监管严格，分红较少且稳定的情况。

期限指标，包括静态回收期和动态回收期。静态回收期计算所有投资收回需要多少时间，动态回收期在这基础上考虑了货币的时间价值。当企业希望早日收回资金滚动投资、注重短期内的回报，该指标才具有较高的参考价值，因为回收期不考虑项目的盈利性。如果给回收期指标赋予较高的权重，就会促使管理层放弃长期项目，减少对投资已回收项目的后续管理。对于估值中的回报率测算指标梳理见表 6.4。

表 6.4　估值中的回报率测算指标

指标	类型	是否预设报酬率	是否考虑时间价值	选择原则
NPV	绝对数	是	是	企业在以后各年收回的现金净流量能够按投资者要求的预定收益率再投资
内含报酬率	相对数	否	是	在现金净流量符号多变时出现多重报酬率问题，只能在现金流符号只变化一次的情况下使用
股东总回报	相对数	否	否	适用于上市公司，市场较为有效，在时间段内衡量
净出资回报率	相对数	否	否	可以衡量收购完成后，目标公司为股东带来的增量利润贡献
现金回报率	相对数	否	否	可以衡量收购完成后，目标公司为股东带来的现金贡献
ROE	相对数	否	否	在公司会计制度良好、财务报表监管严格，分红较少且稳定的情况下适用
静态回收期	绝对数	否	否	用于期限较短的项目，因为时间越长项目越难以估计
动态回收期	绝对数	是	是	不适用战略性项目，适用于灵活性较大、可快速收回资金的短期项目

第二节　相对估值法与倍数校验

绝对估值法得出的结果是一个绝对数，它是独立于市场情况而存在的，出发点是并购方对目标公司主观性的评价，不能反映公司的市场价格。相对估值法站在市场的角度，以可比公司为标的并根据可比指标确定公司估值，将目标公司放在行业整体中进行比较，可以大概确定绝对估值法得出的估值结果是否公允，通过将拟并购的交易、目标公司或资产放到市场上横向比较，为投资方提供相似行业、相似经营水平公司的价值判断。例如，当整个行业都被市场低估时，按绝对估值法得出的价格一般会高于市场价，此时投资方可以适当降低报价以获取更高收益。

相对估值法需要足量相似的可比公司和恰当的可比指标，由于国别和公司的情况各异，且市场上很难得到完全类似的可比交易或可比目标公司，使用不同的指标会得出不同结果。因此，海外电力资产财务估值中一般不会把相对估值结果单独作为价值输出，而是作为一个有效的参考校核指标。

虽然相对估值法的精确度与可控性不如绝对估值法，但能够测算目标公司相对的市场价值，检测绝对估值结果是否高估。若相对估值和绝对估值的结果差异很大，则主要是包含了估值偏差和市场预期的双重情况，财务人员应当再次检查估值模型的完整性和假设的准确性，未必是绝对估值出了差错。如果确实处于最优情况，也需要审视相对估值案例和指标选取的具体情况，并结合市场竞争情况确定报价和回报率要求。

（一）选取可比公司

决定相对估值法估值的因素与绝对估值法相同，分别是盈利能力、增长和风险。可比公司常用的筛选指标为同一大洲、信用评级相近、监管机制相似、折旧处理方法相同等。可比公司应当尽量向目标公司靠拢，最好在财务上和营运上都与目标公司相似。选取可比公司的常用指标见表 6.5。

表 6.5 选取可比公司的常用指标

指标类型	具体指标
财务指标	公司规模、资本结构、财务表现、成长性
宏观环境	所在地宏观情况
市场	产品服务类型、市场结构、客户结构

（二）市价指标

市价指标对市场透明度和流动性要求较高，全球电力公司中多为非上市公司，上市公司的股票市场也并不活跃，同时基础设施投资周期长，投资者多为长期投资者，市场可比交易数量有限，且不同投资者对投资的战略意义和回报水平存在很大的差异，因此不同国家和市场的市价指标差异较大。市价指标在跨国企业的比较中缺乏有效性，影响估值的准确性。

市价指标在行业市场活跃、可比公司上市数量多时比较有效，以市盈率、市净率和市销率为代表。市盈率适用于连续盈利的企业；市销率适用于销售成本率较低或销售成本率趋同的传统的企业；市净率适用于拥有大量资产的企业。

市盈率（Price Earnings Ratio，P/E）是最常用的市价指标，也称股价收益比例或市价盈利比率，是由股价除以年度每股盈余得出，也等于公司市值除以年度股东收益。通常，P/E 值越低说明资产的市场溢价越低，可以进行投资。但是，净利润为负的企业不但无法使用 P/E 指标，也不能成为可比公司。不同资本结构和会计政策也会对 P/E 值产生影响，目标公司可能通过调整杠杆系数增加利息支出来调低该指标。P/E 指标以当前或历史数据为依据，无法估计企业未来的成长性。可以将 PEG 指标（市盈率 / 盈利增长）作为补充，成长性越好的公司 PEG 值越低，由于分子和分母都是预估值，需要对业绩做准确预期，否则可能偏离现实情况。

市净率（Price-to-Book Ratio，P/B）计算方法为公司市值除以净资产，核心驱动因素是权益净利率。市净率指标包含的净资产不是财务报表中的股东权益，而是对净资产相应调整的真实指标，但有效性容易受会计政策的影响，在各企业会计政策一致的情况下市净率指标可以反映公司价值。如果直接使用财务报表中的净资产，公司股东可以轻易操纵控制 P/B 指标，例如回购股票或增加分红，都能调减公司所有者权益，进而提高市净率。

市销率（Price-to-sales，P/S），计算方法是总市值除以主营业务收入，或者股价除以每股销售额。市销率越低，说明该公司股票的投资价值越大。不同国家电费监管机制不同，有的配电收入为包含了发电和输电穿透成本的总收入，该部分收入实际上经由配电公司支付给发电商和输电商，有的配电收入为纯配电业务收入，因此对于主营业务收入的测算也需要重点关注。

（三）企业价值指标

企业市值容易受外部因素影响，相比之下企业价值更稳定，因此可以得到更稳健的估值结果。

用企业价值除以各类财务指标就是价值乘数估值法。企业价值更为全面和稳定，且受杠杆、非核心业务、会计制度的影响相对较小。表 6.6 对比了常用的价值乘数估值法指标，并与市价指标进行对比。

表 6.6　价值乘数估值法指标

指标	指标含义	指标特点	适用情况
EV/SALES	企业价值除以主营业务收入	不容易被操纵	在销售收入不稳定或周期性强时不适用
EV/EBITDA	企业价值除以税息折旧及摊销前利润	不易受资本结构的影响，受资本密度影响加大	适用于资本结构、税收政策不同的公司
EV/EBIT	企业价值除以息税前利润	加回商誉减值，对比公司折旧摊销方法相似	行业内资本密度差异大时使用
EV/NOPLAT	企业价值除以息前税后利润	对商誉减值、坏账准备等做主观调整	考察不同税务效率的公司估值问题
EV/FCF	企业价值除以公司现金流	不受财务政策影响	现金流稳定或能反映公司经营变化的企业
PE	市价除以每股盈利	稳定性较低，容易被操纵，计算简单	经营稳定，营业收入为正的公司
PEG	市盈率除以年盈利增长率	识别成长性好的公司，预测错误的可能比较高	适用于高成长、周期性行业
PB	市价除以每股净资产	比较稳定，识别投资价值高的资产	净资产大量且稳定，周期性行业

跨国并购中常用的相对估值指标为 EV/EBITDA 和 EV/RAB，都属于企业价值倍数法。

EV/EBITDA 适用于资本结构、税收政策不同的公司，对折旧与摊销加回的处理有助于反映企业的真实盈利，未扣减税负和利息使不同税收政策与杠杆水平的企业具备可比性。EBITDA 能够反映企业现金流的变化，进而影响到公司资产价值，该指标在估值中非常常见。在计算 EV 时，需注意使用市场价值而非账面价值，是现时价值而非历史价值；要调整季节性和周期性项目，并抵减非经营性的资产，保证计算的完整性。

EV/RAB 用来衡量企业价值和监管资产基数之间的比例关系，在电力、天然气等受监管的行业有重要作用，其本质为监管机构所核定的电力企业监管资产基数（RAB）对企业价值的驱动作用。很多国家监管机制中都使用监管资产基数确定电费价格上限或计算收入上限，该指标在资产和收入两个角度均具有可比性。一般 RAB 范围包括输电线路、变电站、IT 系统、通信设备、计量设备资产、土地、汽车和在建工程等，不同国家对 RAB 的计量有所不同。

一般来讲，可以通过重置成本和 RNAV 估值法对目标企业进行合理判断。重置成本是重建一个相似公司的价值。如果公司价格小于重置成本，那么收购这个目标公司效率更高。在考虑重置成本的时候，根据土地是否被污染，会在大额环保费用的考虑上予以一定程度的考虑，对于成本重置的金额会有一定差距。RNAV 估值法与重置成本类似，可以借鉴其将公司不同业务线拆开分别估值，然后分别计算内在价值后最后加总，如果总估值大于公司市值则说明该公司价值被市场低估。

（四）指标选择

若使用单个相对估值指标进行估值检验，对电力资产或海外能源资产的投资来说，相对估值指标的推荐使用顺序为电力企业监管资产基数（RAB）、EV/EBITDA。由于相对估值具有简单化、静态化的特点，在估值时往往只通过一两个方面的类比得出估值结果，无法综合反映公司情况。因此，推荐使用多个或综合的可比指标以得出更全面、准确的估值结果。可以考虑选取几个重要的互补指标共同使用，并加权得出最后的结果，具体权重可以根据行业特点和投资方偏好进行调整。

在可比公司数量有限、常规可比指标难以发挥作用的情况下，可以借助行业内的特色指标进行估值，比如使用每千瓦装机容量市值对电力企业估值，反映企业的发电能力。

第三节　估值结果应用

不同估值方法得到的估值结果应趋同，如不同方法得到的结果出现较大差异，应对估值结果开展合理性检查，包括检查模型的计算过程是否存在错误及估值参数取值是否合理。通过对异常数据的调节，使各种估值方法的结果呈现一致结果，此时估值才具备科学性。

一、估值与报价

项目报价及交易协议条款是项目中标的关键决定因素。国际大型基础设施项目竞标过程中，资产出售方往往会在尽职调查阶段向潜在竞标者发布交易协议并征询意见，得到各家潜在竞标者的反馈并综合考核各家需求后，在资料数据库中发布最终版交易协议。各家潜在竞标方基于相同的交易协议提交报价，其中报价将成为决定项目中标与否的重要因素。表 6.7 对估值核心常量及假设进行了梳理和呈现。

表 6.7　估值核心常量及假设

参数类型	具体变量	估值假设	描述	影响因素
宏观经济	通货膨胀率	预测期为 x，长期为 x	年度消费者物价指数	预期现金流
	汇率	预测期为 x，长期为 x	目标公司所在地汇率	利润分配
	周期	x	经济周期阶段	公司固定价值
	GDP	预测期为 x，长期为 x	实际国内生产总值	经营情况
	人口增长率	预测期为 x，长期为 x	所在地人口增长率	营业收入
	人类发展程度指数	预测期为 x，长期为 x	综合考虑了国民结构、寿命和教育，联合国开发计划署（UNDP）	营业收入
	综合风险指数	x	国际机构获取	折现率
法律治理	法律及其效率	x	international property rights index	折现率
	外资审查	x	美国 CIFUS 审查数量	折现率
	监管质量	x	世界银行《全球治理指数报告》	折现率

续表

参数类型	具体变量	估值假设	描述	影响因素
利率	股票必要报酬率	预测期为 x，长期为 x	股权资本成本	折现率
	WACC	预测期为 x，长期为 x	加权平均资本成本	折现率
	无风险利率	预测期为 x，长期为 x	十年期国债收益率	折现率
尽职调查	净债务 / 类债务	调整债务为 x	调整后债务总额	预期现金流
	营运资金	调整营运资金为 x	正常化营运资金金额	预期现金流
	税务尽职调查状况	税务风险状况		折现率
	总体财务状况	根据财务尽职调查情况，对公司经营情况调增减		预期现金流
税率	所得税率	预测期为 x，长期为 x	目标公司所在地所得税	预期现金流
	预提税	预测期为 x，长期为 x	目标公司所在地预提税	预期现金流
经营活动	营业收入增长率	预测期为 x，长期为 x	营业收入增长率	营业收入
	营业成本 / 营业收入	预测期为 x，长期为 x	营业成本率	营业收支
	各期间费用率	预测期为 x，长期为 x	财务费用率、管理费用率、销售费用率	营业收支
	用电量	预测期为 x，长期为 x	目标公司所在地用电量	营业收入
	资本支出空间	x	地上电线占比 未通电棚户区数量	营业收入
	竞争程度	竞争程度为 x，长期为 x	完全竞争 / 垄断竞争 / 垄断 / 寡头	经营情况
营运资金	货币资金 / 主营业务收入	预测期为 x，长期为 x	货币资金留存率	资产总额
	各营运能力比率	预测期为 x，长期为 x	应收应付账款 / 应收应付票据 / 存货周转天数	资产负债总额
	减值准备	预测期为 x，长期为 x	长期投资 / 固定资产 / 在建工程减值准备	资产总额
利润分配	分红比率	预测期为 x，长期为 x	股利分配率	利润分配
	盈余公积提取比例	预测期为 x，长期为 x	法定盈余公积 任意盈余公积	利润分配
	少数股东权益 / 股东权益	预测期为 x，长期为 x	少数股东权益	利润分配
	法定公益金提取比例	预测期为 x，长期为 x	法定公益金	利润分配

续表

参数类型	具体变量	估值假设	描述	影响因素
投融资活动	固定资产投资 / 折旧	预测期为 x，长期为 x	固定资产投资 固定资产折旧率	资产总额
	无形资产投资 / 摊销	预测期为 x，长期为 x	无形资产投资 无形资产折旧率	资产总额
	长期股权投资	预测期为 x，长期为 x	长期股权投资	资产总额
	金融投资	预测期为 x，长期为 x	交易性金融资产、投资性房地产、持有至到期投资	资产总额
	债权或短融	预测期为 x，长期为 x	债权发行数量、债权偿还数量、债权融资成本	负债总额
	股票融资	预测期为 x，长期为 x	发行股本、发行价格、募集资金总额、融资成本	权益总额
其他资产	其他资产增加 / 主营业务收入增加	预测期为 x，长期为 x	其他流动资产 其他长期资产	资产总额
	其他负债增加 / 主营业务收入增加	预测期为 x，长期为 x	其他流动负债 其他长期负债	负债总额

估值可以视为报价的基础，并不等于报价。乐观情况与保守情况下的估值指导报价的上下限，中性情况的发生概率最高，最具有参考价值。

一方面，通过估值模型将风险量化成输入参数，通过校验识别发现影响现金流、折现率等方面的参数，进一步充分研究和选取最优数值，能够提供更接近目标资产真实价值的报价结果。绝对估值模型是求真的过程，相对估值法加入市场因素，是估值与报价的连接，最后给出的市场化报价考虑了市场竞争程度、卖方议价能力、协议风险等难以量化的因素。通过概率估值得到不同情形中区间估值，为管理层决策提供更丰富的信息，有利于在估值区间内根据市场竞争程度灵活选择报价水平。

另一方面，估值和报价是投资的两个阶段，相互关联又有所差异，估值着重过程维度，报价兼顾结果。估值是为了得出一家公司真正的价值水平，报价则可能根据市场情况进行调整，是综合成本与成交两个因素后的市场价格。

二、项目报价方式

大型国际基础设施项目，一般采用公开招标方式。鉴于可能参与竞标的潜在投资者数量较多，为有效管理招标流程及筛选有实力的买家进入竞标流程，卖方通常会将整个竞标报价流程划分为两个阶段：非约束性报价阶段和约束性报价阶段。考虑到不同阶段的特点，不同阶段宜采用不同的报价策略。

在非约束性报价阶段，卖方设置非约束性的目的是从众多候选投资者中，筛选少数几家有实力的竞标者进入约束性报价。除项目报价之外，卖方同时也会考虑潜在竞标者的技术资质、资金实力、历史并购经验、获得交易相关的审批的难易程度、并购团队资质等影响交易的确定性因素，最终选择少数几家竞标者进入约束性报价。在此阶段的尽职调查中，如存在投资者尚未了结的事项或者无法控制的风险，可将其作为报价条件。在买方报价具有竞争力的情况下，可获得进一步尽职调查或者与卖方协商风险防控措施的机会。

在约束性报价阶段，卖方会开放详细数据库资料，买方可以开展详细的尽职调查，对目标公司进行精准的价值评估。进入约束性报价阶段买方在资金实力、完成交易确定性等方面差别较小，约束性价格是最主要的决定因素。买方的最终报价，通常综合考虑公司战略、买方融资成本、目标资产的监管完善程度、目标市场的影响力、拟购股权比例、可获得的公司治理权利、与买方现有资产的协同效应、竞标激烈程度等因素，基于买方对项目的估值，选择有竞争力的报价。卖方将依据约束性报价情况，选择优选中标方，并与优选中标方完成交易协议的最终谈判及签署。

三、估值与股权购买协议

项目估值与股权购买协议谈判相得益彰，估值量化风险，协议对不能量化的风险做防范和补充。根据能否预测风险发生的可能性及损失数额，在估值中将风险分类为可量化的风险和不可量化的风险。可量化的风险通过估值覆盖，无法量化的风险则不便于纳入估值模型，否则将导致模型产生有偏估计。通过交易协议条款约定双方行为和责任，能够从根本上覆盖风险产生的损失，进而有效控制不可量化的风险。

四、市场竞标分析

参与竞标项目，既要做到“中标”，也要做到“中好标”。所谓“中好标”，就是用最小的代价战胜其他竞标对手，赢得项目。为战胜其他竞标方，需要密切关注市场信息，掌握本项目的潜在竞争对手，分析其竞标策略并测算其可能出价，并制定有效的竞标策略。投资者不同竞标策略下的特点分析，见表 6.8。

表 6.8 投资者不同竞标策略下的特点分析

投资者		特点
行业投资者	并购策略	● 寻求利润增长点 ● 发挥技术优势 ● 注重开拓新市场 ● 报价策略考虑会计利润、回报率以及战略因素
	经营特点	● 积极参与管理与整合 ● 发挥资产间的协同效应 ● 母公司会提供担保等融资支持，必要时母公司融资并注入目标公司
	估值方法	● 传统 DCF 模型 ● EPS 分析（并购能否提高母公司每股净利润）
	融资策略	● 保持目标公司 50%～60% 的负债率 ● 保持目标公司信用在投资级以内 ● 偏好长期融资
养老金	并购策略	● 寻找与其负债（通常为 20~30 年或以上）相匹配的投资 ● 追求低风险低回报的投资，报价可能较高
	经营特点	● 财务投资者，较少参与管理 ● 不为目标公司提供额外融资支持
	估值方法	● Equity IRR 分析
	融资策略	● 保持目标公司 50%～60% 的负债率，或当地市场比较合理的负债率
基础设施基金	并购策略	● 追求现金流最大化 ● 报价较高，通过提高杠杆来保持高报价下的投资回报率
	经营特点	● 财务投资者，较少参与管理 ● 会采取现金流提前套现，递延成本的经营策略 ● 不为目标公司提供额外的融资支持
	估值方法	● Equity IRR 分析

第四节　本章小结

估值模型汇总了前期尽职调查、访谈交流的结果，是对企业现状、发展和风险的量化，反映了企业未来盈利的能力。估值过程体现了宏观与微观的结合，将调查结果合理地量化为参数形式输入模型是估值分析的前提。

在估值参数方面，基于假设之间的相关性，公司将监管回报率、融资成本、汇率、通货膨胀等宏观假设完全挂钩。如果监管回报率下降，那么融资成本也相应降低，两者相互对冲得到一个中性结果。即使单一指标预测不精准，但是收入成本联动后，最后的预测还是相对精准的。因此，整体联动的估值缓解了模型对参数精度的要求，提升了公司估值的稳健性。根据不同资产的产权属性在估值中谨慎选择退出价值方式，以获得最贴近真实价值的估值。

根据目标公司经营能力得出的绝对估值结果是相对买方而言的公允价值，市场价值还需要使用相对估值法和倍数校验进行调整。投资方要牢牢把握可比公司、可比指标的选择方式，在行业、盈利能力、增长率和管理营运水平等多个方面，选择与目标公司相似的可比公司。

在情景分析和敏感性分析中，选取重要的假设并研究因素变化的影响，从而合理确定报价区间和投资回报水平，帮助管理层做好项目投资决策和风险管控。估值重点是评估较差情况的影响是否能够接受，以及这个假设变动带来的风险有多高，从而判断出影响较大的因素，对其做保守化的调整。如果某一变量在范围内的负向变动使企业估值下降到难以接受的临界点，则需要使用协议、保险等方式降低该风险，无法覆盖时甚至可以考虑放弃该项目。

第七章

估值与协议条款

在海外投资并购活动中，合理运用协议条款可以有效控制估值模型中难以规避与量化的风险，同时规范交易对手方行为，降低信息不对称程度，进而有效推动并购交易的顺利完成。一般来讲，海外投资并购具有跨时期性和信息不对称等特点，估值与交易协议条款的“组合拳”工具可以实现公司效用的最大化，进而辅助并购交易的顺利完成，提升目标公司状况的稳健性与可靠性。

估值与交易协议之间是相辅相成的，可以共同解决并购中存在的风险，从数理角度将可量化的风险纳入估值模型中，并从协议角度对不可量化的风险进行分散约束和管理，能够得到最小风险水平下最具吸引力的报价结果。

本章重点介绍了交易协议中财税条款的相关内容，涉及交割价格调整机制、陈述与保证条款、承诺条款和赔偿条款等，阐述了相关交易协议条款在维护估值稳健性、保证目标公司事前的基本情况、规范事中事后双方行为等方面的内容。

第一节　协议条款与估值模型可靠性

一般来讲，通过估值模型的测算与分析，能够输出资产的成交价格。这是基于卖方的财务预测与尽职调查报告，综合考虑目标公司的价值以及买方风险承受能力的最终结果。然而，并非所有的风险都能够在估值模型中进行消化，协议条款有时是更具有性价比的选择，能够提供更完备的保障。因此，估值与交易协议之间是相辅相成的，不确定性则需要通过协议条款进行控制，公允的成交价格需要协议条款予以保护。

交易协议条款的设定有助于买方分摊风险和提高其报价的吸引力，相比于压降报价或许更容易被卖方接受。通过交易协议条款，买方可以转移严重影响估值和并购决策的潜在风险，保障投资的可行性和报价的吸引力。交易协议条款在某种程度上是风险与收益的再分配，卖方在信息方面具有天然优势，更愿意承担风险频率低、损失程度高的风险，以此提高并购价格。双方博弈后将产生最优的风险分配方案，达到共赢的效果。

交易协议条款对估值特别重要，以其中财务税务相关的条款为例，主要包括：交割价格调整机制、陈述与保证条款、承诺条款和赔偿条款等。相关交易协议条款可保证目标公司事前的基本情况、规范事中事后双方行为，并辅以事后惩罚措施，为估值的准确性保驾护航。一般来讲，交割机制具体体现为价格调整条款，是解决交易协议签订后目标公司价值变动的价格风险；陈述与保证条款是由双方就自身及交易协议条款相关事实所做的确认和承诺；承诺条款约定了能够采取或不能采取的行动；赔偿条款规定了违反上述约定后的赔偿责任。交易协议条款从不同角度相互配合补充，全面控制财务税务风险。交易协议中关键财税条款具体见表 7.1。

表 7.1 交易协议中关键财税条款

条款名称		内容	作用	与风控的关系	后续影响
交割机制	锁箱机制	以交易双方签订并购交易协议时的价格为基础调整漏损项目	确定交割价款	签订 SPA 后风险转移，若公司经营好转则获利，经营恶化则产生损失	确定最终价格的时间、成本及后续协商定价中的摩擦较少，促进双方共建信任与友好关系，估值水平可预期
	完全账目法	签订交易协议时确定基准价格，并根据交割日财务报表调整	确定交割价款	项目交割后风险转移，确保出价与目标公司接手时的公允价值相等	覆盖过渡期内可能发生的价值减损风险，有利于解决信息不对称问题，使估值更符合实际情况
陈述与保证		交易协议双方就自身及交易协议条款相关事实所做的确认和承诺	阐明情况	保证事前目标公司的基本情况	尽职调查的补充，确认了目标公司的情况，作为风险承担、赔偿依据和退出机制的基础，维护估值
承诺条款		约定了交易协议双方能够采取的行动或不能采取的行动	规范行动	确保陈述与保证的准确性，规范事中事后双方行为	防止过渡期内发生不利变化，促进交易完成，维护估值
赔偿条款		交易协议方违反股权收购交易协议约定，导致其他方损失时的赔偿责任	划分责任	违反陈述与保证、承诺条款的后果与惩罚	对双方起到约束作用，保障并购方的权益，弥补损失，维护估值

一、估值信息的准确性有赖于陈述与保证条款

陈述和保证条款可以确保估值基本面的准确性，提升整体估值水平。陈述和保证条款是站在更具有信息优势的卖方角度确认目标公司的情况，确保用于估值模型的历史参数准确无误，从而提升估值准确性。陈述与保证条款在保障交易完成的同时，确定风险承担、赔偿依据和退出机制，权责分明有利于降低投资风险，进而促进估值水平提升。

对买方来说，陈述和保证条款是尽职调查的补充。买方详细了解卖方业务需要花费大量时间精力，这部分信息成本可以通过卖方做出的陈述和保证分摊，并且更为有效。陈述与保证的详细程度取决于调研的信息成本和卖方承担风险的资金成本。如果买方有机会进行非常充分的尽职调查，就不需要卖方做出更全面的保证，也可以在谈判中以此为条件争取更低的购买价格。通常来说，比较重要的陈述与保证是不可缺少的，具体见表 7.2。

表 7.2　对买方来说比较重要的陈述与保证条款

指标类型	指标
目标公司结构	资本
	股份所有权
	组织架构
	足量的资产
	资产或证券的所有权
	无未披露负债
报表及纳税相关	财务报表符合通用会计准则
	纳税义务
其他方费用	经纪人和中介费用的支付
	雇员福利 / 人员退休收入保障法案
违约情况	欺诈
	不存在冲突
	卖方 / 目标公司政治公众人物不故意违约
	卖方 / 目标公司的交易协议违约情况
保证买方权利	买方应有的权限

对卖方来说，陈述与保证条款是以提升责任风险为前提，提高公司的并购价格。议价能力强的卖方可以使交易的结果与最初商定的价格更靠近，议价能力弱的卖方将在陈述与保证中承担更多风险与责任。如果交易协议双方对购买条款或价格存在争议，卖方可以通过陈述与保证说服买方，对其不利的情况会受到条款限制。在卖方资信不足的情况下，也可以与其高管、母公司和关联方一同做出陈述和保证。

以税务陈述与保证为例，税务陈述与保证确保税务现金流持续稳健估计。

税务管控是影响估值和协议的重要因素。从定量参数上看，税收政策的改变将影响企业未来现金流出的预期，同时折旧又会通过抵税影响实际现金流；从定性因素分析，跨国并购很容易引起税务机关关注，交易协议双方可以约定税务相关责任划分，降低争议风险，事前做好税务陈述与保证。

股权收购完成后一般不会改变目标公司原有的税务属性，最好能够继续沿用当前的加速折旧或税务亏损抵扣等优惠政策。对于股权收购带来的股本溢价计入资本公积，不改变目标公司资产的原价与折旧，也无法在持有期带来抵税收益，这部分溢价只能在后续清算或者转让时作为投资成本抵减应税收入。资产收购中，一些国家允许提升资产的账面价值至收购价款，相应提高后续折旧，提升未来期间现金流。

识别目标公司纳税义务合规性，可以降低估值未预期的风险。税务责任协商建立在事前买方发现税务风险基础之上，欠税这种对外负债的形式具有一定隐蔽性，难以在财务报表中体现。如果忽略欠税问题，将带来高估目标公司净资产的风险，导致并购成本虚增。此外，欠税问题还可能影响目标公司的信誉和评级，导致后续更高的融资成本。

二、交割价格调整机制保护估值的公允性

估值模型基于交割前买方能够获得的最大信息进行估值测算，价格调整条款能够解决并购中双方信息不对等导致的估值错位，可以在投后调整估值，促进企业公平交易。

价格调整条款是一种价值保护条款，解决并购中信息不对称程度高、双方估值不同的问题。通常估值基于目标公司的时点价值，估值时点与股权或资产转移时点存在一定的时间差，交割前后的价格调整机制，给予了买卖双方再次调价的机会，有助于买卖双方以更公允、更接近目标公司真实水平的价格完成交易。尤其是目标行业经营情况波动较大、行业风险大，或者交割时间很长时，价格调整机制的重要性更加凸显，不仅促进精准估值，也能够有效的激励和约束卖方或管理层团队，保障买方权益。

跨国投资并购中主要采用锁箱机制和完全账目法价格调整机制来确认最终并购价格，二者对目标公司价值波动的处理不同，分别代表在过渡期内由买方和卖方承担风险及收益。二者的选择涉及对尽职调查程度、营运风险、政治稳定性及卖方信用水平的评估，没有孰优孰劣之分，应根据具体情况实事求是地选择。

（一）锁箱机制价格调整

锁箱机制以事前估值为基础，确定交易双方签订并购交易协议时的价格作为最终成交价格，基准日一般为公司过去某一报表时点，基于目标公司历史数据及未来现金流情况得出估值。买方自估值基准日起就获得目标公司价值归属，正常经营的目标公司业绩具有延续性，在尚未支付价款的过渡期内将持续产生经营利润以及相关的经营风险，均由买方承担。同时卖方配合保证买方权利，做出无价值减损的承诺，原则上禁止现金流在交易期间流入或流出企业。相应地，买方需要向卖方支付过渡期间延迟支付交易价款的利息成本。锁箱机制基于买卖双方互信合作关系，可以减少双方确定最终价格的时间、成本及后续协商定价中的摩擦，有利于交易尽快达成，具体流程如图 7.1 所示。

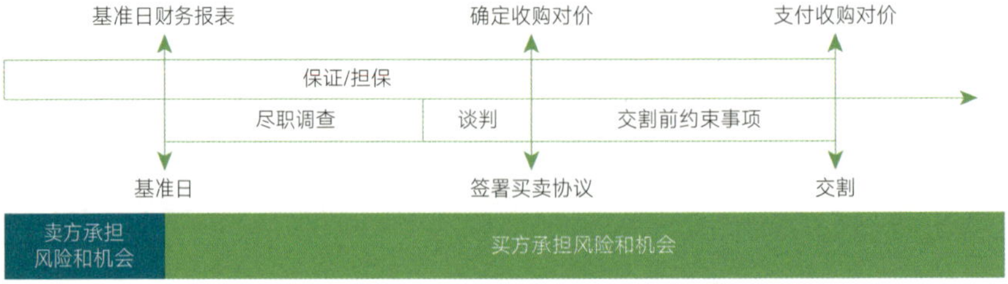

图 7.1 锁箱机制流程图

（二）完全账目法价格调整

完全账目法有利于估值的后续调整，交易双方在签订交易协议时初步确定基准价格，并根据交割日财务报表进行调整，具体流程如图 7.2 所示。调整公司估值的指标一般为营运资本、财务业绩等，需要通过价格调整条款实施。由于完全账目法在实际交割时才完成风险转移，最大化降低了交易前双方信息不对称的风险，并且将过渡期的实际经营情况反映在最终的支付价款中，更符合买方实际收到资产的真实价值。完全账目法通常会要求买卖双方在协议谈判阶段就明确好具体调整的会计科目，在具备条件后买方可自行或聘请第三方机构进行交割日账务审计，一般耗时较长、过程复杂，也容易发生买卖双方的争议，一定程度上加大后期交割的难度。

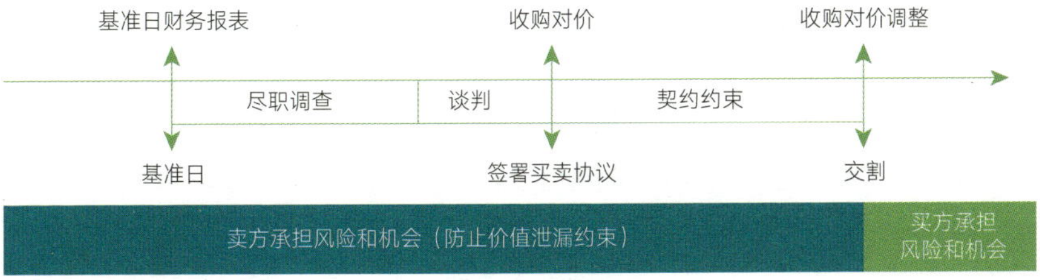

图 7.2　完全账目法流程图

以营运资本调整为例，操作方法包括全额调整法、超过最小额调整法、最大额调整法。全额调整法根据交割日相比基准日营运资本的变化直接调整，超过最小额调整法要求变化额超过约定界限才进行调整，最大额调整法则限制了调整的最大额度。

（三）价格调整条款优化

第三方的加入有利于提升价格调整条款的效率和公平性。聘请第三方独立会计师有利于价格调整条款发挥效用。协议双方对价格调整条款的理解不尽相同，若发生纠纷会阻碍并购进程、破坏双方信任程度。在签订协议调整条款时，双方可选定具有最终判决权的第三方独立会计师，产生纠纷时以其意见为准，不得再进行申诉。产生的费用可以约定平摊、由会计师指定方支付、或认定金额与最终赔偿金额相差大的一方支付。

在平衡成本效益的前提下，充分约定价格调整的范围。在价格调整条款的基础上，参考风险投资行业并购约定，业绩补偿条款成为一种新的探索方式。业绩补偿条款是当业绩达到约定目标时，买卖双方作出补偿和奖励的约定。一方面，业绩补偿承诺能够对卖方形成约束效应，延长了卖方承担责任的时间，要求卖方在出售前商业计划、投资计划时更加严谨审慎，促进双方的合理定价，达成双方公平交易。另一方面，业绩补偿承诺可以起到激励管理团队的作用，能够通过其信号作用显著提高协同效应和股东收益。

影响最终价格调整的条款分为财务指标和非财务指标。财务指标，包括营运资本、净资产、现金、KPI、产量等。非财务指标，包括管理层水平、回购承诺、管理层席位等。比如，若达不到业绩要求，投资方将获得被投资公司管理层的多数席位，以此提高投资方在公司中的话语权。价格调整条款的工具包括股权调整、货币补偿、可转换工具、投票权等。表 7.3 具体呈现了价格调整条款中存在的主要风险点和具体防控措施，对企业在未来价格调整方面进行指导。

表 7.3　价格调整条款存在的主要风险点和防控措施

阶段	风险点	产生原因	影响结果	防控措施
事前	市场风险	对外部因素调查不充分	经营业绩不及预期	增大市场调查力度
事前	尽调不充分	财务、税务、法律尽职调查不充分	并购公司内部状况不及预期	提高尽职调查标准
事中	估值风险	估值倍数、未来利润评估过高	股价过高，推高对赌标准	科学评估
事中	业绩目标风险	估值及对赌标准过高	对赌标准过高，企业激励不足	确定合理对赌标准
事后	高管短视风险	强调经营成果，投资短视	影响企业长期盈利能力，财务造假、过度投资	派遣高管进入公司
事后	履约风险	履约能力不足，协议存在漏洞	达不到补偿标准，陷入司法诉讼	强化审核和保障

三、支付方式保障估值与实际支付成本的一致性

估值模型无法量化后续支付风险，稳妥的交割先决条件和交割方式有利于保障支付的安全高效。跨国投资并购受国别汇率等影响不确定性高，财务风险贯穿并购的始末，根据不同公司财务风险水平选择合理支付方式，有利于降低成交成本与估值的差异。

（一）支付方式

现金支付具有高效性优点，但存在汇率波动风险和流动性风险。现金支付方式便捷、不影响后续融资支出，能够促进并购顺利完成，不必在确定估值后再协商股份比例和债券安排。对买方来说，现金流是企业生存的保障，一次性支付大笔并购资金将增加企业的营运风险。面对波动的汇率环境，投资者常用对冲手段解决过渡期市场风险，可选的对冲产品包括外汇远期合约、外汇期权和货币互换

等。对卖方来说，现金支付可以使并购价款尽早落袋为安，但不具有股权支付延缓纳税的效果，收到的价款中高于股权账面价值的盈余部分需要缴纳所得税。

股票支付通过向卖方发行股票置换资产，降低短期内的资金压力，分散公司控制权。股票支付在短期没有付现压力，只需要在未来进行利润分配时向卖方发放股利，可以避免强制性的现金支出，具有更高的灵活性。使用本公司所有权置换目标公司所有权需要卖方认同买方的股权价值，可能面临更高成本。买方选择减持本公司并增持目标公司的行为从侧面说明了买方更看好目标公司，卖方为避免损失倾向于要求更多股权。

债券支付将增加投资方的财务风险，可以避免现金流不足的问题，以更少的短期支出撬动并购。债券支付有两种方式，一是直接向卖方发行债券并购目标公司，二是向社会公众借款进行杠杆收购。借款利息还有抵税作用，达到一定体量甚至能使企业达到免税条件。债券支付在短期规避了高额现金流出，长期来看需要付出更高成本，具有高风险高收益的特征。高成本体现在并购所需的巨额资金需要支付繁重利息，且时间越长累积的利息开支越重；高风险产生于公司按约定偿付的经营财务风险，及无法偿付的信用降级风险；高收益体现在杠杆并购，以目标公司资产及收益作为担保增强信用、降低借款利率，并利用目标公司后续经营利润来偿还借款本息，起到以小博大的作用。

（二）支付时间

多次支付及托管等手段可以保障资金安全，降低因资金安全问题导致的估值无效。

买卖双方确定价格的过程是一场拉锯战，从签署买卖协议到交割日，之间存在漫长的过渡期，买方担心资产发生不利变化，卖方担心验收后货款不到位。在支付方式的选择上，一次性支付有利于卖方钱货两清，但对买方来说缺乏保障；多次支付可以激励卖方遵守协议约定维护资产现状，但会拉长卖方收回价款的期限与风险。

一般情况下，在签署交易意向书后投资方需要先支付交易意向金，这笔资金体现买方购买的决心，可以在后续转为交易价款，若交易终止也能保障卖方权益。并购方可以禁止被并购方向第三方推销和出售标的，被并购方反过来也能要求并购方支付保证金，如果最后并购方选择违约退出，保证金不得退还。因此，并购方应当尽量降低保证金，必要时可以采用第三方托管限制卖方对保证金的支配权，并严格限制保证金转移的约定情况与退还。

第三方托管具有独立性，买方先将剩余货款的所有权转移给托管方，托管方严格按照约定事项处置。若有索赔事项发生，则在扣除相应款项后向卖方拨付剩余资金。

（三）交易的税费承担

收购方式与估值中的税务处理一致时，估值结果才是可靠的。在跨国投资并购中常见的两种收购方式是股权收购和资产收购，二者分别采用不同税率，会对估值模型中的现金流估计造成影响。此外，并购交易中税费是由卖方还是买方承担应在交易协议中明确规定，并且与估值的税务假设呼应。

股权收购中，投资方接替卖方成为公司股东，相当于间接接手整个公司资产和负债对应的比例。资产收购不改变卖方的独立性，只是取得目标公司部分资产的所有权，在目标公司资不抵债或仅转让资产时适用。不同收购方式性质上的差异指向不同税务安排，通常情况下股权收购涉及的税种更少。股权收购与资产收购的纳税比较具体见表 7.4。

表 7.4　股权收购与资产收购的纳税比较

并购方式	纳税品种
股权收购	资本利得税、印花税
资产收购	资本利得税、印花税、契税、流转税

第二节　估值模型、协议条款与风险控制

对于风险控制，协议条款对不可量化风险的解决措施通常不会大幅降低潜在

标的的估值报价水平，因此更容易被卖方所接受。其中，协议条款中的陈述和保证、承诺条款及赔偿条款是从并购交易的事实与行为出发，对潜在并购风险进行控制，涉及风险与收益的再分配。由于卖方在信息方面具有天然优势，因此更愿意承担未来风险发生频率低、损失程度高的风险，以此提高并购价格。买方则认为可将严重影响估值价值和并购决策的风险通过协议方式转移给第三方，以保障投资的可行性与报价的吸引力。最终，双方在充分博弈后将产生最优的风险分配方案，达到双赢的效果。风险控制条款的作用及相互关系具体见表 7.5。

表 7.5 风险控制条款的作用及相互关系

条款名称	概念	作用	关系
陈述与保证	协议双方就自身及协议条款相关事实所作的确认和承诺	阐明情况	部分承诺条款与赔偿条款的前提
承诺条款	约定了协议双方能够采取的行动或不能采取的行动	规范行动	可确保陈述与保证的准确性； 部分赔偿条款的前提
赔偿条款	协议方违反股权收购协议约定，导致其他方损失时的赔偿责任	划分责任	违反陈述与保证和承诺条款的后果

一、承诺条款和信息披露条款

（一）承诺条款在事中事后维护估值稳健性

承诺条款规范双方行动，进一步控制风险、维护估值。承诺条款的重要作用之一就是配合陈述与保证条款，承诺交易事实的准确性。在并购活动中，虽然并购业务的双方都希望交易事项有序完成，但不同角度下买方希望对目标公司进行详尽的调查与现场查阅，而卖方则希望买方尽可能减少对经营业务的干扰。承诺就是协议双方希望的实体化，通过条文的方式具体约定达成目标的行动。

承诺分为积极承诺和消极承诺，分别代表着协议方需要有所作为和不得付诸的行动。承诺条款通过条文的方式约定交易协议双方的具体行动，买方通过承诺条款获得对目标公司详尽调查的权利，保证投资并购后卖方不干扰经营；卖方通过承诺条款减少买方在投资并购前对经营业务的干扰，促进交易事项完成。为保证承诺条款切实发挥作用，重要的基础承诺可以作为先决条件和成交挂钩。

承诺条款是风险控制中重要的一环，能够提升公司估值的准确性、稳健性。准确性体现在卖方承诺成交前允许买方查阅目标公司的经营情况，有利于买方获取估值需要的详细信息，促进交易完成。稳健性体现在双方承诺促进交易完成，保证资产在过渡期内不发生重大不利变化，有利于后续现金流靠近事前估计情况。

承诺条款将部分经营风险分担给卖方，减少了投资并购前后的经营风险，对买方来说降低了经营的不确定性。承诺条款涉及并购的整个流程，有利于推动交易顺利进行，保证买方权益。在交易前，承诺条款可以促进交易完成；在交易后至交割前，承诺条款保证交割的基础，防止资产在过渡期内产生重大不利变化；在交割后，承诺条款仍然有利于目标公司的营运，例如禁止同业竞争、高管留任等，还可以要求卖方提供一定的过渡期服务。

（二）披露函

披露函，是公司方为了达到披露目的、免除违约责任而向投资方出具的函件。其既说明了陈述和保证的例外情况，又提供了补充披露的信息，一般以附件或补充文件形式存在。通常卖方会在披露函中对已说明的例外情况进行免赔，而买方只能选择接受、协商或放弃交易。不同国家的披露函存在差异，美式文件的披露函非常具体，英式文件分一般披露和具体披露。

由于并购从尽职调查到成交间隔时间较长，披露函涉及签约前修订和协商成交日之前的更新，在过渡期内如果出现导致陈述和保证不准确的情况，需要及时向关联方披露。双方约定在过渡期内披露新的内容是否构成对披露函的更改，同时约定卖方在交割日发出的第二份披露函是否能够规避新的责任。此外，沙袋条款认为，如果买方在交割前已知晓卖方违反陈述与保证但仍选择交割的，相当于自动放弃该索赔权。反对沙袋条款则支持买方仍具备索赔权，选用哪种条款取决于双方的谈判地位。折中的做法是允许卖方变动特定章节，同时保留买方终止交易的权利。

披露函一般默认不披露公开信息，内容过多会增加审阅的成本；语言模糊会给买方获取信息带来困难，也不利于卖方转移责任。需要注意的是，卖方在沟通、文件传输时传递给买方的信息也视为已披露。在披露信息时，买卖双方需要注意保密义务，如果涉及重大问题的披露，可能需要向买方提供相关文件并进行解释。买方可以依据披露的问题调节并购价格或要求卖方在交付前改正，如果问题重大，也可以放弃交易。因此，部分卖方会刻意拖延披露重大问题。

（三）制定陈述与保证条款

在制定承诺和保证时，协议方应当尽可能将所有已知、未知的风险与责任配置给做出保证的一方，卖方可以对陈述和保证添加限制语，规避范围之外的风险责任，通过谈判确定最终范围。例如，卖方会要求知情权的限制，知情的人员名单需要经过协议双方商谈才能确定，在协议中可以体现为“据卖方所知”。在陈述和保证条款中存在“重大”“重大不利影响”“知悉”等概念，在使用时需要注意。

买方一般会要求卖方在签约日和成交日分别作出陈述和保证，但卖方更偏好仅在签约日做出，规避成交日后公司情况发生变化的风险。陈述和保证效力覆盖的时间范围通常被称为“生存期”，在这期间内发现虚假陈述和保证才有权获得赔偿，因此需要谨慎选择。时间范围可以包括过去、现在和未来，不同范围所涉及的风险与责任也有所差异。然而，部分国家地区的控制性法规明确禁止合同缩短本应适用的时效，延长了“生存期”的最低长度，限制协议双方通过陈述与保证分散风险。对不同的陈述与保证可以设定不同索赔期，根本性陈述与保证的索赔期一般都长达数年甚至无限期，因为这是买方并购的前提；环境与税务事项的索赔期也相对较长。

常用承诺条款详见表 7.6，展示从全流程提升公司估值水平的承诺条款。

表 7.6 常用承诺条款

阶段	交易协议方	承诺条款
成交前承诺	卖方	进入和查阅
	卖方	业务的经营
	卖方	特定事项的通知
	卖方	第三方同意

续表

阶段	交易协议方	承诺条款
成交前承诺	买方、卖方	政府审批
	买方、卖方	促成交易
	买方	努力完成交易所需融资
成交后承诺	卖方	不竞争
	卖方	不招徕
	买方	员工待遇
	卖方	过渡期服务
	卖方	诉讼协助
	买方、卖方	保密义务
	买方、卖方	税务、环保等特别承诺

二、报价策略与协议谈判

一般情况下，信息的确定性越高估值水平就越高，越能够提供具有吸引力的报价。当把一个风险点纳入估值模型以后，整体不确定性大幅提升，输出结果产生落差，就不利于在竞争市场上争夺优质资产。此时建议买方使用风险管控协议统筹规划覆盖此风险，降低风险发生的损失和概率，以此来保证价格的竞争力。

协议条款的设定是分散风险的重要一环，涉及责任的再分配，会反向影响并购价格，主要通过赔偿条款进行。赔偿条款在风险发生事后按协议进行赔偿，站在事前的角度相当于对风险上了保险，与陈述和保证条款一并使用，起到双重保障的作用。对风险的覆盖提升了买方愿意支付的并购报价，对风险的承担提高了卖方的售价预期，协议条款对并购价格的影响取决于双方对风险的评价。

第三节　交易后事项

一、赔偿条款事后覆盖风险直接保障估值

赔偿条款是起到事后保障作用的风险控制交易协议条款，双方会商定赔偿条

款作为违反约定需要做出的补偿，具体金额根据损失程度和重要性决定，相当于给违约行为定价，起到威慑和保障作用。

赔偿条款对双方起到约束作用，保障并购方的权益，对卖方的约束更大。赔偿条款的生效依据是协议方违反某些义务和承诺，通常为陈述与保证条款，有金额和期限的限制，损失高于最低金额才能生效。

（一）跨国并购中的赔偿条款

赔偿条款是与估值报价距离最近的环节，有效保障了目标公司的估值。其他交易协议条款多数都在约定行动和事项，通过风险影响报价，不涉及金钱往来。赔偿条款一般直接将风险与估值联系起来，当风险发生时买方可获得交易协议方根据约定赔偿的金额。可将赔偿条款对估值的作用形式拆分成两个环节，风险发生将会拉低公司估值，再通过赔偿现金的形式流入买方方面拉高估值报价，即赔偿条款从现金流层面保证了估值水平，相当于给指定的风险加注保险。

赔偿条款常用损失来计算赔偿额，双方应明确损失的范围。为维护己方利益，卖方会认为损失指向直接损失，而买方倾向于把间接损失、附带损失、价值减损都计入损失，如果事前没有协商一致易引发不必要的矛盾。例如，针对第三方责任赔偿事项，卖方一般会要求当违反不同索赔义务导致同一项损失或有第三方赔偿时，对剔除重复后的部分进行赔偿。当赔偿事项发生时，买方有义务阻止损失扩大，由于买方的不作为导致的额外损失不得向卖方进行索赔。此外，卖方也会要求买方在使用保险规避风险时放弃代位求偿权，以避免保险公司跨国进行代位求偿。如果买方对卖方的赔偿能力持保留意见，则可以使用托管、扣留价款等手段，保证赔偿条款的有效性。

（二）分手费

由于存在政府审批未通过、尽职调查未完成等多方面原因，并购交易存在无法完成的风险。电力项目投资一般属于敏感领域能源项目，需要注意东道国政府是否存在相关法案或需要审批，如美国立法的《2007 年外国投资和国家安全法案》及欧盟要求辖区内的并购项目都经过审批等。终止条款为双方提供了退出机制，需要谨慎签订，列明协议终止的情形。终止费和反向终止费分别是因为融资方和投资方原因无法完成交易时向对手方支付的费用。

分手费是因卖方交割受阻导致交易失败时向买方支付的赔偿金。通常卖方希望能够降低该项费用，并谨慎设定支付要求；买方倾向于提高分手费，并扩大分手费的条件范围。反向分手费是由于买方原因无法完成交易时需要向目标公司支付的费用。赔偿条款对双方都起到约束作用，但综合来看对卖方的使用更多、约束更深。此外，由于交易不确定性高，应当对保函订立严格的支付条件，确保资金安全。

总之，对于有些交割前预期发生概率大的事项，可以在交割之前经过双方协商，将其做量化处理，并且从估值中给予扣除。但是对不能够完全量化的风险，如果卖方或买方不愿意量化，抑或双方协商决定根据实际发生情况赔偿的，可以设置在交割后的赔偿条款中。

二、索赔和补偿

赔偿条款涉及资金交易时需要谨慎制定，卖方应利用好赔偿条款，在有效时间内维护自身权益。

赔偿条款有金额和期限的限制，当发生的损失高于最低金额时买方才有权索赔，且风险须发生在交易协议约定时间内。一方面，赔偿金额存在上下限，上限是赔偿金额的最高额度，从并购价款的 10% 到全额，根本性陈述与保证可以不设限。下限是起赔点，可以分别设置单项赔偿门槛和总赔偿门槛，当索赔金额达到门槛要求时才能向卖方发起索赔。赔偿款的计算方式有全额和差额两种，全额是赔偿所有约定的损失，差额是赔偿扣除免赔额后的损失，其中免赔额一般低于或等于赔偿门槛。另一方面，赔偿条款的有效期一般为成交后一年到两年，对于重大的基本陈述与保证，可以不设置追责有效期。

因此，设定承诺条款并非一劳永逸。在设定承诺条款以后，买方仍应对相关事项采取必要的监督和调查，防止卖方消极应对。特别是业绩相关承诺具有不确定性，买方应防范管理层为短期业绩采取激进、竭泽而渔的投资行动。在承诺条款设立中可以配置监督、激励等手段，配合赔偿条款从多方保证卖方切实履行合约内容。

赔偿范围可以扩大到包含损失以外的因素。当风险发生时，通常需要聘请第三方律师判断具体赔偿额度，这笔律师费是损失衍生出的必要开支，因此可归属于风险损失。卖方倾向于只包含直接损失，而买方希望损失的定义包括间接损失、附带损失和价值降低等，例如风险对利润、收入产生的影响。通过商讨，最终赔偿的金额可能大于、等于或小于风险的直接损失。

赔偿资金不必来源于卖方账户。赔偿多数是单方面的资金转移，由卖方保管存在信用风险，仅当卖方信誉佳或有资本雄厚的母公司作为担保时比较可靠。因此，建议采用托管、延迟支付等方式保证赔偿条款发挥效用。

三、其他交易事项跟踪

一般来讲，卖方存在履约能力差或股东分散等风险。在此情形下，买方可能面临卖方违约风险高、追责困难的问题，因此在并购完成之前，应当设置资金隔离机制，将资金放入第三方托管机构或部分扣留。设置托管账户能够保护权益、隔绝风险、确保卖方履行赔偿义务，在国际并购中可以保证一方支付价格款项调整的义务。也可以购买保证和赔偿保险，当卖方违约时由保险公司支付赔偿金额。

并购比例与分红要求。在并购比例高的情况下公司将成为目标公司大股东，因此需要签订保证大股东利益的股东协议，例如在安排分红政策时可以减少股利发放。在投资比例低的情况下，签订的协议需要保障中小股东利益，可以签订反稀释条款，要求后续等额投资获得的份额小于本次投资。可以联合其他小股东使用共同投票权条款，增加在目标公司中的话语权。此外，由于小股东在目标公司未上市时转让股票受到一定限制，可以签订共同出售权条款，在大股东转让股票时随售。

管理层治理的有效性影响目标公司未来收益情况。若目标公司管理层治理有效，并购后最好保证管理层不发生较大变动，可以签订关键人条款，对企业管理留任提出要求。若原管理层治理能力不佳，可以签订管理层约定条款。这样，当业绩等指标不及预期时，投资方获得更多管理层席位；当业绩达到目标水平，投资方也可以获得期望的收益。

第四节　其他条款及协议对估值的调整

一、购电合同

购电合同是公司与购买电力的购电方之间签订的合同，是电厂收入的主要来源。对目标公司未来收入的估计应当依据购电合同，如果为容量电价，则收入与实际用电量无关，收入与支出都相对固定；如果为电能电价，售电收入和供电量正相关，在计算时就需要考虑边际收益和变动成本。购电合同的价格调整条款也会对收入产生影响，例如价格是否根据通货膨胀等指数增长，是否和汇率挂钩等。不同国家的电价有所不同，主要原因是政府电力补贴、税收、电力资源、发电设备、地理特点等方面的国别差异。

在估计收入时也要注意购电方信用风险。在尽职调查时要注意目标公司的客户群体，国家机构和大型企业的信用风险相对较低，民营企业和中小企业的信用风险相对较高，在经济下行的时候付款风险将会放大。如果客户有担保，则可以适当降低信用风险的评估。

不同国家拥有不同的监管政策，对收入的核定也不同，在很多情况下收入是监管机构根据公司的营运成本、折旧、监管资产、回报率和税务补贴等因素计算出来的。公司可以通过降低成本、提高杠杆等方法，在收入确定的情况下提高利润水平。

二、执行协议

特许协议是东道国政府或准政府机构授予公司开发、修建和营运项目的许可。一般来说，政府特许在基础设施公用事业领域和大型能源、矿产资源项目中比较常见，并且有外包给私人部门的趋势，一是因为私人部门更高效，二是为了转移风险。

在特许协议中，被特许人的承诺一般为尽职履行项目责任，包括根据协议完成项目的建设营运、满足特许人的各种要求，以及对项目各方面负责、承担过程中的风险和违约责任等。特许人的承诺一般为提供项目顺利实施的外部条件，包括提供必要场地、运输基础设施、税收优惠和补偿。以上是承诺的大体方向，具体承诺条款需要根据项目实际情况制定。

执行协议是特许协议的一种，常出现于需要政府支持的电力项目，协议双方为政府机构和项目公司。由于购电协议的对手方通常为由政府控股但非政府机构的电网公司，故需要签署执行协议规范项目公司和东道国政府的权利和义务。有些国家的执行协议在签订时就已经限制了有效期限，包括可续期的最长期限，例如巴西电力行业的特许经营权。

政府的义务包括尽快发放政府许可、确保电网公司按时支付电费、对项目进口设备的税收优惠和给予项目公司外汇方面的支持以方便其融资等。此外，执行协议也可以约定项目公司对政府的承诺。

三、反稀释条款

反稀释条款是基于自治原则签订的，能够防止股权结构上投资者股权比例降低的条款，具体表现为转换权和优先购买权。转换权是目标公司发生送股，以及股份分拆、合并等股份重组情况时，对转换价格作相应调整，以确保其持股比例的权利。优先购买权是目标公司后续融资增发新股或者老股东转让股权时，在同等条件下，私募投资人享有按比例优先购买或受让的权利。

反稀释条款的另一个作用是防止后续降价融资过程中股份份额贬值，具体为棘轮条款。当企业不得不以更便宜的价格出售股权或更低的作价进行融资时，通过签订棘轮条款，前期进入的投资者可以获得补偿。完全棘轮条款对投资人过去投入的资金所换取的股份全部按新的最低价格重新计算，加权平均价格条款以所有股权的加权平均价格重新计算投资人的股份，计算公式如下：

$$A=\frac{B\times C}{\dfrac{B\times C+D\times E}{C+E}}-C$$

式中，A 为起初投资者得到的股数；B 为期初投资者每股金额；C 为期初投资者认购股数；D 为后期融资每股金额；E 为后期发行数。

第五节　本章小结

估值与交易协议之间相辅相成，估值量化风险，协议对不能量化的风险做防范和补充。根据能否预测风险发生的可能性及损失数额，在估值中将风险分类为可量化的风险及不可量化的风险。可量化的风险通过估值覆盖，无法量化的风险则不便于纳入估值模型，否则将导致模型产生有偏估计。通过交易协议条款约定双方行为和责任，能够从根本上覆盖风险产生的损失，进而有效控制不可量化的风险。

估值模型和协议条款的合理的组合能够得到一定风险水平下最具吸引力的报价。虽然将所有风险纳入估值模型确实能够得出一个更为准确的结果，但也会带来一定不利影响。一是降低了报价水平，在负利率时代电力资产由于稳健盈利的特点更受偏好，报价低不利于在国际市场上竞争优质电力资产；二是估值模型纳入的风险估计不完全准确，很难预测某一风险是否发生、若发生将带来多少损失，因此纳入模型的只是一个中性的估计，与最终发生的情况很难完全吻合。如果尾部风险发生，事前仅使用估值模型将严重低估损失，产生较大损失。

协议条款的使用常常能够完全杜绝风险的发生或者起到完全的保障作用。价格调整条款可以解决签订协议后目标公司经营情况大幅变动的风险，竞业协议可以杜绝卖方后续市场竞争的风险，赔偿条款可以约定卖方完全覆盖后续损失，陈述与保证条款保证了极端情况发生时买方终止交易的权利。协议条款的签订相对来说比较明确，后续发生情况更为可控。此外，协议条款对风险的解决不会使报价水平大幅降低，是更容易被卖方接受的手段。最后，协议条款虽然能够减少营运的不确定性，但不能防范所有风险发生，后续管理监控也很重要。

第三篇 拓展应用篇

第八章

在动态估值中寻找价值驱动

估值模型是重要的投后运营管理工具，估值模型的最大的作用并不是得出一个结果、一个数字，而是在估值过程中发现价值。对于企业的运营管理而言，有效识别和分析价值驱动因素是企业成功的关键，若将相关因素汇总研究，可以为企业的盈利模式分析提供有效分析平台。

企业价值的实现充分依赖于已投资企业的科学财务决策，通过对价值驱动因素的研究分析，精准施策，能够指导海外企业超额收益的实现。一般来讲，不同海外电力资产监管机制决定了公司收益获得的模式，也相应确定了不同价值驱动因素。通过系统梳理海外电力资产投资价值构成，识别企业投资的闭环核心流程，可发现存量资产增值潜力、识别新增投资发展机遇。

本章分别从价值驱动分析的理论基础、价值驱动因素分析和价值驱动因素指导电力资产投后管理等三个方面，具体探讨通过对价值驱动因素的研究分析，精准施策，指导海外企业超额收益的实现。

第一节 价值驱动分析的理论基础

经典的公司财务理论，首要目的是实现股东价值最大化，合理的财务决策是实现这一目的的主要路径。一个企业的经营成功与否、一个企业是否具有存续发展的能力，最关键在于其财务决策是否正确。在价值管理时代，企业价值概念已经成为现代理财学的核心概念之一，企业价值理论和企业价值评价理论也成为企业财务学的核心理论。在基于价值判断的基础上，企业价值及其评价理论也是财务决策的理论基础，各种财务决策都需要以企业价值预测为前提而提出，因此，对持续经营状态下的企业估值进行价值驱动分析成为优化财务决策方式，寻找价值驱动因素，实现股东价值最大化目标的重要理论工具。

一、企业价值概念界定

不同条件下，企业价值有不同的表现形式，体现为不同的价值形态。会计师、经济学家、投资家和证券从业人员使用的企业价值概念和定义是不同的。在持续经营假设、公开市场假设和破产清算假设下，企业价值类型主要包括企业账面价值、企业公允价值、企业清算价值、企业内在价值。

企业账面价值是企业全部单项资产扣除全部负债后的账面价值总量，即企业净资产在会计计量时的价值。由于财务报告中的资产是以历史成本计价，没有考虑如通货膨胀和过时贬值等重要因素的影响，因此现实中直接以账面价值来评价企业资产价值的情况非常少。

企业公允价值是在充分有效的理想市场状态下，供给与需求的均衡点价格。在国际评估准则委员会制定的准则中，公允价值的定义为：在信息完全、行动慎重并且不受强迫的交易者组成的资产市场上，经过合理的市场营销期，自愿交易的买方和卖方在评估准则日内正常交易的情况下达成交易时资产的价值。企业公允价值作为一种新计量属性，其最大特征就是来自公平交易的市场，是经恰当的无特殊关系的交易活动后达成的，交易各方充分考虑了市场信息所达成共识的市场交易价格，其交易行为是谨慎的，并且不受强制。

企业清算价值是企业终止经营时，其全部资产所能实现的价值。在清算条件下企业的出售者是在较短的公开市场期限内非自愿或被迫地处置企业资产，因此，资产的清算价值不考虑企业在未来的可能收益，并且通常低于资产正常交易条件下的市场价值。

企业的内在价值是指企业可预见的未来预期可以产生的现金流量的现值，它为评价投资和企业的吸引力提供了唯一的逻辑手段和标准。在市场经济条件下，合理界定企业内在价值是投资者从事财务活动并做出正确决策的基础。巴菲特作为对企业内在价值分析原理运用最成功的投资大师，对企业内在价值的分析有着自己独到的见解，并在其著作《巴菲特致股东的信：美国股份公司教程》中指出："企业内在价值是指企业在其余下的寿命中可以产生的现金的贴现值。但是企业内在价值的计算并不如此简单，它是估计值而不是精确值，而且它还是在利率变化或者对未来现金流的预测修正时必须加以改变的估计值。"

企业内在价值是企业投资的基础，且不同于企业的市场价值。企业的市场价值是市场上众多投资者对企业内在价值所做估计的综合。对于市场价值和企业内在价值的区别，本杰明·格雷厄姆早在20世纪30年代就精辟地指出，企业内在价值是一个难以把握的概念，一般来说，它是指一种有事实作为根据的价值，它有别于受到人为操纵和心理因素干扰的市场价格。同时，企业内在价值的影响因素对市场价格的影响是部分的，因为纯投机因素也经常从相反的方向影响市场价格；这种影响又是间接的，因为它要通过人们的感觉和决定才能起作用。另外，企业内在价值也不同于企业账面价值。企业的内在价值强调的是企业的盈利能力，而企业的账面价值则强调企业资产的成本。对于一个企业来说，内在价值是企业经营所产生的未来现金流量的现值，所以企业内在价值的高低不取决于企业投入了多少，而是看企业能产生多少经济效益。如果一个企业经济效益很差或没有经济效益，那么即使其财务报表上资产数量再多，其内在价值也会很低。反过来，如果企业的资产数量少，但是盈利能力很强，那么该企业的经济效益很高，其内在价值也将远远超过其各单项资产价值之上。

因此，企业内在价值是企业价值的基础，并体现了企业未来的收益能力，即企业价值的理论价值。企业估值的高低取决于特定条件下企业内在价值可实现的程度，即在特定条件下企业内在的获利能力转化为超额收益的数量及获利持续的时间，因此得出的企业估值属于一种价格范畴。

对投资者而言，如果市场是完美、理想和有效的，那么就无须区分企业的内在价值、公允价值和市场价值。但在现实中，市场是不完美的，因此区分企业价值的不同表现形式是十分重要的，只有这样才能进行正确的企业价值评估，从而作出正确的公司财务经营决策。理性的投资者对企业进行投资的目的是使资本增值，按照其要求的投资报酬率获得未来收益，因此，投资者进行财务决策时，看重的就是企业的内在价值。对于企业的经营者而言，企业财务经营决策的目标是使企业的价值最大化，要实现这一目标就必须高效地进行各种财务活动，正确地进行各种财务决策，从而提高企业的未来获利能力，因此，企业经营者同样需要对企业的内在价值进行评价。

二、企业价值评估与价值创造

在一个经典的MM世界里，企业价值表现为未来预期自由现金流量的现值，即企业自由现金流量基础的评估模式。这是一个客观存在、动态变化的价值，主要取决于资产负债表外的价值驱动因素。在过去的半个世纪里，这种方法一直为理论界所推崇。莫迪格莱尼与米勒关于企业价值概念的界定，成为后续进行财务相关理论分析的前提和基础。根据MM理论，企业的市场价值划分为权益资本价值 E 和债务资本价值 D 两部分：即 $V=E+D$。企业价值是企业在未来经营活动中产生的现金流量的现值，即企业价值是企业未来现金流量的资本化。

根据MM定理无税模型，无论是企业价值还是加权平均资本成本，均与资本结构无关。但是当存在企业所得税的情况下，资本结构决策不再是可有可无的决策，不同的资本结构会导致不同的加权平均资本成本，进而导致不同的企业价值。根据MM理论，企业价值创造的根本来源是企业的投资活动和经营活动，融资决策所带来的企业价值的增加仅仅是由于负债利息抵税的原因，而与企业通过投资生产经营活动带来的企业价值增加无关。

在20世纪80年代后期，出现了一些新的价值评估模型。1989年，美国罗伯特.S.卡普兰与戴维·P诺顿在研究企业经营绩效评价指标体系——平衡计分卡时，以全新的视角提出了企业价值的驱动因素，其基本模式为：企业价值=产品/服务+形象/声誉+客户关系。平衡计分卡的目标和指标源自企业的愿景和战略，从四个层面衡量企业未来绩效，包括财务、客户、内部业务流程、学习与成长等驱动因素指标，如图8.1所示。

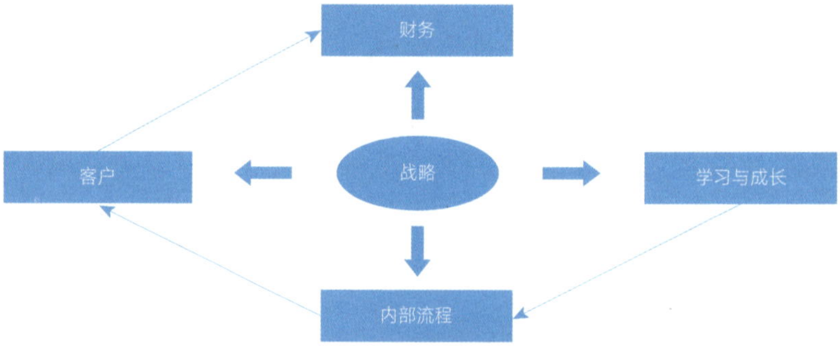

图8.1 平衡计分卡

平衡计分卡的结构图中，企业的价值创造起源于其资源的投入，经过产品和服务的开发、生产和销售等过程来生产价值。企业的价值生产过程是指其内部所有的业务流程的组合，即企业首先要确定客户的需求，根据需求研究开发产品与服务、或者制造并销售产品与服务、或者提供销售服务等满足客户需求的所有活动，从而使其经营业绩得以有效提升。优化企业内部业务经营，目的是提升客户满意和实现股东价值最大化。正如卡普兰对平衡计分卡的评价："平衡计分卡抓住了关键的价值创造活动，这些活动是由拥有技能和受到激励的组织成员实施的。它清楚地揭示了获取卓越的长期财务和竞争力绩效的价值驱动因素。”

第二节　价值驱动因素分析

从现金流折现的角度来看，公司的静态估值结果由公司未来的现金流和资本成本共同决定。在投后运营环节，股东价值最大化目标的实现依赖于被投企业科学的财务决策，包括资本投资决策、融资决策与股利政策等。不同水平的财务决策会带来不同的现金流量及其成本变化，因而会影响到企业价值的大小。在一个有效的资本市场上，任何能带来高效益的投资项目的采纳都会带来价格的上扬。科学的财务决策主要表现在它能够充分发挥企业一切有助于股东价值最大化的特征。价值驱动因素分析的目的是寻找有益于股东价值最大化的最优财务决策方式。

一、价值驱动因素对企业价值的影响机制

随着价值管理的兴起，对价值驱动因素的研究也引起了理论界和业界的广泛兴趣。价值驱动因素，顾名思义就是对价值产生影响的一组变量。传统对价值驱动因素的研究主要集中在财务指标上，如拉帕波特提出的销售增长率、营业毛利率、所得税税率、营运资本投资、固定资产投资、资本成本和公司价值增长期等驱动因素。

随着研究的深入，逐渐揭示出两类影响企业价值的驱动因素，即指导高层管理人员的财务指标和驱动整个组织绩效的非财务性激励指标。研究表明，非财务性激励指标与价值最大化目标并不矛盾，财务上成效卓著的企业通常在客户满意度、学习与创新和内部流程等方面也很成功。此外，价值驱动因素还与组织的层次相吻合。美国麦肯锡公司的卡普兰等人在其所著的《评估》一书中，将价值驱动因素分为三个层面：第一层面是投资回报率，是从一般意义上讨论各种类型企

业的价值驱动因素，是站在整个经营单位的角度，意味着按经济效益来直接衡量价值创造。第二层面是从某一具体的职能部门的角度识别价值驱动因素，意味着客户服务、市场份额、产品质量或生产能力的某种综合。第三层面是最基层的操作性价值驱动因素，这些操作性的指标可以直接用来激励和指导员工的行为。随着知识经济时代的来临，人们越来越关注知识资本（智力资本）对企业的影响，对于价值驱动因素的研究也相应扩展。

图 8.2 形象地表明价值驱动因素对企业价值的影响过程。由于企业不可能直接控制财务指标，而是通过更下一层次的非财务指标来实现财务指标的控制，通过财务指标的变化影响企业的内在价值，最后通过企业的市场价值体现出股东价值的增加，即企业价值的增长。该过程说明：第一,一个组织不可能直接作用于价值，只有通过作用于它能够影响的指标，如客户满意度、成本、资本开支等来间接影响价值。第二，企业管理者通过把投资收益分解成多项财务指标来进行价值驱动因素分析，但由于管理者无法直接影响财务指标，只有通过影响经营因素才能做到，因此，管理者还需再进一步了解非财务因素——具体的经营细节，才能够分析具体的改进行为。同时，正是通过这些价值驱动因素了解组织的整体运行，以深刻理解哪些绩效指标将实际驱动企业价值，这些就是企业的关键价值驱动因素。第三，通过对关键价值驱动因素的认识，有助于管理者和员工理解价值是怎样创造的以及怎样才能使价值实现最大化，有助于根据价值驱动因素的优先顺序优化企业的资源配置。第四，虽然很多企业都把注意力集中在目前的经营上，但是随着业务的成熟或萎缩，企业要想获得持续的价值增长就得找到经营业务增长的途径。因此，价值驱动因素分析除了要注意那些能提高目前投入资本收益的因素，也要关注那些影响企业长期价值增长的驱动因素，尤其是其中的非财

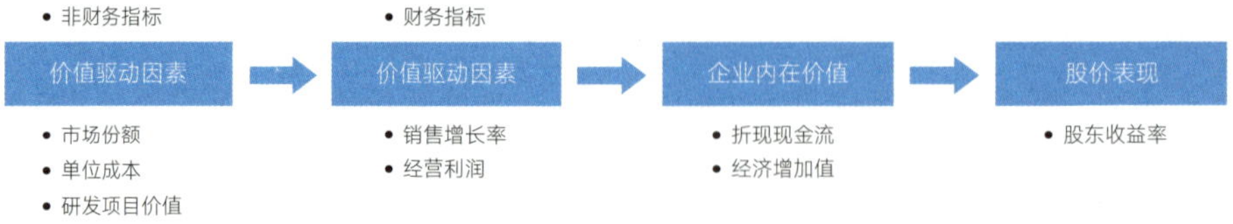

图 8.2　价值驱动因素对企业价值的影响机制

务指标。比如钢铁企业，其价值增长的源泉可能是引进新的工艺流程以及新产品研发等因素。同时，这些价值驱动因素的分析还将指导企业选择相应的战略绩效领域，构成企业的关键绩效驱动因素。

二、企业价值创造的驱动因素分析

按照阿尔弗洛德·拉帕波特提出的企业价值的一般模型，影响企业价值的因素可以归纳为自由现金流量和资本成本两大类因素，具体如图 8.3 所示。

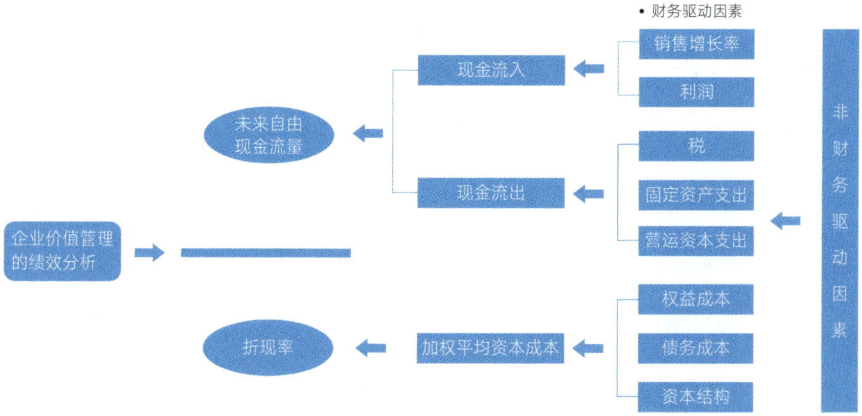

图 8.3 企业价值管理与价值驱动因素

未来自由现金流量和加权平均资本成本是影响企业价值管理的两大核心因素。根据 DCF 模型，一个公司当前的内在价值等于其未来存续期内产生的所有自由现金流的现值。可以把公司的 WACC 作为其未来自由现金流的折现率，即本投资的必要报酬率。其中企业的现金流入、流出取决于销售增长率、利润、税、固定资产支出和营运资本支出等五个操作因素。对于一家企业而言，只有当实际回报高于资本成本时才能创造价值。另一个因素是现金流量的时间跨度，也就是超额收益的持续时间，企业获取超额收益的时间越久，价值就越高。

企业价值驱动因素从不同的角度分析可以有不同的理解：从企业价值的一般模型及价值动因分析的角度分析，企业价值驱动因素是指对财务运行效果和经营活动产生重大影响的因子。从企业经营的角度分析，是指可以作为企业的经营决策依据，以及影响组织成员行为的因子。从财务角度分析，是指直接影响企业价值的因素，包括自由现金流量、资本成本和企业的增长情况（增长率和增长时期）等。

因此，可以将企业价值驱动因素分为财务指标类驱动因素和非财务指标类驱动因素。

（一）财务指标类驱动因素分析

通过图 8.4 中企业经营观和财务观两种观念下对 FCFF 的分析可知，影响企业价值增值的动因归结为六大变数：提高销售增长率、提高经营利润、降低有效税率、降低投资支出 / 销售收入比率、降低加权平均资本成本、延长获取超额收益的期间。

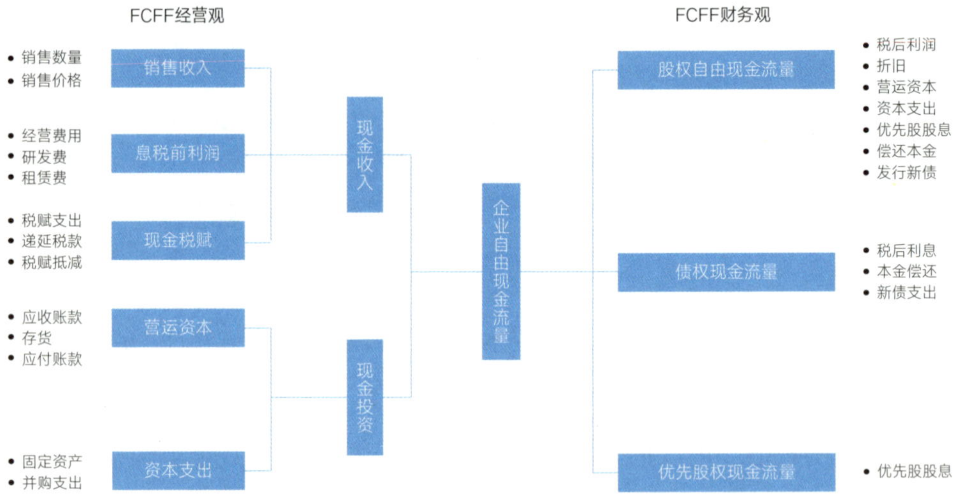

图 8.4　FCFF 经营观与财务观

1. 提高销售增长率：核心能力

企业价值的产生取决于企业预期的未来现金流量，而未来现金流量的大小直接与企业销售增长率有关。那么，是什么支撑企业销售持续增长？销售增长率越快、市场份额越大就一定能为企业创造价值吗？成功企业的实践表明，企业的核心能力是引导企业持续增长的关键要素。核心能力引导企业增长，这种增长必须是持续稳定的，体现为对企业市场服务的需求持续增长，包括企业服务区域拓展、客户数量增加等，且必须是能带来现金流量的销售增长。

2. 提高经营利润：业务增量

这里的经营利润是指息税前利润，即不考虑税收和债务筹资因素对利润的影响。根据卡普兰的价值链，影响经营利润的因素包括以下几个方面：①提供优质的产品 / 服务。这是企业利润生成的基本要件。②品牌。作为一种商誉的载体，这是一种产品或劳务的价值超过其价格的部分在消费者心中长期积累和沉淀的结果，是企业在市场上取得消费者认同和选择的过程。③客户关系管理（CRM）。就是从客户的角度看待产品 / 服务的价值，其目的就是通过为客户提供超越竞争对手的服务，从而为企业创造价值。

3. 降低有效税率：税收筹划

企业税收筹划是通过对企业经营、投资和融资活动的事先筹划和安排，选择符合立法意图且减轻税负的经济行为。

4. 降低投资支出 / 销售收入比率：营运能力

企业进行投资支出终极目标是为客户与投资者创造持久的价值，或者说为企业的未来创造价值。这一投资主要包括为扩充企业生产能力而进行的长期资产投资和为维持企业成长所需要的营运资本投资等。

5. 降低加权平均资本成本：风险管理

估算现金流量的现值所采用的折现率，又称为资本成本。它是由于资本所有权与使用权相分离而形成的一种财务概念。在不考虑筹资费和所得税的情况下，它既可表示筹资者为获得资本所必须支付的最低价格，也可表示投资者提供资本所要求的最低收益率。影响折现率的因素主要有：不同资金来源的资本成本以及不同来源资金所占的比重。前者与风险相关，后者与资本结构有关。

6. 延长获取超额收益的期间：价值期间

在折现现金流量法下，还必须预期未来自由现金流量的存续期限。从价值创造的角度分析，企业获取超额收益的期间越长，价值就越大。延长获取超额期间的策略之一就是建立进入行业障碍，获取特许经营权或政府审批权限。

（二）非财务指标类驱动因素分析

从非财务指标的角度来看，战略管理是企业关键价值驱动因素和企业关键绩效领域之间的桥梁。通过对关键价值驱动因素的分析，企业明确了需要在哪些方面优化改进才能获得持续的价值增长，而这些方面正是企业需要建立的关键战略绩效领域，是企业未来努力的方向。

平衡计分卡用来衡量影响未来绩效的驱动因素所形成的指标，纠正了过去财务指标对绩效的反映缺陷。在平衡计分卡的分析框架下，关键绩效驱动因素包括财务、客户与市场、内部流程和学习与创新四个维度。根据企业的不同层次，绩效驱动因素是不同的。一般来说，可以将关键绩效驱动因素分解到三个层面：整体层面、关注财务维度、关注企业的投资回报率。

企业通过给客户提供高于竞争对手的价值来达到其价值的创造的目的，也可以是通过给客户创造价值来实现其价值。一方面，要在其价值的源头上即产品属性、价格、服务质量、品牌等提升客户价值；另一方面要找出影响客户支出成本的各种因素，即研究通过如开发多渠道、及时更新产品信息等方式来降低客户的成本，让其以最低的成本付出购买到所需的产品和服务。

三、海外输配电企业价值创造的驱动因素分析

阿尔弗洛德·拉帕波特提出的企业价值的一般模型同样适用于输配电企业，即影响企业价值的因素可以归纳为自由现金流量和资本成本两大类因素。不过在参数的运算和拆解上，输配电行业的企业价值评估有别于一般行业。由于输配电行业本身具有自然垄断的特点，导致在输配电市场引入常规的市场竞争必然是缺乏效率的。因此，输配电业务通常是政府在电力行业监管的重点环节。也就是说，输配电企业的资产通常是受监管的资产，输配电业务的收入是监管收入。

从传导机制来看，输配电企业的非财务驱动因素，如 CAPEX 投资计划、企业资本结构调整、投资新的项目等经营决策都可能会影响财务驱动因素，

RAB、WACC 等财务驱动因素的变动导致未来自由现金流量和折现率的改变，从而影响输配电企业当前的企业价值。海外输配电企业的价值管理和驱动因素，如图 8.5 所示。

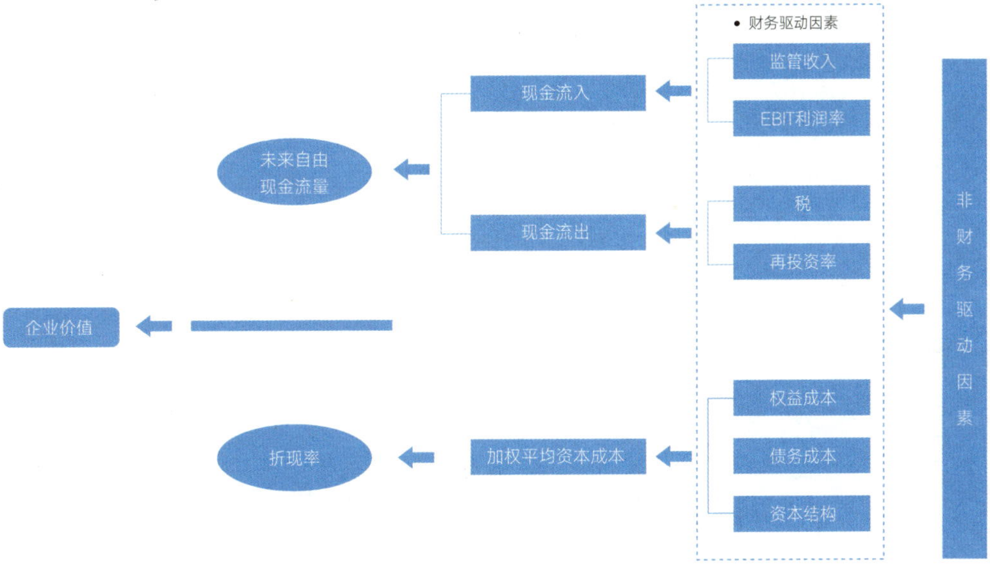

图 8.5 海外输配电企业的价值管理和驱动因素

（一）未来自由现金流的驱动因素

1. 一般企业自由现金流的驱动因素

公司的自由现金流是扣除税收以及全部再投资需求后的现金流，这部分现金流量是在不影响公司持续发展的前提下可以“自由”分配给公司全部资本提供者的最大现金额。由于企业是通过负债和股权投资者筹集资金的，因此，公司现金流应包括负债现金流——利息支出、债务偿还以及新债务的发行。

公司自由现金流的计算公式为：

FCFF = 公司现金流入 − 公司现金流出 = 税后营业利润 − 再投资

= 税后营业利润 −（净投资 + Δ 营运资金）

= 税后营业利润 −（资本支出 − 折旧 + Δ 营运资金）

=（营业收入 − 营业支出 − 税）−（资本支出 − 折旧 + Δ 营运资金）

从上述表达式可以看出，一般企业的自由现金流的驱动因素包括营业收入、营业支出、税、资本支出、折旧和营运资本增加值。

公司自由现金流的起点是税后营业利润，而不是净利润。税后营业利润包括利息费用，而净利润则扣除了利息费用。重新表述上述公式，将净资本支出和营运资金的变动额加到一起，并将这个总和表述为税后营业利润的百分比。这个再投资与税后营业利润的比例被称为再投资率。

再投资率的计算公式为：

$$再投资率=\frac{资本支出-折旧+\Delta 营运资金}{税后营业利润}$$

以再投资率表达的企业自由现金流计算公式为：

$$FCFF = EBIT \times (1-税率) \times (1-再投资率)$$

$$= 营业收入 \times \frac{EBIT}{营业收入} \times (1-税率) \times (1-再投资率)$$

从再投资率表达的自由现金流计算方式来看，公司自由现金流的驱动因素包括营业收入、EBIT 利润率、税率、再投资率。

2. 输配电企业自由现金流的驱动因素

输配电企业的自由现金流和一般企业的自由现金流有所不同，差别主要体现在收入模式上，输配电企业的收入是受监管的收入，收入情况受到监管政策的制约，一般企业的收入是无监管的收入，不受监管政策制约。

在不同的监管机制下，输配电企业的自由现金流计算方式也存在一定的差别，主要体现在收入方面。输配电企业的收入主要与资本回报、运营支出、折旧补偿和税务成本四个部分有关，此外还包括激励与调整内容，具体计算方式与各个国家的监管机制有关。

输配电企业自由现金流计算公式为：

$$FCFF = 公司现金流入 - 公司现金流出 = 税后营业利润 - 再投资$$

$$= 税后营业利润 - (资本支出 - 折旧 + \Delta 营运资金)$$

$$=（监管收入-营业支出-税）-（资本支出-折旧+\Delta 营运资金）$$

$$=EBIT\times（1-税率）\times（1-再投资率）$$

$$=监管收入\times\frac{EBIT}{监管收入}\times（1-税率）\times（1-再投资率）$$

从输配电企业自由现金流的计算公式可以看到，在税率不变的前提下，通过提高企业的 EBIT，降低企业的再投资率可以驱动企业自由现金流的增长。但在现实情况中，收入的增长依赖于再投资的推进，监管收入持续增长，再投资率持续下降的情况少有发生。所以在实际运用中，企业自由现金流的增长更多地依赖于 EBIT 的增长。

EBIT 是监管收入与营业支出的差额部分，可分解为监管收入乘以 EBIT 利润率。监管收入的增长和 EBIT 利润率的增长都能够驱动 EBIT 的增长，从而驱动 FCFF 的增长。在再投资率较为稳定的情况下，监管收入增长率和 EBIT 利润率的增长率是输配电企业自由现金流的核心驱动因素。

因此，监管收入的增长是输配电企业价值增长的重要驱动因素。监管收入的增长受到当地监管机制的限制，在不同的监管机制下，监管收入增长率对输配电企业自由现金流的驱动作用不同。

目前世界主要国家典型的输配电监管模式包括基于成本的监管（ROR）和基于绩效的监管（PBR）。第三章中具体阐述了 ROR 和 PBR 两种监管模式下被监管电力企业的收入模式。

就基于成本的监管机制而言，监管机构试图通过让公众参与制定电价、回报率和投资的方式，达到促进电力公司履行服务义务和防止出现垄断利润的目的。然而，由于基于成本的监管模式的缺陷，使该监管模式已成为被监管输配电企业利益“法定”化监管措施。而基于绩效的监管，促使被监管者提高效率、降低成本。其中，激励性监管模式被越来越多的国家所采用。部分国家输配电监管模式见表 8.1。

表 8.1　部分国家输配电监管模式

监管模式	类型	国家	电网类型
ROR	ROR	美国华盛顿州	输配电网
PBR	收入上限机制	巴西	输电网
		菲律宾	输电网
		英国	输配电网
		澳大利亚	输配电网
		葡萄牙	输电网
		意大利	输电网
		希腊	输电网
	价格上限机制	巴西	配电网
		菲律宾	配电网
		葡萄牙	配电网

在 ROR 模式下，被监管电力企业的收入定价模型为：

$$R = C + D + T + RAB \times ROR$$

式中，C 为企业的运营成本；D 为年度折旧费用；T 为税收成本；RAB 为监管机构所核定的电力企业监管资产基数；ROR 为监管机构制定的资产回报率。在基于成本的监管模式中，ROR 值由监管部门规定。

在 PBR 模式下，收入上限机制的收入计算公式为：

$$R = RAB \times WACC + Dep + Tax + OPEX$$

式中，RAB 为监管机构所核定的电力企业监管资产基数；$WACC$ 为加权平均成本；Dep 为资产折旧；Tax 为税收成本；$OPEX$ 为资产运营成本。在收入上限制的监管模式下，最大允许收入由监管部门规定。

价格上限机制的收入计算公式为：

$$R = P \times N$$

式中，P 为电价；N 为实际电量。在价格上限制的监管模式下，最高限制电价 P 由电力监管部门规定。

综上所述，对于采取 ROR 监管机制的国家和地区来说，企业运营成本、年度折旧费用、税收成本和 RAB 是监管收入的驱动因素。对于采取 PBR 模式收入上限机制的国家和地区来说，*RAB*、*WACC*、资产折旧、资产运营成本、税收成本是监管收入的驱动因素。对于采取 PBR 模式价格上限机制的国家和地区来说，年度电价和实际电量是监管收入的驱动因素。

（二）加权平均资本成本的驱动因素

在传统现金流折现估值模型中，折现率是风险度量的载体。对于风险程度较高的企业来讲，一般在估值时会对采用较高的折现率对其未来自由现金流进行折现衡量企业价值，而对安全性较高的企业，则可以采用较低的折现率。加权平均资本成本是企业各部分资本风险的加权平均，代表企业在当前宏观环境和资本结构下的综合风险度量。

加权平均资本成本的计算公式为：

$$IWACC=\left(\frac{E}{V}\right)Re+\left(\frac{D}{V}\right)Rd\times(1-Tc)$$

式中，E 为股权资本的市场价值；D 为债权资本的市场价值；V 为股权资本与债权资本的市场价值总和；Re 为股权资本的期望回报率；Rd 为债权资本的期望回报率；Tc 为公司的适用税率。

企业的加权平均资本成本可以随企业的资本结构调整而变化，理论上存在一个当前时刻的最优资本结构，使得此时的加权平均资本成本最低，企业价值最大化。

股权成本的计算通常采用资本资产定价模型（CAPM），按照 CAPM 计算的股权成本包含三个变量：无风险利率、投资的贝塔系数、股权风险溢价。无风险利率通常采用长期国债收益率，贝塔系数是衡量所有市场风险的敞口，股权风险溢价是投资者投资于风险资产类别所要求的溢价。

股权成本的计算公式为：

$$Re = Rf + \beta i \times (Rm-Rf)$$

式中，Rf 为无风险利率；βi 为投资项目的系统性风险；Rm 为市场组合期望收益率。

企业债务成本是对贷款人的风险补偿，贷款人提供贷款时会在无风险利率的基础上增加一个违约利差，贷款人认为违约风险越大，违约利差和债务成本就越高。

税前债务成本的计算公式为：

$$Rd = Rf + Ia$$

式中，Rf 为无风险利率；Ia 为企业违约利差。

在资本结构稳定的情况下，股权成本和债权成本越低，则企业的加权平均资本成本越低。在股权成本和债权成本只受到资本结构影响的情况下，企业资本结构越接近最优资本结构，则企业的加权平均资本成本越低。

在企业加权平均资本成本的计算中，企业资本结构、股权融资成本、债权融资成本是核心的驱动因素。进一步拆解，股权融资成本的驱动因素包括无风险利率、投资的系统性风险、投资的风险溢价。债权融资成本的驱动因素包括无风险利率、企业违约利差。

第三节　价值驱动因素指导电力资产投后管理

投后运营阶段的价值驱动因素分析，一方面能够帮助海外投资企业厘清投后运营阶段的运营思路，另一方面也能够规避预期的风险。价值驱动因素可以对输配电企业的价值提升起到指导作用。如图 8.6 所示，通过对输配电企业的价值驱动因素进行具体拆解，明确企业价值由未来自由现金流和加权平均资本成本两大类因素决定，未来自由现金流的上升和加权平均资本成本的下降驱动着企业价值的提升。

同时，海外输配电企业的企业价值驱动因素较一般企业更加复杂，体现在两个方面：一是输配电业务通常受到严格监管，导致输配电企业的收入模式和一般企业差异较大，且不同国家地区之间也存在差异。二是投资公司位于不同国家或地区，将面临所在国的经济金融政策风险、外汇管制风险、地缘政治风险、国家

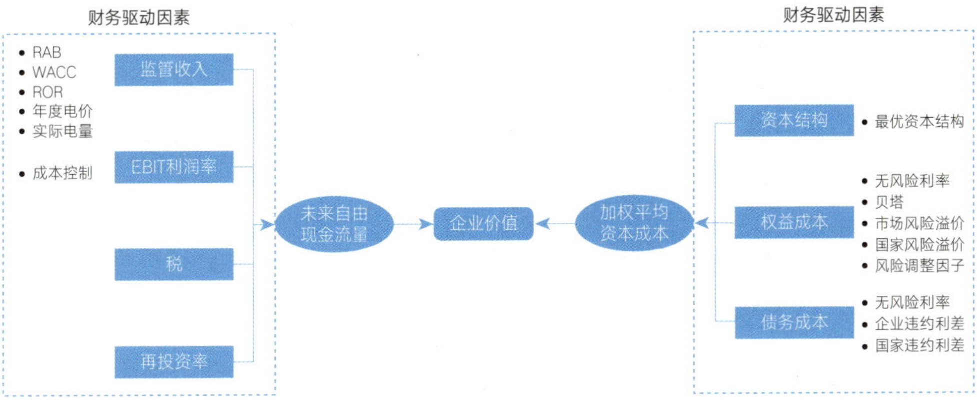

图 8.6　价值驱动因素指导投后运营实践

信用风险等多个方面的风险因素。因此在对所在国输配电企业进行价值评估的过程中应当尽可能将所有风险因素量化，加入企业价值的评估计算中。

以监管收入上限制为例，投资海外输配电企业的企业价值计算公式为：

$$企业价值=\sum\frac{(RAB\times WACC+Dep+OPEX+Tax)\times EBIT利润率\times(1-税率)\times(1-再投资率)}{\left(\frac{E}{V}\right)\times[Rf+\beta i\times(Rm-Rf)+Rc+\alpha]+\left(\frac{D}{V}\right)\times(Rf+Ic+Ia)\times(1-Tc)}$$

（一）对于未来自由现金流

未来自由现金流的估计，即在不同国家不同的监管机制下，存在不同的监管收入模式，将未来企业自由现金流进行进一步地拆分，会发现监管收入、EBIT 利润率、税率和再投资率都共同影响着自由现金流的高低。在众多驱动因素中，监管收入增加、EBIT 利润率增加、税率降低、再投资率降低驱动未来自由现金流的增长。

未来自由现金流的上升更多地受到监管收入增加和 EBIT 利润率增加的驱动。再投资率和监管收入存在一定勾稽关系，在需要核算 RAB 的监管模式中，当再投资率上升时，即 CAPEX 投资越多，RAB 增速加快，驱动监管收入增长率提升。再投资率下降时，即 CAPEX 投资越少，RAB 增速放缓，驱动监管收入增长率放缓。因此，在资产回报率不变的情况下，公司可以采取增加资产投入的方式获得更多收益。但是，如果区域用电需求乏力、监管机构设置允许CAPEX上限，或者不允许将CAPEX投入纳入监管基数，如2020年菲律宾监管冻结，则需要审慎推进CAPEX投资。

EBIT利润率的增加依赖于企业对成本的把控，低成本的企业利润率高于高成本的企业。监管机构通常参考行业平均成本或理想模型公司成本，设定投资回报率及补偿，如果公司能够做到运营效率更高，将能得到更高的EBIT利润率。税率情况受制于所在国的政策，公司税务筹划可以在一定程度上降低有效税率。

（二）对于加权平均资本成本

通过对企业加权平均资本成本进行细分，可识别出股权成本、债务成本和资本结构对加权平均资本成本构成共同影响。其中，如股权成本和债务成本降低，同时优化企业的资本结构，将驱动加权平均资本成本进一步降低。

海外投资并购股权成本和债权成本的计算和一般企业的计算有所不同，引入了国家风险溢价等因素。

股权资本成本方面，一般企业股权成本的计算包括无风险利率、投资的系统性风险、风险溢价三个部分，在跨国海外投资实践中还包括国家风险溢价和风险调整因子。国家风险溢价包括外汇管制风险、所在国政策风险、资本市场风险等，是开展跨境投资时可能遇到的宏观风险和国别风险的反映。风险调整因子是根据公司情况而定的因子，包括规模风险溢价和特定风险溢价。海外投资股权成本的计算公式：

$$Re = Rf + \beta i \times (Rm - Rf) + Rc + \alpha$$

式中，Rf为无风险利率；βi为投资项目的系统性风险；Rm为市场组合期望收益率；Rc为国家风险溢价；α为风险调整因子。

债务资本成本方面，海外资产投资并购在无风险利率和企业违约利差的基础上，增加了国家违约利差。此处的国家违约利差通常采用项目所在国发行的以美元为标的的主权债的收益率与美国发行的相同期限的主权债的到期收益率的差。

税前债务成本的计算公式：

$$Rd = Rf + Ic + Ia$$

式中，Rf 为无风险利率；Ic 为国家违约利差；Ia 为企业违约利差。

因此，在加权平均资本成本计算过程中，无风险利率、企业违约利差通常是关键性的驱动因素。无风险利率同时影响着企业的股权成本和债务成本，无风险利率的降低或上升通常是一个持续数年的过程，在全球性宽松的周期中，无风险利率的持续降低是加权平均资本成本的核心驱动因素。企业违约利差方面，企业信用评级及其他授信支持等指标是极大的利好因素，信用评级的提高降低企业违约利差，驱动债务成本的降低。

第四节　本章小结

估值模型是重要的投后运营管理工具，估值模型的最大的作用并不是得出一个结果、一个数字，而是在估值过程中发现价值。在投资完成后，价值驱动分析依然是估值模型指导投后运营中最核心的部分，是实现已投资资产价值创造的核心理论工具。

估值模型考量是一个总体、长远的谋划，每次输入参数的调整，是对一段长期潜在风险的量化重估，是一次价值驱动的发现过程。有效利用估值模型量化手段，针对投后管理关注的分辨和规避风险、企业保值增值、指导被投企业在正确时间作出正确决策三个重点事项，从宏观环境、电力监管政策、被投企业经营情况等角度对估值模型各个输入参数进行重新梳理和调整，可以实现在长期估值复盘中发现长期价值驱动因素，在定期估值复盘中了解项目公司价值、规避风险，在事件性价值评估中指导作出最优决策，助力企业量化风险、减少损失、提高效益，对海外电力运营资产投后管理具有重要的战略意义。

第九章

投后运营阶段的融资优化

一般来讲，在资产的投后运营管理过程中，辅助被投资企业在不同的资本借贷市场上灵活运用不同的融资资源，制定最优的融资方案，是提高股东回报和取得超额收益的重要抓手。电力资产作为国网国际发展有限公司的主要投资标的，所属的监管行业特征决定了其价值驱动主要包括企业的资本成本与企业运营效率的内生优化等方面。如何运用估值模型精准量化评估风险和收益，持续抢抓优质机遇，是国际业务精益化发展的内在需求。

本章主要针对在海外资产的投后运营管理过程中，面对被投资企业现金流紧张需要融资的情景，探讨为何要进行投后融资管理和优化，以及如何在投后运营管理过程中进行项目公司的融资优化和管理。

第一节　投后融资管理的必要性

投资企业参与被投公司的重大经营决策，可以实现资产的精益管理。如融资，一方面投资方具有相当丰富的经验和资源，能够给其带来优质资金，另一方面有助于投资方和被投企业之间减少矛盾，促进被投资企业健康发展。

同时，后疫情时代，汇率和利率波动风险对跨境投资运营企业融资，提出更高要求。新冠疫情让全球金融市场处于更加变幻无常的环境，汇率剧烈波动是跨国并购和融资面对的最直接问题。跨国公司作为一个特殊的融资主体，其面临的外部环境以及融资渠道都相对宽广与复杂，相应的融资风险也更复杂，包括国家风险、汇率和利率风险等，需要一套完整的融资风险管理体系。

一、融资、资本结构和动态估值

（一）企业融资与最优资本结构

对于企业融资，现代资本结构理论有两个主流的理论：优序融资理论和权衡理论，两者均是从 MM 定理发展而来。权衡理论认为企业可以利用债务利息费用的税盾作用增加企业价值，但随着债务的上升，企业陷入财务困境的可能性也增加，甚至可能导致破产，不可避免地会发生破产成本。权衡理论认为，负债企业价值等于无负债企业价值加上节税利益，减去预期财务拮据成本的现值，即 $V_i = V_U + T_C B - FPV$。其中，FPV 为预期财务危机成本的现值，包括由于债务过高引起的直接或间接的财务危机成本。优序融资理论放宽了 MM 理论信息完全的假设，把信息不对称引入资本结构理论的研究，认为负债是一种积极信号，表明企业管理者对于公司未来前景的信心。根据优序融资理论，企业在需要资金时，应先从内部筹集（即内部股权融资），然后负债融资，最后进行外部股权融资。

（二）企业融资与投后管理

电力运营资产投资不同于私募基金的股权投资，更关注投资后的长期收益。电力运营行业的收入受各国监管政策限制，在一段时期内是相对稳定的现金流，行业整体的β低于1，具有典型的逆周期产业属性。而且电力资产涉及国际关系，不可能像私募基金投资风险项目一样及时退出，因此更关注企业长期回报，注重从企业经营视角思考各类经营管理策略。

普通海外股权投资对如何实现低成本融资、如何节约税务成本以及保证股权价值不被稀释等方面重点关注。然而，电力运营资产投后融资，更多地考察项目是否需要融资、融资对于企业经营效率是否改善、什么样的杠杆率水平更适合当前阶段的公司治理，以及融资对于未来股东价值提升是否有影响等长期综合效应。因此，电力运营资产的投后融资策划需要估值模型来综合性评估融资的影响，区别于普通海外股权投资的融资管理。具体见表9.1。

表9.1　普通海外股权投资与电力运营资产投资融资管理的常规做法

资产类别	普通海外股权投资	电力运营资产投资
视角	投资者视角	企业经营视角
融资起点和目的	低成本融资→高收益退出	融资是经营管理需要→股东价值最大化
考量因素	融资成本、融资方式、税务筹划等	综合考量股/债融资成本、杠杆率、分红因素，以及经营效率的改善

以具体的融资事件为例，理想的做法是在电力运营企业面临融资决策时，首先，以估值模型辅助制定是否融资的决策。运用估值模型量化融资对企业资本成本、融企业现金流，以及股东分红的一系列影响，根据估值结果评估是否融资的决策。

若融资可行，根据项目公司融资环境的不同，借助公司在融资上的几大优势，将各种融资方法通过估值模型和情景分析予以量化比较，灵活考量项目公司融资的期限、币种、增信结构、成本，评估各项融资决策的成本，以及对于公司价值、分红等一系列影响，选择最优的融资策略。

需要注意的是，这种融资管理的路径基于电力运营资产的行业特性和行业监管回报机制，从企业经营管理的角度，运用估值模型综合考量各类因素来制定企业经营效率改善、股东价值最大化的融资决策路径，也是电力运营资产投资区别于普通股权投资的主要不同点。具体路径如图 9.1 所示。

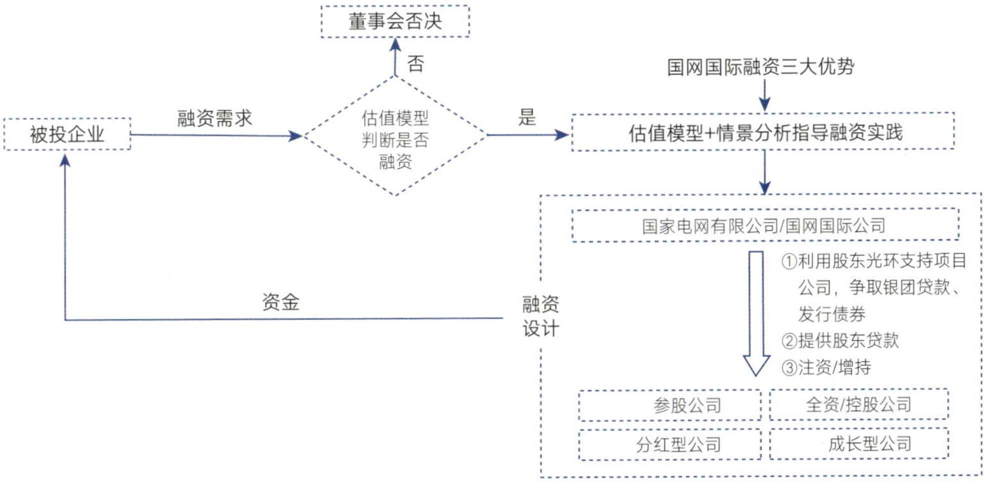

图 9.1　融资管理路径

（三）企业融资与动态估值模型

定位到估值模型中，融资事件会直接影响资本结构和融资成本，相关利息费用支出、股东分红减少影响现金流，分别对应 DCF 模型中的 $WACC$ 和 C_t。根据 DCF 估值模型的计算公式为：

$$PV=\sum_{t=1}^{\infty}\frac{C_t}{(1+WACC)^t}$$

$$WACC=\left(\frac{E}{V}\right)Re+\left(\frac{D}{V}\right)Rd\times(1-Tc)$$

式中，PV 为企业的估计值；C_t 为企业在 t 期的预期现金流，常用的现金流有股权自由现金流（FCFE）以及企业自由现金流（FCFF）两种；$WACC$ 为加权平均资本成本，表示折现率；E 为股权资本的市场价值；D 为债券资本的市场价值；V 为股权资本与债权资本的市场价值总和；Re 为股权资本的期望回报率；

Rd 为债权资本的期望回报率；*Tc* 为公司的适用税率。

投资、分红、杠杆率三要素对企业融资决策至关重要，投后融资决策不仅仅是融资成本的考量，背后还涉及资金使用收益率、公司资产负债率、分红政策、税务抵扣等产生一系列复杂影响，依靠财务指标不能综合性考量，估值模型显然是更优选择。

二、跨国融资的常规渠道

跨国公司融资渠道又指融资的来源，是指跨国公司取得资金的途径，概括来说主要有四种。

（1）来自跨国公司集团内部的资金。这主要指母公司与子公司之间、子公司与子公司之间相互提供的资金，其表现形式主要有：①母公司或子公司本身的未分配利润。②公司集团内部相互提供的资金，如母公司大量投资购买的子公司有价证券、公司集团内部的相互贷款等。

（2）来自跨国公司母国的资金。这是跨国公司从外部获得资金的重要途径之一。母公司本土国的资金一般由该国的银行、金融机构和有关政府机构提供。其表现形式有：①从母公司本国金融机构获得贷款。在许多情况下，银行的融资作用首先表现在国际贸易融资中，信用证、应收账款融资、短期银行贷款等都是常见的方式。一些跨国银行由于与其母国的跨国公司存在着密切的关系，也会支持他们本国的跨国公司的资金需要。跨国公司是跨国银行最大的资金需求者，跨国银行成为跨国公司最大的资金供给者。②从母公司本国资本市场上发行债券融资。这是跨国公司举债的传统方法。因为一般跨国公司本国资金市场较为发达，具备发行债券的便利条件，在初级市场发行债券后可以到二级市场流通因此通过这种方式可以筹集到跨国公司所需资金。③从母公司本国有关政府机构或经济组织获得贸易贷款和促进对外直接投资基金等专项基金。这种获取资金的途径一定会随着经济贸易保护主义的增加而日益扩大。

（3）来自跨国公司东道国的资金。在海外投资并购活动中，来自东道国的资金也是跨国公司不可忽视的一个资金来源，一般包括东道国银行以及其他金融机构贷款、在东道国发行有价证券、合资经营等。

（4）来自国际的资金。国际资金指除了上述三种渠道之外的第三国或超国家组织的资金，主要有：①向第三国银行借款或在第三国金融市场发行有价证券。这种方式一般限于出口信贷和发行欧洲债券。②在国际资本市场上融资。国际信贷市场和国际资本市场以欧洲货币市场和资本市场为典型代表。一些大型的跨国公司可以在国际股票市场上发行股票取得资金，也可以在国际债券市场发行中长期债券筹资，还可以在国际租赁市场上融资。③向有关国际经济组织借款。有关国际经济组织，如世界银行、国际开发协会、亚洲开发银行等可以向跨国公司提供资金，这种资金支持的获得一般要求跨国公司所从事的经营活动或所选择的投资项目符合一定的条件。一旦获得这部分资金，金额会比较巨大，资金条件也比较优惠。

三、跨国融资的常规融资方式

跨国公司融资方式指取得资金的形式，是资金在资金需求者和资金供给者之间流动转移的方式方法。对于上述渠道的资金，跨国公司可以采用不同的方式进行筹措。一般来说跨国公司融资方式有国际贷款融资、国际股权融资、国际债权融资以及其他特殊的融资方式。

（1）国际贷款融资。国际贷款融资是利用贷款的形式来筹集资金的一种方式，包括国际银行贷款、国际金融机构贷款和政府贷款。跨国公司可以从母国银行或东道国银行取得贷款，这种贷款一般不与项目联系，借款人可以自由运用贷款，用来向第三国购买设备或支付劳务，具有手续简便、选择币种灵活等优点，但利率较高，融资成本高，同时需要承担汇率风险、国家风险和利率风险。同时欧洲资本市场中资金供给比较充足，贷款种类较为丰富，因此欧洲货币市场也是跨国公司获取贷款的主要场所。

（2）国际股权融资。主要是跨国公司通过发行股票上市来取得资金的一种方式。跨国公司的绝大部分股权资本来自本国的投资者，但跨国公司可以利用各种有利方式向世界各地的投资者销售股票，扩大资金来源。跨国公司可以直接到外国股票交易所上市销售股票，也可以通过投资银行等金融机构承购新发行的股票，然后通过广泛的通信网络、承购辛迪加或销售集团，向世界各地的投资者分销。利用股权这种融资方式融入的资金属于权益性资金，跨国公司不需要还本，所以风险较小，但是跨国公司要保证给股东分配股利。

（3）国际债权融资。这是跨国公司举债融资的主要方式之一。通过在国际债券市场发行债券可以得到长期资金。近年来，欧洲债券是跨国公司应用较多的。欧洲债券的种类很多，有固定利率债券、浮动利率债券、可转换债券等，可以给跨国公司更多的选择。欧洲债券市场是一个境外市场，不受各国金融政策、法令的约束，对发行债券的审批手续、资料提供、评级条件等相对宽松。

（4）其他特殊的融资方式。相比国内公司来说，跨国公司有一些特殊的融资方式，如国际项目融资、国际贸易融资、出口信用保险以及国际租赁融资等，常用于从事项目建设、生产贸易和加工的企业。国际项目融资又称为BOT融资，主要针对的是跨国公司所遇到的需要巨额资金投入的大型投资项目，如能源开发、电力、交通运输等，通常资助该项目的贷款由该项目的收入来偿还。国际贸易融资事实上是进出口厂商之间提供的一种商业信用，有赊销、信用证等形式。出口信用保险是一些国家为了促进本国出口对本国出口厂商提供的出售商品到期收不回货款的保险。国际租赁融资目的是为跨国公司提供固定资产的融资。

第二节　监管资产海外投后融资的做法

电力运营资产具有区别于其他股权投资的特殊性。在电力行业监管机制核算方法下，资本成本是决定电力运营资产超额收益多少的重要一环。要想取得超额收益，需要站在经营的角度，综合考量股权和债权融资成本、杠杆率、税盾效应、企业经营效率的改善等多个因素间的互相协同，进而实现企业超额收益。

国网国际发展有限公司在评级、融资成本、融资渠道以及央企背景等几个方面具有较大优势，因此可以设计一套适用于海外电力运营资产投后融资管理的路径和方法。如图 9.2 所示，在企业融资决策层面，通过估值模型辅助判断和制定融资决策，并合理运用估值模型量化融资对企业资本成本、融企业现金流，以及股东分红的一系列影响。在融资执行层面，借助企业融资上的几大优势，运用估值模型和情景分析选择最优决策。

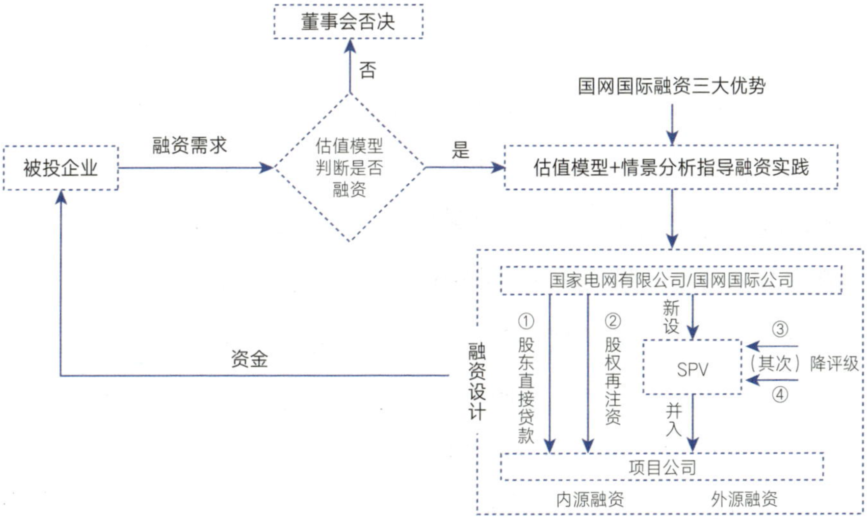

图 9.2 投后融资管理的路径

根据项目公司融资环境的不同，常用融资优化做法有：①外源融资，即通过信用评级管理，合理利用各类增信错措施、创新使用结构化融资工具的方式，降低海外公司融资的成本。②内源融资，通常用于企业的资本结构相关，包括股东贷款或股权再注资。

一、信用评级管理

在全球化背景下，信用经济成为全球经济往来的重要内容。优质信用评级对维持海外投融资优势及盈利能力至关重要。融资利率通常是无风险利率加上针对融资主体收取的风险溢价，其中最主要的是信用风险溢价。企业的信用等级越高，融资成本越低。例如在海外债券发行中，信用评级高一级，债券利率通常可以下降 0.15%。因此，优质信用评级有利于海外业务开拓，实现海外低成本融资、投资、运营的良性滚动经营模式，提升国际业务整体盈利能力和竞争力。

国际信用评级是在国际资本市场发行债券和开展海外项目投标的必要条件。国际信用评级的本质是由中立的国际专业评级机构，根据“独立、公正、客观、科学”的原则，以法律、法规、制度和有关标准化、规范化的规定为依据，运用科学严谨的分析技术和方法，对企业履行经济承诺的能力及其可信任程度进行调查、审核、比较、测定和综合评价，并公布给社会大众的一种评价行为。外部银行及其他金融机构、债券投资方等会参考国际信用评级的高低，判别公司的信用风险，从而要求相应的融资成本和担保措施。

国际市场上占据主导地位的评级机构包括标准普尔、穆迪和惠誉，这三大机构均具有百年历史，所占市场份额超过 95%。其他评级机构包括加拿大多米宁债券评级公司、美国邓白氏公司等。以标普为例，其长期评级共分为 20 个风险级，从高往低包括 10 个投资级评级（AAA、AA+、AA、AA–、A+、A、A–、BBB+、BBB 和 BBB–）和 10 个非投资级评级（BB+、BB、BBB–、B+、B、B–、CCC、CC、C 和 D）。投机级评级也成为投机级评级、垃圾级评级或高收益级评级。短期债信用等级，共设 6 个等级分别为 A–1、A–2、A–3、B、C 和 D。

信用评级可以用于指导目标公司商业计划的编制，以确定未来业务开展、资本性支出安排、资产运营策略、融资金额、融资利率和再融资安排等重要估值假设。在海外项目公司之间尽可能提高信用评级水平，对于企业树立良好的国际形象、提升国际影响力、降低融资成本具有重要意义。

针对跨国并购企业融资成本，常见的信用评级提升有以下措施。一是财务上要充分阐述自身商业模式的优势和抗风险能力，获得较优的业务风险评级。二是着力维持良好的关键信用评级指标，保障良好的财务风险评级。三是在母公司获得优质评级的前提下，善用母公司与海外子公司之间战略、法律、运营等方面的关联性，实现母公司评级对子公司的“光环效应”，提升海外下属公司资信。这也就意味着，利用中资企业及母公司的信用评级优势、母公司强有力的关联性和业务支持，海外项目公司甚至能够达到或超过当地主权级的信用评级，获得市场更低的融资成本。

二、合理利用各类增信措施

合理利用各类增信措施，其实是一种母公司信用评级效用下沉的表现。体现为母公司凭借自身主权级信用评级的优势，以及良好的银行间关系，如与中资国有银行间的合作关系等，对下属项目公司进行一定程度上的信用支持，优化项目公司融资成本，在海外项目上甚至可以拿到远低于当地国债的贷款资金。这种母公司信用评级下沉的软约束，既节约了母公司资金，避免外汇风险带来的本金损失；又在对项目公司最小干预的基础上，实现项目公司价值的最大化。

从战略层面上，要求统筹集团融资结构，优势互补、资源共享。全面考虑企业总部和下属公司业务特性和风险偏好，统筹各层面融资结构，实现资信共享、资源共通、优势互补。企业总部向下属公司提供资信支持，下属公司通过监管资产的稳健回报特性和合理融资结构保障其稳定的现金流回报，支撑总部优化融资策略，在保障海外公司经营平稳前提下提升国际业务融资竞争力。

从战术层面上，常见的融资及增信可以分为以下几种形式。一是独立融资方式。如果海外融资主体自身具有较高的信用等级，则可以自主开展融资。二是担保增信方式。由集团内资信等级较高的母公司为海外融资主体提供担保，在子公司不能偿还债务时，母公司需承担还本付息义务，法律效力及信用支持力度很强，通常可以按照母公司的资信水平获得相应的融资成本。三是维好协议增信方式。由集团内资信等级较高的母公司为海外融资主体提供维好，母公司承诺向子公司提供支持以保证其经营良好且不会资不抵债，但若子公司发生违约，债权人无法向母公司索偿，因此维好协议的法律效力及增信力度低于担保。维好协议在中资企业海外融资中较为常见，无需经过监管机构针对担保债权繁琐的审批流程，同时依托母公司资信水平获得一定的融资成本优势。跨国并购融资及增信方式，如图 9.3 所示。

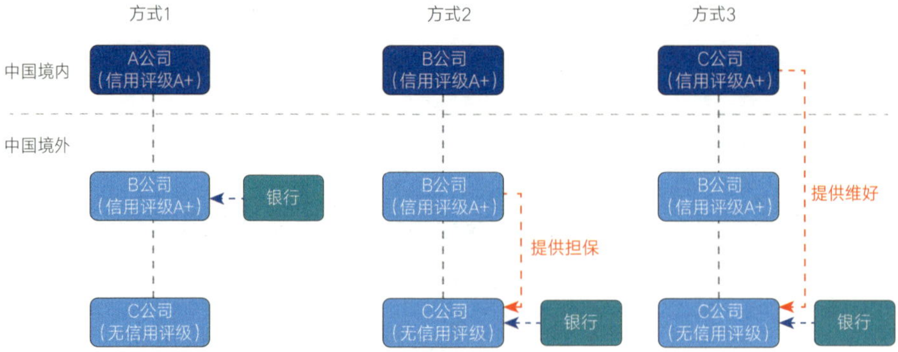

图 9.3 跨国并购融资及增信方式

三、优化资本结构

企业的资本结构（资产和负债的配比）、融资成本和信用评级是关联指标，通常资产负债率管控越严格、企业信用评级越高，相应地新增融资成本越低。但当企业面临大额的资本资产支时，如果不相应增加外部融资，必然会压降实际可支配的现金流、降低对母公司的现金分配，从而影响母公司效益最大化。因此，要根据企业发展阶段，平衡项目公司“投资—分红—杠杆率”三要素，通过优化资本结构，促进内生增长与股东收益匹配。对股东方而言，为满足项目公司资金需求，也可以选择内部的股东贷款或股权再注资。

根据对海外企业的不同发展阶段进行识别和分析，研究不同海外企业资本结构治理，以多维度、多角度动态观测视角和差异分析，逐渐发现运用“投资—分红—杠杆”模型，可不断优化海外项目融资架构与股本结构，控制债务压力及债务风险，平衡未来增量发展投资，实现国际业务的长期稳健运营。具体来讲，增长与收益是电力能源基础设施资产的两个核心投资主题。内生增长普遍可以被刻画为资本支出与折旧的比值（此外也有并购驱动的外生增长），反映其核心业务的增长前景；分红收益反映企业现金流在满足增长需求之后可向股东分配的即期收益。根据企业发展阶段，可以划分为四类群像，即高成长且高分红、高成长但低分红、高分红但低成长、低成长且低分红。另外，在经营、监管条件不变的前提下，资本结构优化是通过模型分析实现经营策略优化的主要抓手。不同的公司，用的政策空间也是不同的，有的公司可以提高杠杆来满足分红的需求，例如高成长但低分红型；有的公司则要消减分红来支持投资，例如高分红高成长型。

与信用评级相结合，如果项目公司有融资需求，但资产负债率达到信用评级上限，企业需要在“投资—分红—杠杆率”的三要素之间进行平衡，必要时可以降低项目公司评级，提高其资产负债率阈值，增加外部融资，促进股东分红，从而实现股东价值最大化。尤其是在国际资本市场量化宽松的背景下，信用评级下降带来融资成本的边际增加效用并不显著，企业可考虑抓住市场低息优势，进行更多的低成本债务融资。

与此同时，在母公司信用评级下沉、降评级优化资本结构两种策略无法满足项目公司的融资需求时，可以采用的做法是融资顺序下移，采取股东直接投资的方式进行授信。

股权出资方式较为直接，以税后分红的形式收回股东回报，但在利润分配和股本回收时可能受到企业盈利情况或当地法律程序上的约束。股东贷款安排的优势是增加企业内部现金流动的灵活性，通过本金和利息回收资金，与企业是否盈利无关。税务影响方面，各国对股息、利息预提税、利息费用税前抵扣的征收规定和适用税率可能不同。一般情况下利息预提税率低于股息预提税率，因此利息的税负一般低于股息的实际税负，但是债权的使用通常受到资本弱化等税务规定的限制。股权出资和股东贷款的对比分析详见表 9.2。

表 9.2 股权出资和股东贷款的对比分析

对比内容	股权出资	股东贷款
资金收回方式	• 派发股息、减资：撤资	• 支付利息和本金
主要税务影响	• 子公司就利润在目标国缴纳的企业所得税 • 股息预提税 • 收到股息方需缴纳所得税	• 利息支出作为费用在税前扣除 • 利息预提税 • 收到利息方需缴纳所得税、流转税

续表

对比内容	股权出资	股东贷款
优点	● 在具有合理经营需要的前提下，可自行决定派息时间，可将资金留存在海外，在一定程度上递延股息派回而产生的纳税义务（如适用）	● 可结合资金用途对支付利息和归还本金的期限做出灵活安排，有利于尽快收回资金，特别是在子公司所在国实行外汇管制的情况下，利息收入更容易汇回母公司 ● 利息支出在税前扣除可产生抵税效果
局限	● 股息为税后利润的分配，不能产生抵税效果 ● 派息以子公司盈利为前提，且减资：撤资程序相对复杂，资金的收回不够灵活	● 某些国家有资本弱化条款，限制利息支出的扣除 ● 关联方贷款需遵循独立交易原则

需要注意的是，通过内部股东贷款方式安排资本结构，应重点关注股东贷款的金额和利率是否满足税法规定的抵扣要求。比如，很多国家对于企业向其关联方借款的额度是有限制的，超额部分的利息费用不能税前扣除，又或者很多国家对于此类关联方借款的利率高低也有标准，需要是在公允的市场利率水平下开展相关借款，若融资成本过高或者过低都有可能被税务机关质疑。

四、创新使用结构化融资工具

跨国并购涉及融资币种多样，除现货融资市场之外，金融衍生市场也很成熟。总的来说，企业要确保维持合理的资本结构及关键债务指标稳健，以维护总部及下属公司信用评级。在符合整体风险管理原则和融资结构的前提下，研究宏观发展趋势，开展专业融资操作，通过债务置换、债务重组、债务期限调整或配合利率汇率掉期等操作抓住市场窗口，实现锁定低成本融资、对冲外汇风险等成本优化和融资结构优化。

在海外并购融资中，交叉货币掉期被广泛应用，通过两个货币之间本金和利率的互换，实现汇率和利率“双锁定”，关闭汇率利率风险，降低融资成本，同时可规避一些国家严格的外汇管制。例如中国企业一般通过借入美元借款并掉期成人民币借款的方式，最终融资成本可能低于人民币直接借款；巴西企业常用的融资手段之一是借入美元或欧元借款并掉期为雷亚尔借款；在欧洲负利率环境下，企业直接借入欧元的利率下限是零，但借入美元并掉期为欧元可以突破“零利率地板”实现欧元负利率。

以美元借款和美元兑欧元交叉货币掉期为例，企业在现货融资市场融入美元借款，同时在掉期市场上融出美元借款、融入欧元借款。期初实际净收取一笔欧元资金，期间实际承担欧元利息（利率为负则为收取利息），期末偿还期初约定的欧元本金，在经济实质上等同于融入一笔欧元借款，但可能降低欧元借款成本。以美元借款利率 1 个月 Libor+0.50% 为例，根据 2021 年 8 月市场情况，可以掉期为欧元负利率 –0.10% 左右。欧元负利率融资及定价分解示例，如图 9.4 所示。

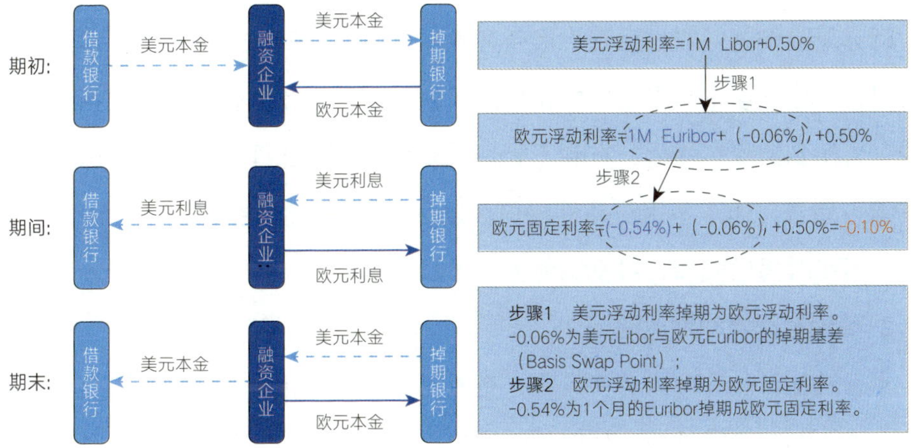

图 9.4 欧元负利率融资及定价分解示例

第三节 投后融资的风险管理

稳健运营是国际业务可持续发展的基础，坚持海外下属公司稳健的融资管理理念，平衡融资成本和风险，不仅要考量企业的盈利能力，还应该考量企业的偿债能力和财务风险。合理的融资规划要求企业从整体上把握财务风险的可控性和企业发展的可持续性，平衡汇率风险和业务拓展，匹配融资和资金回流。

在跨国项目融资中，企业面临的主要风险包括流动性风险、汇率风险和利率风险。

一、流动性风险管理

流动性风险是指企业的资金供给无法满足资金需求而导致财务困境的风险，是跨国并购企业首要管理的风险。企业可以通过建立均衡的融资组合，量化流动性风险指标，维持资本结构“弹性”，以抵御并管理流动性风险。

1. 建立均衡的融资组合

跨国并购融资方式包括债权融资、股权融资和混合金融工具等，不同融资方式在融资成本、期限和风险方面有所差异。整体而言，债务融资需要到期还本付息，财务风险较高；股权融资形成企业永久性资本，财务风险较低。通过多市场筹资组合，建立债权与股权融资相搭配、长期与短期债务相结合的均衡组合，促进资金来源和期限多样化，有利于管理流动性风险。此外，企业需要保持必要的融资能力储备，建立备用流动性授信额度，维持资本结构“弹性”，为企业面临流动性紧张时提供缓冲，对抵御财务风险具有重要意义。

2. 量化管理流动性风险

为有效衡量并管理流动性风险，企业可以借助量化管理手段。一是债务期限结构。债务到期期限越短、到期年限越集中，企业面临的流动性风险越高。实践中，可以通过管理债务加权平均到期期限，以及债务到期年限分散程度，优化债务期限结构。例如若存量债务加权平均到期期限短于目标值，则应该适当增加长期债务，反之可适当安排短期债务；若存量债务集中在某些年份到期，则应该增加其他到期年限的债务。通过债务期限结构的平衡与优化，防范流动性风险。二是流动性财务指标。无论是企业自身管理、融资条款限制或者信用评级，均会涉及企业流动性相关的指标，例如杠杆比率（总债务 / 总资本）、营运现金流 / 债务、利息保障倍数等。企业可以通过设置流动性指标目标值，或者以维持既定信用评级水平为目标，达到管理流动性风险的目的。

二、汇率风险管理

跨国并购不可避免地面临汇率风险，并购融资币种与东道国投资币种不一致是产生汇率风险的来源，但如果精心设计与安排，则可以成为管理汇率风险的有效工具。

1. 利用投融资币种匹配管控现金流风险

在跨国并购中，匹配投融资币种是管理汇率风险、降低外币报表折算差额的有效措施。根据《套期会计》准则相关规定，在集团合并报表层面，可以将外币借款指定为外币海外经营净投资的套保工具，从而将外币借款因汇率波动产生的公允价值变动，计入“其他综合收益—外币报表折算差额”科目，对冲外币海外经营净投资因为汇率波动产生的外币报表折算差额。实践中，综合考虑不同货币融资成本、融资市场体量等因素，可以通过多种路径达成自然对冲。一是直接匹配投融资币种。针对欧洲、美国等发达国家的并购交易，由于当地货币利率较低且融资市场体量充足，通过当地币融资是最优选择。二是利用货币相关性。例如阿曼货币里亚尔、巴拿马货币巴波亚的汇率与美元挂钩，通过美元借款在降低融资成本的同时对冲汇率风险。三是运用结构性产品。例如智利比索当地币融资市场体量很小，很难满足大额并购资金需求，通过借入美元借款并将美元借款掉期为智利比索借款，在满足交割资金需求的同时有效对冲智利比索投资的汇率风险。

2. 建立合理会计政策应对汇兑损益风险

根据会计准则，在单体报表层面，外币负债在期末按照即期汇率折算为记账本位币时，通常需要计入当期汇兑损益。在各国税法中，汇兑损益普遍需要缴纳企业所得税，纳税时点有的是收付实现制（在汇兑损益最终实现的年度纳税），有的是权责发生制（随汇率波动计入各年应纳税所得额）。在全球资本市场动荡、汇率波动较大的背景下，外币融资产生汇兑损益并带来的税负也是不容忽视的。为规避该风险，可以将融资主体的记账本位币设置为融资币种，但需要注意以下两点：一是如果现存的投融资主体具有其他业务且记账本位币与拟融资币种不同，则可能需要单独成立融资主体；二是记账本位币的选定需满足各国会计准则或税务机关的相关规定。

三、利率风险管理

利率形式包括浮动利率和固定利率。利率风险是指由于市场利率波动导致企业融资成本变动的风险。利率风险管理策略不是固化或一成不变的，应结合市场环境和企业自身情况，选择最优的利率风险管理策略和工具。

1. 利率风险与融资成本匹配

常见的利率风险管理策略有以下几种：一是浮动利率与固定利率相搭配。好的利率风险管理应该在利率上涨环境中保护企业的同时，在利率下行环境中保障企业享受低息的灵活度。通过短期浮动利率与长期固定利率相搭配的方案，既能在低息环境实现一定程度的利率优化，又能保障长期利息成本的稳定。二是与收益模式相匹配。在跨国并购中发现，海外受监管企业的利率管理通常与监管收入模式相匹配。例如巴西输配电企业收入与通胀指数或利率指数挂钩，因此企业会将债务安排为挂钩相应指数的浮动利率债务；澳大利亚公共事业监管企业的收入与 10 年期国债利率挂钩。因此企业会将债务掉期成 10 年期固定利率债务，通过融资成本与收入模式的匹配，保障企业经营收益的稳定。三是与估值假设相匹配。融资成本假设是企业在跨国并购估值中的重要假设，企业可以以融资假设为目标，对融资利率结构进行相应安排，提高融资成本及投资回报的可预测性。

2. 利率风险管理的可用工具

在利率风险管理工具方面，除直接取得固定利率借款或债券外，可以通过金融衍生工具实现利率风险的灵活管理，常见的衍生工具包括利率掉期、利率顶期权等。利率掉期是将未来一系列浮动利率一次性锁定为固定利率；利率顶期权是将浮动利率封顶在执行利率以下。如果市场利率上升企业可以获得保护，如果市场利率下降企业可以享受浮动利率，但是需要支付一定的期权费用。

第四节　本章小结

在中国企业海外融资实践中，融资策略与管理路径方面存在很多特异性。一方面，受制于对风险控制和资产负债率的要求，企业不可能允许下属公司采取权衡理论不断提高债务上限，尤其是在资信评级上、融资成本和融资渠道上具有独特优势、拥有国家主权评级优势及企业管理资源的大型央企。另一方面，我国央企内部资金出海存在审批流程复杂、耗时长等多因素约束，内部资金便利性不如当地项目贷款融资，而且资金进出需要承担额外的税负成本，因此融资渠道和顺序也与海外融资管理的优序融资理论略有偏差。

企业投后融资决策不仅仅是融资成本的考量，背后还涉及公司资产负债率、分红政策、税务抵扣等产生一系列复杂影响，依靠财务指标不能综合性考量，估值模型显然是更优选择。在具体融资决策和执行中，企业可设计一套电力资产的投后融资管理路径和方法。企业融资决策层面，估值模型辅助制定是否融资的决策。运用估值模型量化融资对企业资本成本、企业自由现金流，以及股东分红的一系列影响，根据估值结果评估是否融资的决策。融资执行时，借助母公司在融资上的几大优势，结合国网国际发展有限公司在被投公司持股比重和公司监管资产属性，运用估值模型和情景分析选择最优决策。

第十章

资本运作指引

随着国有企业改革的不断深入推进，以资本导向为中心的资本运作成为企业改革和发展的新方式。资本运作的目的主要是通过投后股权运营实现股东价值最大化，通过合理的资本运作模式，对海外优质项目开展资本投入，获得股权转让或股权经营分红收益，进而提升企业价值、实现资产增值。

面对复杂多变的市场环境，对大型国有企业而言，做大做强做优的战略目标能否得以实现并保持长期竞争优势显得尤为重要。资本运作中需要关注国际国内宏观经济发展变化及其对行业的影响，围绕企业的战略方向，跟踪行业市场变化与波动，深入研究产业运行的周期和特点，科学把握行业发展趋势，分析变化对企业发展的影响，趋利避害，扬长避短，提高投资决策和风险预测预警水平，提高投资效益，防范和化解行业风险。

本章主要从投后资本运作的必要性、投后资本运作的理论基础、资本运作实践三个方面对资本运作进行阐述。

第一节 投后资本运作的必要性

企业的发展战略主要有两类：一是内部积累型发展战略；二是外部交易扩张型发展战略。内部积累型发展战略即是在企业现有的资本结构下通过整合企业的内部资源，维持并发展企业的竞争优势来延续企业的生命周期；外部交易扩张型发展战略即通过兼并与收购、股权资本运作等方法和手段来改变企业的资本结构，面向外部要素市场，吸引外部资源，打破现有资源配置格局以增加企业的竞争优势。

一、资本运作的内涵

所谓资本运作，也叫资本经营，是指资本运营主体，以资本增值最大化为目的，将所拥有的各种资本，包括各种资源和生产要素，统统纳入价值资本的运行轨道，包括直接对资本的消费和利用资本的各种形态的变化，为实现资本盈利的最大化而开展的优化配置的各种经营管理活动。

在资本运作的范畴里，资本是一种价值存在的形态。在流动中实现增值是其应有的本性，如果不以流动性和增值性为目标，其所有者就会失去投资的积极性。资本得不到保值增值，就不会再有人去积累资本。因此，资本运作的本质就是通过资本交易或使用，促使资本增值或取得更大的利润。管资本的核心使命就是要加快资本的流动性，提高资本的增值性。

资本运作的实现方式多种多样，具体途径从大类上划分为：通过生产性投资而实现的资本运作、通过商业性投资而实现的资本运作、通过证券性投资而实现的资本运作、通过货币本身的经营而实现的资本运作、通过对资产的转让而实现的资本运作、通过科技的参股而实现的资本运作等。

资本运作的实现方式必须通过多样化市场，大原则是适应市场经济规律的要求。这里所说的市场，包括产品市场、消费市场等，而不是简单地局限在资本市场和证券市场中。从整个社会来看，资本运作最终是要在产品和消费环节得到利得实现。同时，资本需要服从于市场，市场则不会服从于资本。资本的持有者只能根据市场的变化情况，顺应价值规律、供求规律、竞争规律的要求，去考虑资本运作的具体形式。

资本运作所涉及的内容很广泛，主要包括资金的来源、资本运行质量的提高、顺应市场规律的办法和资本使用管理的强化四方面。资本运作中经济管理色彩较重，侧重于管股权，重点聚焦关系出资人权益的重大事项，更加注重厘清国资监管职责边界，通过企业法人治理结构体现出资人意志。

常见的资本运作方式包括通过资产重组、企业并购、债务重组、产权转让、参股控股等方法，相关方式主要是使其资金配置不断优化，收益不断增加。

二、实现国有资产的保值增值

（一）资本运作对于国有资产保值增值的必要性

资本运作是企业集团加速发展、借力发展的必由之路。企业的发展分为内向封闭型发展模式和外向开放型发展模式。其中内向封闭型发展模式指通过自身产品经营不断积累资本，逐步扩大经营规模，扩展经营领域。特点是传统方式，发展速度慢。外向开放型发展模式是根据产业发展的需要，积极引入外来资本，快速扩大规模，进入新领域，形成竞争优势。特点是现代方式，发展速度快、突显整合能力。

有研究表明，企业的发展初期可以通过内向发展战略来使企业经济效益获得持续增长，通过内部资本的原始积累使企业生产经营规模逐渐扩大。但是，如果企业仅仅采用内向发展战略，那么企业的发展就会受到限制，再高明的内部积累也只能延续企业的生命周期，而无法使企业获得持续的、跳跃式的发展。这就使得外部交易扩张型发展战略的作用显得越来越重要。因而，投后资本运作是实现被投企业价值增值的必要手段。

此外企业要在资本安全的前提下，通过合理资本运作，实现资产的保值增值和收益最大化。同时，实现资本运作目标需要以企业为载体综合施策，调整优化国有资本总体布局结构、实现保值增值目标，离不开业绩考核、财务风险管控、责任追究等必须面向企业开展的具体监管工作。

（二）资本运作的主要目标

资本运作体现为价值增值而进行的市场活动。具体来说，资本运作的目标主要包括实现利润、所有者权益、企业价值的最大化。

1. 利润最大化

随着企业资本运作活动的展开，会陆续产生支出和收益，如果收益大于支出，就意味着企业获得盈利、实现了资本增值；反之，如果收益小于支出，就意味着企业发生亏损、资本出现损失。在实现资本的最大化增值之前，必须首先保证实现资本的保值，这就要求企业增加利润、降低费用，实现利润的最大化。资本运作活动开展过程中，除了需要确保合理的当期利润之外，还需要考虑如何实现长期利润的增长。利润的增长，不仅仅是利润额的增长，还包括利润率的提高，除了提高自有资本的利润率，也要提高借入资本的利润率。

2. 所有者权益最大化

实收资本、资本公积、盈余公积以及未分配利润是所有者权益的主要构成部分，提取的盈余公积以及向投资者分配的利润会随着企业利润的增加而增加。盈余公积除弥补发生的损失之外还可以用来增加企业资本。如果期初所有者权益总额小于期末所有者权益总额，则表示企业资本增加，从而实现了自有资本的增值；如果本期初和期末的所有者权益是相等的，也就说明企业只是保住了企业原本的价值，资本没有发生变化。需要注意的是计算资本增值的时候，要结合实际运作情况，减去或者加上投资者追投、资产评估增减值等非损益原因引起的资本变化额。除了所有者权益增加额之外，还可以通过用其除以期初所有者权益来计算所有者权益的增加率。

3. 企业价值最大化

企业的盈利能力决定了企业的价值，通常采用收益现值法对企业的价值进行评估，即选择合适的折现率对资本运作期间每年的预期收益进行折现，累加所得的折现值就是企业的价值。有两种方式可以表明企业资本的增值，一种是累加所得的折现值大于资产账面价值，另一种是累加所得的折现值减去负债之后仍大于所有者权益的账面价值。对于上市公司而言，如果发行股票的股数与每股市价的乘积大于股东权益，就说明企业实现了资本增值。

其中，利润的最大化、所有者权益的最大化和企业价值的最大化是相辅相成的。实现了利润的最大化，才能进一步实现所有者权益的最大化，进而实现企业价值的最大化。

三、国有企业资本运营的要求

当前，世界百年未有之大变局加速演变，世界各国纷纷提出碳达峰碳中和的政策目标，进一步明确了加快经济“绿色复苏”、能源清洁低碳转型的决心。宏观经济形势方面，全球经济缓慢复苏，尚未完全恢复到疫情前水平；投资国别环境方面，美国、欧盟、澳大利亚等国家对能源基础设施领域的外国投资进一步趋严，市场拓展阻力不断加大，对企业海外投资和运营发展带来了重大挑战。

国内近年来对中央企业海外投资的监管不断趋严，国务院国资委相继出台《中央企业投资监督管理办法》（国资委令第 34 号）、《中央企业境外投资监督管理办法》（国资委令第 35 号）、《关于中央企业加强参股管理有关事项的通知》《关于进一步加强中央企业境外国有产权管理有关事项的通知》等规定，对央企海外投资作出更为明确和具体的要求，相关政策和办法是公司开展海外投资业务的基本考量。

同时，党的十九届四中全会审议通过的《中共中央关于坚持和完善中国特色社会主义制度　推进国家治理体系和治理能力现代化若干重大问题的决定》（以下简称《决定》）提出，要坚持和完善社会主义基本经济制度，推动经济高质量发展。《决定》同时强调，探索公有制多种实现形式，推进国有经济布局优化和结构调整，发展混合所有制经济，增强国有经济竞争力、创新力、控制力、影响力和抗风险能力，做强做优做大国有资本。深化国有企业改革，完善中国特色现代企业制度。形成以管资本为主的国有资产监管体制，有效发挥国有资本投资公司、运营公司功能作用。这是以习近平同志为核心的党中央立足党和国家事业发展全局对深化国资国企改革作出的重大部署，是坚持和完善社会主义基本经济制度、推进国家治理体系和治理能力现代化的重要内容。

此外，国务院发展研究中心倡导国有资本投资运营公司要做“积极股东”，对所划入企业进行公司制改造和股权多元化改革。这也是国有资本投资运营公司进行存量资本运营的必要条件。国有资本投资运营公司要发挥投资管理和资本运作的专业能力，积极推动所划入企业的股权多元化改革，使其形成股东相互制衡的股权结构。同时要推动具备条件的企业，通过定向增发、向控股上市公司注资、剥离辅业资产等多种方式，实现整体上市。统筹运用上市公司平台，加大国有控股上市公司的资产整合，加大对同行业企业间的兼并重组力度，将更多优质国有资产注入上市公司，提高国有资本的证券化水平。

为进一步落实国资委“两增一控三提高”目标要求，将稳增长任务和推动高质量发展有力结合起来，国网国际公司创新提出运用财务估值模型更好反映复杂国际环境下的潜在风险和解决路径，以国资委相关规定和管理办法为指导思想，促进海外公司低碳新模式创新发展、推进海外资产精益管理、谋划海外投资并购可持续路径，对保障公司权益、降低交易风险和实现公司国际业务高质量发展具有重要意义。一是要稳健拓展国际业务，深入贯彻第三次“一带一路”建设座谈会精神，发挥责任央企的“大国重器”和“顶梁柱”作用，实现国际业务高质量发展和价值创造，当好服务“一带一路”建设的排头兵。二是要求持续优化经营策略，开源节流、降本增效、防范风险，确保经营工作稳中有进。国网国际公司立足于新的发展阶段，实际践行国家发展理念，服务高质量发展格局，坚持秉持共商、共建、共享原则，坚持开放、绿色、廉洁理念，推动国际产能合作。在充分强调价值创造和风险把控的前提下，扎实推进提质增效升级行动，开展海外电力资产财务估值模型的创新与应用研究，指导海外企业科学决策，提前识别、预警海外资产可能存在的价值波动风险，创新打造可量化、可综合化分析的决策数据中台，进一步实现公司海外资产动态跟踪分析和资产价值量化评估的目标。

第二节　投后资本运作的理论基础

一、资本运作发展历程

长期以来，对资本运作的含义存在着不同的理解和认识，有人认为资本运作的范围仅仅局限在对资本或产权的买进和卖出上。认为资本运作就是买卖股票，或是收购和出让产权，或是货币信贷。应该说，证券投资、收购产权、金融信贷等，都是资本运作的形式。但是，如果把资本运作的内容仅仅定义在这些方面，便具有较大的片面性。其最大的危险就是使得企业不安心于实业开发，不把资本运用到生产经营上，结果就会使资本运作也成为追求泡沫经济的行为。同时，资本经营也不能简单地归结为货币经营，货币只是一种抽象的概念，是为了便于对资本进行比较和计量。而资本并不仅仅是货币，它的表现形式很多，有货币形态、实物形态、科技形态，有以有形资产表现的，也有以无形资产表现的。因此，资本运作的范围要宽得多，其内涵也要深刻得多。从这个意义上来讲，资本运作已经过了一个漫长的发展过程。

在国外，西方企业的资本运作已有多年的历史，从一定意义上讲，企业资本运作的发展史就是西方企业的兼并史。西方企业的资本运作经历了几起几落，但每一次起落均无一例外的伴随有大公司、大集团的大规模资本运作，通常可以把西方企业的资本运作分为五次浪潮。

第一次资本运作浪潮出现在 19 世纪末 20 世纪初的资本主义自由竞争阶段向垄断阶段过渡时期。第二次产业革命使世界进入了电气时代，科学技术得到进一步发展。由于大资本可以采用先进的技术设备，极大地提高了劳动生产率，降低了生产成本，同时在产品销售和市场占有方面也更具有优势，因而资本的集中就成为这一时代的必然趋势。这一次资本运作的主要形式是横向兼并，即资本在同一生产领域或部门中集中，优势企业吞并劣势企业组成横向托拉斯。在美国工业委员会调查的22起并购案中，每起并购案完成后企业所控制的国内市场份额平均达到70%。由此可见，横向资本运作显著地扩大了某些企业的规模及其市场占有率，为企业带来巨大的规模经济效益和巨额的垄断利润。

第二次资本运作浪潮发生在20世纪20年代，其中以1928年为高潮。这一时期，西方各主要资本主义国家的经济有了较大的发展，新兴产业兴起和产业合理化是这一时期的主要标志。科技的进步导致了一批新兴产业的兴起。产业合理化，则是通过采用新式机器设备、自动传输装置，以“福特制”为标志实行标准化大生产，并加以推广。这两方面都要求资本进一步集中。第二次资本运作浪潮以纵向兼并为主。大公司产业化重组与小公司投机并存。

第三次资本运作浪潮发生在第二次世界大战后的20世纪五六十年代，其中以60年代后期为高潮。美国、日本、欧洲各国资本运作案例的数量和规模较战前都有空前的提高。此次资本运作以复合兼并为主，即两家没有关联的企业间的结合。资本运作大多发生在小规模或中等规模企业之间。防御性或积极的多样化经营是这些企业进行复合兼并的强大推动力。

第四次资本运作浪潮发生在20世纪七八十年代，以1985年为高潮。在美国，1976年后的兼并集中在服务业，如金融、保险、批发、零售、传媒业、医疗卫生行业等。资产剥离在这一阶段的兼并中占有相当大的比例，“小企业兼并大企业”的现象较为普遍。这次兼并浪潮最流行的方式是杠杆收购。

第五次资本运作高潮发生在20世纪90年代后期。在资本运作的数量、规模、垄断程度上均创下了历史的最高纪录。在这次资本运作浪潮中，战略联盟是各企业寻求资本运作的主要动机。战略联盟是指两个或两个以上的企业为达到一定的商业目的而相互合作，达成某种形式的协议或协定。

二、企业资本运作的重要意义

合理地开展资本运作，通过公司资本增值吸引更多投资者，有助于实现企业价值最大化的管理目标。

（1）有助于深化国企改革，提升国企治理能力。

通过企业资本运作方案推动国有上市公司优化股权结构、股东结构、董事会结构、内部管理机制和考核激励机制，促进企业利用市场解决国企改革问题，加快提升国企治理能力和完善现代企业制度，增强国有经济的竞争力和影响力。

（2）有助于实现股权多元化，促进国有资本集聚优化。

在资本运作过程中，国有大股东可以通过引入战略投资、股权激励、定向增发以及并购重组等手段，进一步提高民营资本、国际投资者等高质量投资主体的参与程度，实现产权向多元主体的转变，最大限度地激发国有企业活力，持续推动国有企业混合所有制改革。

（3）有助于提高融资能力，实现资本增值。

在资本市场日趋成熟的阶段，国有上市公司可以运用如股指期货、远期合约等投资工具推动市值管理，不断增强企业的股权融资能力，促使上市公司以较低的成本获得更多的资金，以稀释最少的国有股权获取最大的资本市场利益。

三、资本运作的常规方式

资本运作的本质是利用资本交易实现资本的最大化增值或者获取最大化利润，大原则是适应市场经济规律的要求，合理组织资本的集聚和集中，强化对资本使用的管理，有效地对资本进行营运，提高资本运作的质量。

资本运作的内容主要包括资金的来源、资本运行质量的提高、顺应市场规律的办法和资本使用管理的强化。具体来说，常见的资本运作手段包括资产重组、企业并购、债务重组、产权转让、参股控股等。通过以上手段，对生产要素进行调节，从而实现资源配置不断优化。

常见的资本运作方式如下：

（1）发行股票、发行债券（包括可转换公司债券）、配股、增发新股、转让股权、派送红股、转增股本、股权回购（减少注册资本）等。

（2）企业间的合并、托管、收购、兼并、分立以及风险投资等。

（3）资产重组，对企业的资产进行剥离、置换、出售、转让等。

（4）以改善资本结构或债务结构为目标，进行企业合并、托管、收购、兼并、分立等。

企业应当从整个实际问题出发探讨建立资本运作的路径。一般企业面临的最主要的问题包括：资产负债率居高不下，导致融资成本高；存量资产闲置，不能有效发挥作用，企业集团整体盈利性水平低；现有的股份公司、企业控股等融资平台基本闲置。

基于企业现况，研究企业资本运作的可行思路，包括：企业具备哪些资本运作通道；企业资本运作活动如何开展；企业如何降低资本运作成本；企业如何控制资本运作风险。探索可采取的主要思路，比如：利用股权融资和债权融资的组合改善资产结构；利用并购重组建立战略产业，构建核心竞争力；发挥资产管理作用，提高企业整体盈利能力；精干已有业务，营造新的利润增长点，快速提升企业整体实力。

第三节　资本运作实践

一、海外上市公司市值管理

（一）市值管理的内涵

市值管理是企业价值管理、经营管理的重要内容。加强海外上市公司市值管理拥有丰富内涵。首先，实质管理能够提升上市公司质量和内在价值，促使股东持股市值保持长期稳定增长；其次，市值管理有助于盘活存量资产，撬动多方资源注入上市公司，把握价值重估的历史机遇，吸引更多战略投资者，促进各类资源优势互补、协同发展；最后，有助于实现公司战略部署落地，确保国有资本保值增值，提升公司在全球的竞争力和影响力。

市值是上市公司盈利能力、成长能力以及偿债能力的综合反映，也是上市公司综合实力的体现，代表着资本市场对上市公司价值作出的最公允判断。企业市值管理受到多重因素的影响，从外部环境来看，宏观经济景气时，投资者热情高涨，促使股价增长、市值增加；经济萧条时，市场投资者减少，造成股价下跌、市值降低。一般而言，若公司处于高科技、新兴行业，容易被投资者青睐，短期内获得市值增长；若为能源、基建行业，市值相对稳定。从企业内部管理来看，若公司拥有优质的商业模式和管理团队，则股票的吸引力增加，公司市值增加。

企业的市值管理不是单纯地追求股价最大化。实际上，股价是企业内在价值的外在表现形式，因此市值管理要以实现企业价值最大化为目标。在企业市值管理的过程中，应该从公司战略发展、财务治理、投资项目等多个层面进行管理，追求股票价格内在价值的提升，以经营业绩增长驱动股价稳定增长。

（二）市值管理主要原则

上市公司的市值管理包含价值创造的生产经营管理、扩大净资产规模的资产经营管理、价值描述与价值传播的预期管理。因此，要结合内外部环境变化开展市值管理，通过完善公司内部管理机制、强化经营管理，提升自身价值创造能力，驱动公司市值增长。一方面，上市公司可以通过并购、资产注入等方式做大净资产提升内在价值。在净资产规模一定的情况下，提高净资产的使用效率，提高净资产收益率提升实质。另一方面，通过上市公司信息匹配，促使投资者形成正确的认知，提高投资者预期从而提升市值。

1. 完善公司内部管理机制，提高市值管理的效率和水平

一是完善发展战略，按照自身实际情况，编制具有可持续性发展的战略规划，通过对商业模式的优化，实现低成本、高收益的目标。二是完善资本配置。

对现有的资本结构进行优化，并对股权及债务融资的比例进行合理配置，降低资本成本，将资源转移到更具有盈利能力的行业中，处置不良资产，提升盈利能力。三是完善公司治理模式。优化法人治理结构，对资本结果进行调整，引入专业能力强的独立外部董事，提高决策的科学性和有效性。四是强化市值管理宣传公关，增强展示和沟通，增加投资者持股信心，使股票价格与公司价值相匹配，获取资本市场认可。

2. 提升公司价值创造能力，提高资本增值效率

一是扩大市场占有规模，开源节流。通过技术更新改造、有效的资本投入，不断扩大企业的服务范围，增加服务对象，扩大主营业务收入，同时最大限度地降低经营成本，科学、合理地控制和调配资源成本。二是提高资金使用效率，高效运转。严格管理企业的流动性资产和负债，控制应收账款规模和周转期限，加强坏账回收、减少不必要的资金占用。

3. 根据不同的市场周期变化，开展恰当的资本运作

市场预期上涨阶段，由于股票价格在牛市中通常处于比较高的位置，可采取如下资本运作措施：一是增发新股，包括公开增发、配股、非公开增发形式。公司通过增发以较少的增发数量，从资本市场中募集到较大额资金，而且对股东股权稀释的影响相对较小。二是换股并购，通过并购目标公司原股东的股票，免于支付现金对价，还能募集到一定数额的配套资金，增加公司现金流。三是发行可转债，通过合理制定换股条件，不仅能够以较低成本获得融资，而且能够避免债权人转股的风险。

市场预期下行阶段，可采取如下资本运作措施：一是股票回购，公司可以利用在牛市获得的资金，对已发行的股票进行回购并注销，公司的股本规模减小，每股收益增加。二是现金并购，由于股价较低不适合进行换股并购，在资金充裕的情况下，考虑现金并购，提升市值。三是高管增持，由于熊市中股价被严重低估，通过管理层增持股票，提升投资者的信心。

二、海外上市公司市值管理实践

（一）方向策略

海外上市公司市值管理更注重长效机制，突出企业价值管理，需要持续加强顶层战略设计，发挥股东战略协同价值，加强市值管理工作。

（1）加强顶层战略设计。企业经营管理是市值管理的基础，企业未来发展是市值管理的关键。加强股东对上市公司战略管理的主动参与，充分利用不同资本市场所处的发展阶段，理性分析不同投资者偏好，从而使公司的内在价值在市场上得以充分体现。

（2）发挥股东协同作用。通过定向增发等途径，在保持控股地位的同时，引入具有资源优势和协同效应的战略投资者，优化股权结构，整合双方资源，增强发展动力，充分利用现阶段资本市场再融资便利及良好市场趋势，扩大再融资规模。

（3）落实全要素发力。利用全球资本市场优化配置资源，顺畅联通国内国际循环。利用全球能源行业变革，把握全球能源投资地区差异，抢抓与种子能源企业竞争的先机，充分发挥上市平台作用，提升上市公司核心竞争力。

（二）实践做法

一是把握国际趋势，充分利用不同市场投资人偏好、法律监管差异等进行资本运作。在投资者偏好方面，海外投资者风格相对理想，更关注企业治理结构、长期风险因素、行业发展趋势等战略性因素，而非短期周期性指标。在监管环境方面，海外监管机构更强调对中小股东的保护以及上市公司的披露义务，中国香港地区、欧洲等市场上市规则条例相对清晰、客观。上市公司应该在各国监管框架下，更科学、合规地进行资本运作。

二是结合对上市公司管控力度，发挥股东优势，为上市公司赋能，改善上市公司基本面。例如，国内企业本部可以利用海外上市公司相对完善的公司治理体系，采取主动战略管理策略，将战略指引、商业计划评价、绩效考核评估等纵深推进，传导、督促、落实集团战略目标。对控股公司，推动上市公司进行集团内重大并购重组等资本运作，不断捕捉业务增长点，巩固市场占有率。对参股公司，发挥股东融资渠道和融资成本等优势，推动上市公司提质增效，拓宽融资渠道，控制融资成本，改善上市公司财务状况。

三是丰富市值管理手段，恰当选择上市公司纳入主流股指、增持、分拆等措施。例如，捕捉市场机会，以较优成本从公开市场增值股票，维护大股东地位，保证董事席位和话语权；按照业务需要合理进行下属公司分拆，实行专业化管理和运作，提升市场认可度；推动纳入主流股指，如巴西 Ibovespa 股指、明晟指数（MSCI）、巴西指数、拉美指数等，促进公司股票流动性进一步提高，也有利于吸引更多的优质资源和投资者，维护股价稳定。

三、技术要素与资本运作

技术要素在国际经济竞争格局中的地位不断加重，近年来我国不断加快培育和发展战略新兴产业。对于能源行业而言，国内外市场竞争格局日趋激烈，发展新能源、节能环保等新兴产业逐渐成为能源企业的战略制高点。

发挥企业能源电力资产主业的市场优势，以“并购—引战—拆分—上市”的资本运作模式为例，遵循“以市场换技术，以技术换货币资本，以货币资本扩展市场”的资本要素循环。具体而言，是指电网企业依托主业的市场优势，沿新兴业务的产业链采取并购、定向发行股票引入战略投资者等多种资本运作方式进行拓展，以实现技术资本的初步积累。

1. 根据不同类型的新兴业务竞争要素采取不同的资本运作模式

根据技术要素的积累不同，对于产业链中上游环节通常具有较高技术门槛，下游运营环节更多取决于货币资本及产业协同等要素的竞争优势。

对于技术门槛相对较低的下游运营端，电网企业可凭借主业的市场优势，利用相关产业基金筹集所需资金，寻找合适的标的企业进行并购，以实现向新兴业务迅速布局。资金方面，企业可以借助现已成立的产业基金，或利用自有资金、通过发行债券等方式从外部募集资金，建立专项产业基金。

对于技术门槛较高的中上游制造设备端，企业可在具备一定市场规模以及初步的技术积累基础上，引入具有产业协同效应的战略投资者。由于海外基础设施建设多为大型国企，对于设备招标、工程建设均具有较高要求，因此在引入战略投资者时应选择国内优质零部件制造企业，同时也可引入专注于相应版块的产业基金作为战略投资者，如绿色能源混改投资基金，带来技术和资本运作的双重支持。

2. 技术要素优化配置

企业可以以技术要素为桥梁，通过引入相关战略投资者实现增资扩股，通过股权投资实现借壳上市，快速提升企业经营能力，提高企业价值。

关于技术要素与引入战略投资者相结合方面。例如某电网能源公司引入了 4 家投资方，其中特变电工与智光电气两家公司在中上游制造设备端均具有较强的技术优势，产业基金的主要出资人可与南网能源公司实现资源共享，同时发挥投资人在各自产业领域的专业优势，均是具有与较强产业协同效应的战略投资者。又如某上市公司对其子公司引入了 4 家战略投资者，通过增资，一方面实现了子公司脱表目的，另一方面也增强了该子公司的发展活力，引入专业基金团队，提高运营效率，加速整合新兴产业链资源，促进企业的快速发展。

技术要素与分拆上市方面。电网企业在其新兴业务完成前期的“以市场换技术”“以技术换资本”的要素循环后，预期这些新兴业务已进入较为成熟的发展阶段，可将具有较好盈利能力与发展前景的业务进行分拆建立子公司，并在满足上市的基本要求后完成上市，进而过 IPO、增发股票以及公开发行债券等方式为后续长远发展募集更多的资金，形成良好的资本循环。

第四节　本章小结

随着国有企业的改革不断深入推进，以资本导向为中心的资本运作成为企业改革和发展的新方式。面对复杂多变的市场环境，对大型国有企业而言，做大做强做优的战略目标能否得以实现并保持长期竞争优势显得尤为重要。在改革创新发展过程中，要加快企业体制改革的创新，建立好现代企业制度，并以资本导向为中心的资本运作促进企业改革与发展，通过不断优化资本和企业经营各板块重组，提高资本运作的效率，增强企业竞争市场活力。因此，在企业资本运作实践中，根据市场发展变化，积极推进优化资本运作，确保大型国有企业在改革创新发展中真正实现做大做优做强的战略目标。

深度挖掘公司的投资价值，实现动态优化。加强制度和规则设计，立足国有经济布局优化和结构调整，服务企业战略，聚焦主责主业，遵循价值创造理念，尊重资本市场规律，适应财务承受能力，优化资本结构，激发资本活力。通过债务重组、破产重整、清算注销等法治化方式，主动减量；运用专业化整合、资产证券化等运作手段，盘活存量；有序推进改制上市、引战混改等改革措施，做优增量，促进资本在流动中增值，实现动态优化调整。加大“两非”剥离、“两资”清理工作力度，加快亏损企业治理、历史遗留问题处理，优化资产和业务质量，提升资本效益。强化上市公司管理，提升上市公司市值和价值创造能力。强化金融与实体业务融合管理，严防脱实向虚，加大产融协同力度，实现产融衔接、以融促产。强化价值型、战略型股权管理，完善股权治理体系，优化股权业务结构、产业结构、地域结构，不断提高股权投资回报水平。强化参股企业管理，依法行使股东权责，严格财务监管，规范字号等无形资产使用，有效保障股东权益。

做好企业品牌管理和关联方关系管理。一方面，品牌是企业获得核心竞争优势的基础，良好品牌可以为企业持续带来比同行业企业更好的销售业绩和更高的毛利率。企业不但有更高的利润，而且有能力在产品和技术创新、管理升级和市场推广方面投入更多的资金，企业的品牌就能进一步增值，实现品牌价值的良性循环。另一方面，投资者关系、分析师关系和媒体关系对公开市场价值管理同样具有积极作用。公司站在投资者的立场上，尽可能满足投资者调研等相关要求，在合规的前提下，公司可以采用业绩说明会、路演（线下、线上）、邀请和接待投资者来访、反向路演、热线电话、电子邮件、交易所的投资者互动平台、参加券商等机构举办的年会或策略会等多种形式、多种途径与关联方进行沟通。

维护好和监管机构的关系。公司应当严格遵守法律、法规和规则，确保规范运作；重视信息披露，严格按要求做好信息披露工作，避免发生任何不符合真实、准确、完整、及时、公平和简明清晰、通俗易懂原则的错误，做到“零纰漏”；凡是可能影响公司价值的重要信息，包括公司的战略、行业情况分析，都应当在定期报告等信息披露文件中充分披露；关注监管动向，积极主动配合监管；对于拿不准的事项，要主动与交易所沟通，确保不发生任何违规问题。

提升企业公司治理和创新水平。良好的公司治理是提升公司价值的重要条件，公司应当以提升企业内在价值为导向，通过高水平、高效率、精细化、科学化的企业管理各个方面的工作，考虑高素质的选聘的公司总经理及经营班子，把公司治理层面确定的公司战略方向、战略规划、战略方针、经营目标等各项重大决策落到实处。创新既是企业的生命线，也是企业价值增长的源泉，产品和技术创新则是企业创新的核心。中外市场上那些市值大且市盈率高的公司，绝大部分都十分重视产品和技术创新，在产品和技术创新上有很高的投入。

选取恰当的资本运作方式。并购有利于提升公司价值的业务（资产）。并购同业中利润和市场占有率较高的企业，可以快速提高公司的利润水平和市场地位；并购与公司现有业务有互补或协同作用的业务，使资源得到更好地配置；传统产业的公司并购新兴成长领域业务，实现转型升级；并购具有良好的商业模式且与本公司现有业务可以很好地融合的企业，实现商业模式的优化。剥离或分拆低估值的业务或资产。对于盈利较差、估值较低、难以提高的业务，可以进行剥离或分拆。对于市场估值明显高于公司主体业务，但由于在公司业务中占比不大而未体现出其价值的高成长性业务，也可以进行分拆上市，使其获得应有的估值水平，从而提高公司业务整体的估值。合理利用市场周期进行相关运作。在公司股价被明显高估时，可以考虑进行换股并购等运作。在公司所在行业整体上被明显低估时，可以考虑进行同行业的并购。

实时监测资本市场动态，充分运用市场工具。公司应当对资本市场进行监测。监测股价情况，包括公司的股价和可比公司的股价，如有较大变化应及时报告。如果出现本公司股价持续大幅下跌的情况要认真研究其原因，并采取相应的措施。监测资本市场上是否有关于本公司的传言，一经发现立即澄清。监测研究报告。研究报告的多少反映了公司受关注的程度，当发现研究报告中对于事实的描述有重大错误时应立即纠正，发现涉及应当披露但尚未披露的信息时应立即澄清。监测股东变化。总的来看，股东中机构投资者增加、机构投资者持股数量增加有利于股价的稳定和提升。从前 10 大、20 大股东的变化情况以及股东总数的变化情况可以分析出机构投资者持股情况和股东持股的集中度情况，如果公司股东出现高度“散户化”倾向，公司应分析原因，采取相应的措施。争取被纳入某些指数或资产配置组合。一般来说，公司股票被纳入某些指数或资产配置组合有利于股价的稳定和提升。

后记

电力资产作为海外基础设施投资的主要投资标的，所属的监管行业特征决定了其价值驱动是依靠其资本成本与运营效率的内生优化，面对后疫情时代复杂多变宏观环境，运用财务估值模型精准量化评估风险和收益，是今后业务精益化发展的最优选择。

作为重要的投前、投中和投后运营管理工具，财务估值中各因素存在联合波动，中性估值一般是较为可靠的做法。由于各企业情况具有一定程度的独特性，目前市场上对于电力资产主要的估值方法是绝对估值法，同时，依托相对估值法起辅助检验作用，在指标的选取上应更适合行业特征。一般来讲，财务估值是站在当前时点对未来的最佳预测，但也存在一定程度的客观局限性，可利用充分的投前工作最大程度突破局限。其中有效的尽职调查，能够还原真相，把被掩饰的风险逐个展开，让决策者在信息充分的基础上做出判断，避免风险并获取并购效果预期。与此同时，估值中各因素存在此消彼长、联合波动的关系，同时出现激进或保守的客观概率处于低位，中性估值是最可靠的做法。